U0931939

統神學叢書

基督論全球導覽

CHRISTOLOGY
A GLOBAL INTRODUCTION

卡維里 著
鄧紹光 學術顧問
陳永財 譯

▼

系統神學叢書

基督論：全球導覽

Christology

A Global Introduction

作者

卡維里 Veli-Matti Kärkkäinen

譯者

陳永財

學術顧問

鄧紹光

責任編輯

林諾欣

裝幀設計

奇文雲海 · 設計顧問

■

出版 / 發行

基道出版社

香港沙田火炭坳背灣街 26 號富騰工業中心 10 樓 1011 室

LOGOS PUBLISHERS

Unit 1011, 10/F, Fo Tan Ind. Centre, 26 Au Pui Wan St., Shatin, Hong Kong

電話：(852) 2687-0331　傳真：(852) 2687-0281

網址：https://www.logos.com.hk

承印

雅聯印刷有限公司

●

4/2012 初版

Cat. No. LP255A

ISBN: 978-962-457-436-4

Originally published in English under the title

Christology by Baker Academic,

a division of Baker Publishing Group,

Grand Rapids, Michigan, 49516, U.S.A.

Printed in Hong Kong

刷次	11	10	9	8	7	6	5	4	3	2
年份	2033	2032	2031	2030	2029	2028	2027	2026	2025	2024

中文版序

對於可以為《基督論：全球導覽》(*Christology: A Global Introduction*；英文原書由 Baker Academic Books 在二〇〇三年出版)一書的中文版撰寫序言，我感到榮幸和欣喜。中國的基督徒和學生對這本書感興趣，令我誠惶誠恐。我這個來自歐洲小國芬蘭(Finland)的神學家，能夠有神學著作被翻譯成這種世界上有最多人使用的東方古老語言，我實在感到榮幸之至。

在這本書，我嘗試在聖經和歷史傳統，以及不同的當代詮釋——包括所謂處境化的詮釋——中討論耶穌基督。我當然受到自己的學識和背景——以及我在西方的位置——嚴重限制。雖然我曾經在亞洲生活和教授神學多年，也懂得說其中一種東方的古老語言，如泰語；但我仍然有很多可以向亞洲的同道學習的地方。因此，在這中譯本出版之際，我邀請中國的神學家參與全球對話，並幫助西方和其他神學家更認識聖經中的上帝的智慧和奧祕。

謹將本書獻予上帝的榮耀以及祂將臨的國度。

卡維里
美國加州富勒神學院
系統神學教授
二○一○年十二月六日

學術顧問序

顧名思議，基督教之所以為基督教，就在於它認信基督。但是，基督教並沒有因此而變成唯基督主義。只是不可否認的是，三一上帝的啟示—拯救性臨在，確是以耶穌基督為高峯。離開耶穌基督，教會不可能認識三一的上帝；離開耶穌基督，教會不可能被建立及構成。因此，從初期教會開始，二千年來基督論一直是熱烈討論的神學課題，可說是基督教生死攸關的所在。

早期教會討論耶穌基督，最基本的因由在於拯救。從舊約開始，人就認定只有上帝才能夠拯救墮落了的世界。然後到了早期教會的教父，他們確認拯救者只有披戴了我們的人性，其拯救方才有效。因此，尼西亞會議（Council of Nicea）及迦克墩會議（Council of Chalcedon）分別討論及確定了耶穌基督的神性與人性，從而確保其拯救工作的有效性。此後超過一千五百年教會都持守這種基督論，而未嘗遭遇任何異義。然而，中世紀之後，理性逐漸抬頭，至啟蒙時代乃公開質疑神性與人性之結合是否觸犯邏輯之矛盾律。從此開啟了日後對基督論作多樣性討論及建構的局面。

可是，我們必須承認，這種開啟不一定是負面、不健康的。基本上，長達一千年的中世紀變化緩慢，不及啟蒙時代及工業革命以來短短二、三百年之急速轉變，處境不再是千年如一日，也沒有單一、同質的特性。神學是信仰尋求理解；因為信仰耶穌基督，所以在不再一樣的處境中尋求理解所信仰的耶穌基督究竟是誰，這不單是可以理解的，並且也是必須的。這種信仰尋求理解，可以仍然在傳統的信仰框架之內來進行，事實上，迦克墩定義正是一個內具非常豐富的空間，容許不同的探討和嘗試。

只是，迦克墩定義還是有其界限的，即使其界限是以否定的方式來畫出。這對於某些認為神性與人性不能並存於一個位格／個體之內的人來說，就必然要求越出及背離迦克墩定義。於是在當代的處境之中，基督教之內與基督教之外，在基督論的議題上，都出現眾聲喧譁的局面。雖然眾聲喧譁，但是它們都不約而同地探求怎樣的耶穌基督，才能在我們各別不同的處境中幫助我們。

面對這樣的現象，我們需要一幅較為全面的圖畫，好縱覽全局。感謝卡維里（Veli-Matti Kärkkäinen）的努力，為我們寫下了《基督論：全球導覽》（*Christology: A Global Introduction*）。這本書一如他的《上帝論：全球導覽》（*The Doctrine of God: A Global Introdcution*）、《聖靈論：全球導覽》（*Pneumatology: The Holy Spirit in Ecumenical, International, and Contextual Perspective*）和《教會論：全球導覽》（*An Introduction to Ecclesiology: Ecumenical, Historical & Global Perspectives*），注重聖經、教會歷史、

當代西方的及當代非西方的處境。這幅圖畫讓我們可以更好地聆聽和了解在處境不一底下的眾多基督論，進而引發對話、吸收、糾正，而繼續豐富我們對耶穌基督的認識，特別是耶穌基督對我們各別不同的處境的相干性。

在基道出版社出版卡維里一系列的系統神學的書籍中，基督論可說是壓軸的。這裏固然有著歷史的客觀和主觀因素，但也不免提醒教會，基督仍然是首先的和末後的。耶穌基督既是拯救的創始者，也是拯救的成終者，祂最終帶來受造世界的圓滿終成。站在教會的角度來看，耶穌基督更是教會的主，祂的生命與生活具體展現了人類羣體應該活出的樣式，故此祂具有規範與軌約的作用，而為教會這新人類羣體的主。耶穌基督的生命和生活，也指向三一上帝那種互滲相寓的團契與國度，向教會也向整個受造世界顯明終末的圓滿。

祈願本書的中譯本出版，能讓眾教會在耶穌基督那豐盛的生命裏，有分於祂的謙卑、溫柔、包容，成為祂忠心的門徒羣體，榮耀主名。是為序。

鄧紹光
香港浸信會神學院
基督教思想（神學與文化）教授
二〇一二年二月十六日
於香港．西貢（北）．西澳

致謝

教科書通常都產生自教學經驗，這本書也沒有例外。我很感激我的學生，包括過去和現在的，他們來自歐洲、亞洲和北美洲這三個大陸，讓我有機會以多種不同色彩來學習基督論。我目前在富勒神學院（Fuller Theological Seminary）的教席，讓我接觸到來自超過七十個國家的、代表所有基督教傳統的學生，這給我獨特的經驗以學習到，為全球詮釋耶穌基督的重要性是甚麼意思。

Baker Book House 的伊根（Melinda Van Eagen），以她銳利的眼睛和很多關乎編輯方面的問題，幫助我將這本書變得更方便讀者和更適合在課堂上使用。我十分感激 Baker Book House 的霍薩克（Robert N. Hosack），他一直對出版適切全球的神學教科書感興趣，並給予支持。

富勒神學院出版部（Fuller Faculty Publications Office）的蘇珊．伍德（Susan Wood），值得我再次深深地感謝她。在過去兩年，我們一起編寫幾本書，她不單將我的芬蘭式英語變成恰當的英語，她也就怎樣令神學文本既能夠讓人讀得明白又表達得準確，教了我很多東西。

我十分感激我的家人，包括我太太安妮—佩伊維（Anne-Päivi）和兩個了不起的女兒內莉（Nelli）和邁約（Maiju），她們給我時間寫作，也容許我用餐桌的一角作為做研究的地方。對學術著作的作者來說，沒有甚麼比音樂、來自廚房的香味和時常充滿愛的擁抱，更具啟發性。我實在不能想像自己躲在書房獨自寫作的光景是怎樣的。

目錄

導論

耶穌向首批門徒所提出的問題「你們說我是誰？」，也是向我們提出的。正如祂初期的追隨者嘗試在他們時代的處境中回答這個問題，我們今天也必須在我們的處境中，盡可能給予一個充分的回答。在二十一世紀開始之際，我們應該怎樣言說耶穌？是上帝成了肉身？是為他者的那個人？還是新人類/羣體/創造的先驅？[1]

來自各大陸和各種基督教傳統的男女神學家，抱持著這些不同觀念；這反映了基督論的持續任務：根據聖經和歷史的發展，為我們這個時代，詮釋耶穌基督的重要性和意義。從聖經時代開始，經過二千年曲曲折折的神學道路，基督教神學嘗試明白耶穌基督的位格和工作，祂是基督教的創立者，也是宗教歷史上最為人們所激烈辯論的人物。每一代神

1 William R. Barr, "The Significance of Jesus Christ: Introducing the Issue," in *Constructive Christian Theology in the Worldwide Church*, ed. William R. Barr (Grand Rapids, MI: Eerdmans, 1997), 287.

學家和基督徒都在本身的處境中回應基督的位格和影響。

耶穌基督的位格處於基督教信仰和神學的中心。因此，在神學的研究或基督教信仰的導論中，我們毋須特別長的辯解，以支持基督論的研究。「雖然沒有神學可以單單局限於基督論，但如果基督教神學不認真思考耶穌基督，它也不會是完整的。」[2] 從這個意義來看，沒有研究比基督論更接近基督徒生命和神學的核心。耶穌在地上短短的一生，祂在十字架上的死，以及祂的門徒就祂復活和升天所作的宣稱，都是基督教那歷史和宗教的基礎。「過去多年以來，基督論一直都是令人著迷的對象，因為對認真的基督徒來說，它是神學的基礎。」[3]

・基督論的光譜・

從基督教開始以來，人對「基督是誰」都作了多個不同的詮釋。從沒有任何一幅耶穌的畫像是佔主導的。事實上，新約本身包含幾個對耶穌基督的互補的解釋。四卷福音書——馬太、馬可、路加和約翰——的存在，就不斷提醒我們基督教正典的多元性。而且，除了新約福音書的作者那些獨特的見證外，我們還應該加上保羅和其他新約作者所描繪的圖畫。因此新約包含了耶穌基督的眾多圖畫、輪廓和挪用。將它們連結在一起的是那共同的核心，即相信在這位救主——所有時代的基督徒都承認祂是主的——的身上，發生了一些

2 J. P. Galvin, "Jesus Christ," in *Systematic Theology: Roman Catholic Perspectives*, 2 vols., ed. Francis Schüssler Fiorenza and John P. Galvin（Minneapolis, MN: Fortress, 1991）, 251.

3 William J. LaDue, *Jesus among the Theologians: Contemporary Interpretations of Christ*（Harrisburg, Pa: Trinity Press, 2001）, vii.

很重要的事情。

隨著聖經的正典在四世紀被確立，基督教神學以四世紀尼西亞（Nicea）的信經和五世紀迦克墩（Chalcedon）的信經這些經典的形式，嘗試根據當時的文化環境，建構一個對基督的權威理解。關於基督的神性和人性那嚴格的建構有很大成就，但還有更多事情懸而未決。基本上，早期信經所說的都是用否定的形式來表達。換句話說，它們對抗著那些被視為異端的觀點。在其後的世紀，直到我們這個時代，神學的出發點都是這些早期的建構，並將它們完善化。不過，這工作仍在繼續。

基督論研究和反思的興盛，始於二十世紀初，並在一九六〇年代出現那所謂處境化的（contextual）或跨文化的（intercultural）基督論後達到高峯；這興盛產生了色彩斑爛的基督論詮釋。在新教神學中，由著名的歷史耶穌的追尋（quest of the historical Jesus）開始，長達差不多兩個世紀之久，基督論都是辯論的焦點。這個追尋的目標從沒有實現，但它的熱誠卻提供了動力，引致很多豐富的詮釋的興起。羅馬天主教神學在過去三、四十年間，見證了基督論的復興。
現時最令人感到興奮的特點是處境化的及/或跨文化的基督 11
論的興起，這些基督論嘗試向特定的地方需要（例如非洲或亞洲）或特定的羣體需要（例如女性或窮人）說話。有些處境化的基督論也聯繫到特定的哲學運動或世界觀運動，例如進程哲學（process philosophy）。結果是出現了非洲的、亞洲的、拉丁美洲的、解放的、黑人的、女性主義的和進程的基督論。

這本書的任務是就著三個不同的重要時刻，給基督論提供一個綜合的——即使不是全面的——介紹。第一部分會研究對基督的位格所採取的主要聖經進路，這些進路都是由福音書作者和保羅所提出的。第二部分會探究歷史的發展，集中在兩個重要且明確的階段：為其餘的基督論奠定基礎的、在首五世紀期間的早期發展，以及歷史耶穌的追尋；這追尋連同由啟蒙運動（Enlightenment）帶來那種智性氛圍的徹底改變，具決定性地改變了基督論的研究。第三和第四部分會檢視國際性的基督論在其多種形式中的當前景觀：當代西方的詮釋和幾個處境化的進路——它們不單在歐洲和北美，也在亞洲、非洲及拉丁美洲得到發展。

・基督的位格和工作・

二十世紀以前的基督論著作，會將「基督的位格」（person of Christ；嚴格意義上的基督論）和「基督的工作」（work of Christ；拯救論〔soteriology〕、拯救的教義〔doctrine of salvation〕）嚴格區分出來。現在這種區分沒有那麼清楚，這情況具有哲學上和實際上的原因（雖然清楚的區分在教育目的上是有幫助的）。

其中一位早期的東方教父亞他那修（Athanasius）提出，為要能拯救我們，基督必須要同時是人性的和神聖的：祂是神聖的，這是為了拯救；祂是人性的，這是為了要與我們認同。他對完全的神性和人性的洞見，不是源自那持續的抽象哲學思考，而是源自耶穌身為救主的角色。由基督所帶來的拯救和醫治，通常令人提出關於基督位格的問題。在約翰福音五章，當拿撒勒人耶穌醫好了一個癱腿的人時，那人不知道那醫治他的是誰。後來在聖殿中，他才知道耶穌是誰。

據說墨蘭頓（Philip Melanchthon）—— 馬丁．路德（Martin Luther）在新教的宗教改革運動（Reformation）中的同道 —— 曾經說過：「認識基督，就是認識祂的好處。」也就是說，除了拯救論 —— 拯救的教義 —— 以外，我們沒有其他方法得以進入耶穌的位格。事實上，墨蘭頓和很多其他人
都懷疑，是否還有其他途徑以理解基督是誰。祂是救主。這 12
是聖經的進路。新約從沒有一個地方就著基督的位格而進行過複雜的哲學討論，反而是集中在由基督所帶來的拯救之上。

十八世紀著名的哲學家康德（Immanuel Kant）研究我們產生知識的條件；他主張一般來說，我們都不能直接認識事物，而是只能夠意識到它們的影響。因此，耶穌的身分，是透過祂對我們的影響而讓我們知道的。根據同樣的精神，古典自由主義〔神學〕（classical liberalism）的其中一個創立人立敕爾（Albrecht Ritschl）提出，將基督論和拯救論分開是不恰當的，因為我們接受關於某種東西的知識的惟一方法，就是觀察它對我們的影響。[4]

關於基督的位格和工作之間那不可或缺的聯繫，這些基礎性的觀點令神學家愈來愈相信「功能性的」（functional；基督為我們做了甚麼）和「存有性的」（ontological；基督在祂的位格中之所是）基督論之間是有聯繫的。但同時，基督論的著作都傾向集中於其中一方，這本書也沒有例外。這裏的焦點是基督的位格，因此拯救論的問題只會在與這探討交織在一起時，才會被觸及。

但我們應該言說「耶穌論」（Jesusology）而不是「基督論」（Christology）嗎？畢竟「耶穌」是這神聖—人性位格

4 Albrecht Ritschl, *The Christian Doctrine of Justification and Reconciliation* (Edinburgh: T & T Clark, 1900), 385 ~ 484.

（divine-human person）的第一個名字。這個問題帶領我們去到基督論中最基礎的方法論問題。

·「從下而上」和「從上而下」的基督論·

原則上，探討基督的位格和工作，我們可以有兩個選擇。這兩種方法被人們以方便的方式而標籤為「從上而下」（from above）和「從下而上」（from below）。從上而下的基督論，始於承認相信基督的神性，正如在新約中所表達的那樣。從下而上的基督論，始於探討歷史耶穌和關於相信基督的歷史基礎。換句話說，從上而下的進路以新約中對耶穌基督所作的神學詮釋為出發點，以決定基督對我們這時代的意義。運用從下而上這種進路的神學家，則會探究福音書作者、保羅和其他新約作者的神學詮釋，並會嘗試給自己確定那些基督論宣稱其歷史的和合乎事實的基礎。重要的是，我們要留意這不是「保守」和「自由」的區別，而是方法的差別。（雖然大部分保守派的人都採取從上而下的進路，但很多用
13 從上而下進路的著名神學家，都是自由派的。其他神學家提倡一種從下而上的方法，但他們對基督仍然抱持一個「高階的」觀點〔“high view”〕，視祂為真正神聖的。）

我們可以理解的是，從上而下的進路是最早幾個世紀的主要取向。那時，人對福音書紀錄的歷史可靠性，是沒有疑問的；人都視福音書的敘事為理所當然的。啟蒙運動時期以前，基督論傳統只是詮釋新約對相信基督的認信，以及嘗試以準確的哲學和神學用語，將它表達出來。從上而下的方法在二十世紀也有其擁護者，雖然他們的動機與啟蒙運動前的取向十分不同。與新正統主義（neo-orthodoxy；本

書第三部分會研究的一個運動）有關的神學家，例如卜仁納（Emil Brunner）和巴特（Karl Barth），以及那些傾向存在主義（existentialism；也參第三部分）的神學家，例如布特曼（Rudolf Bultmann），都提出我們理解基督的基礎不是歷史耶穌，而是 *kērygma*（希臘語，意指「傳道」、「宣講」），即教會關於基督的宣講。用卜仁納的話說：

> 我們必定要反對這觀點：基督教信仰源自歷史的觀察，源自拿撒勒人耶穌的歷史畫像。基督教王國（Christendom）本身一直都有不同的認識。基督教信仰只源自傳講的信息和聖經成文的道對基督的見證。[5]

根據這個觀點，保羅和約翰比符類福音（Synoptic Gospel；編按：或譯「對觀福音」，即指馬可福音、馬太福音和路加福音）更優先，因為保羅和約翰對耶穌地上生命的細節不感興趣，他們反而對耶穌事件給基督徒生命和教會所帶來的意義，更感興趣。因此，當代這種從上而下的方法提出，相信基督不是基於歷史上或理性上的證據，也是不能用科學來證明的。卜仁納區分了「肉身中的基督」和「肉身後的基督」；前者是道成肉身的上帝，正如新約文件所認信的，而後者則是歷史學家以自己的研究方法來認識的基督。卜仁納認為，信徒比研究員更認識基督，因為信徒是在肉身中認識基督的。布特曼主張，人基於新約作者的傳道而相信「宣講的」（kerygmatic）基督，但這相信不能肯定地與耶穌那地上的實際生命連結起來。無論個人對地上、歷史的耶穌相信了些甚麼，相比起個人對基督那存在主義式的觀點（existential

5 Emil Brunner, *The Mediator*（London: Lutterworth, 1934）, 158.

view），那都是次要的。

不過，自從啟蒙運動開始，基督論的主要進路都是從下而上的。只要我們考慮到一些與啟蒙運動有聯繫的發展，我們便可以理解這情況（此書第二部分會詳細討論啟蒙運動對基督論的含義）：所有宗教、哲學和其他權威都被那獨立
14 的、個人的判斷，以及那形成個人自己見解的權利所取代。為甚麼個人應該倚靠過去的人的信仰認信，而不嘗試自行決定基督的意義？最恰當表達出這種方法論上的進路的就是歷史耶穌的追尋。參與這場追尋的神學家嘗試超越聖經作者的認信，並自己確定拿撒勒人耶穌是誰。他們研究耶穌基督這個歷史人物，就好像研究其他歷史人物一樣。從這個意義來看，十九世紀歷史耶穌的追尋是「耶穌論」而不是「基督論」，因為他們集中在耶穌這個人身上，而不是集中在初期教會所認信的基督這個神身上。

其中一位提倡從下而上進路、但有別於那些對歷史耶穌的追尋的學者的是潘寧博（Wolfhart Pannenberg），他的《耶穌、上帝和人》（*Jesus, God and Man*）[6] 和後來的系統神學都是要嘗試為基督論的研究，找出一個在歷史和科學上都可靠的基礎。潘寧博主張，基督論的任務是為相信耶穌的神性而提供理性的支持。由於從上而下的方法是預先假設耶穌的神性，而不是論證這種神性，所以我們不能判定它為有效的方法。從上而下的進路傾向忽略耶穌的歷史，因而避免處理這個明顯的問題：那些有關耶穌的來源是否可靠。潘寧博提出，在歷史上的追尋是必須和可能的。如果我們的信仰單單建基於宣講，而不是建基於歷史事實，我們便會冒險於「創造自己的基督」，而不是跟隨聖經所見證的那一位。

6 Wolfhart Pannenberg, *Jesus, God and Man* (Philadelphia, PA: Westminster, 1968).

關於對福音和耶穌傳統進行歷史性—批判性研究，潘寧博堅定地辯護其必須性，他也十分相信，那重要的是不要好像十九世紀和較後期的傳統那樣，藉著排除神蹟和其他超自然事件，從而限制歷史性的研究。歷史資料講述那些與耶穌生命有聯繫的神蹟，而最大的神蹟當然就是復活。根據潘寧博，在對基督論的來源和歷史基礎進行批判性研究時，我們不應該預先決定哪些事件在歷史上是可能的。雖然歷史研究本身也許永遠不會令人最終委身於相信耶穌基督的神性，但對潘寧博來說，我們絕對必須將批判性和歷史性的檢視進行到底，直到個人確實地相信如耶穌對復活的宣稱是有效的，或至少是可能的。因此，相信基督的神性是歷史研究的結果，而不是盲目的「信心跳躍」，正如新正統主義和存在主義那樣。

歸根究底，我們毋須選擇任何一種方法論的進路，而排除另一種。我們可以同時採取兩種進路。從上而下的進路其基本的問題是關於信仰的基礎：我們怎知道我們相信的是正確的耶穌？其他有類似宣稱的人物又怎樣呢？在從下而上的進路
中，那基本的問題是信仰可能要取決於歷史研究之中那些不斷 15
改變的結果，而且客觀的確定性是難以達至的。為了學術的目的，個人應該主要倚靠從下而上的進路，這也有助個人的信仰委身。不過，最終相信上帝和那些與基督相關的宣稱，都是個人世界觀的委身，是不能單以學術推論來論證的。

・基督論的輪廓・

從很早開始，關於基督的不同傳統或強調便開始出現。正如上面提過，拿撒勒人耶穌在地上短暫的一生，祂的受苦

和死亡，以及祂其後的復活和升天，都構成一般基督教神學的基礎，特別是基督論的基礎。基督生平的不同時刻，構成那些模塑和繼續模塑基督論的主要進路的基礎。「耶穌的生命、死亡和復活，在某程度上是圖解的基礎點（iconographic corner-points），基督論可以從那裏一再地被重述。」[7] 視乎我們從那三個基礎點的哪一個開始，我們便會對耶穌基督有不同的主要觀點。最近有人提出了三種主要進路，為了得到更圓滿的論述，我們可以加上第四種。這四種進路[8] 可以用以下方式總結：

1. 初期教會和天主教的道成肉身式基督論（incarnational Christology）；
2. 新教 —— 特別是信義宗傳統 —— 的十架神學（theology of the cross）；
3. 東正教的復活和升天基督論；
4. 五旬宗（Pentecostalism；或譯「五旬節宗派」）和靈恩運動（Charismatic movements）的充權基督論（empowerment Christology）。

初期教會聚焦於上帝那先存的兒子以拿撒勒人耶穌這個形式道成肉身，而所根據的是約翰福音一章 14 節「道成了肉身」，以及很多其他的經文。相信上帝在耶穌基督裏道成肉身，這令馬利亞這位「上帝的母親」（mother of God）與孩童耶穌，成為天主教關於敬虔的象徵。從道成肉身這個主要觀

7 Volker Küster, *The Many Faces of Jesus Christ: Intercultural Christology*（Maryknoll, NY: Orbis, 2001）, 29 ~ 30.

8 Küster, *The Many Faces of Jesus Christ*, 30 ~ 32；這裏提到首三種進路。

點來看，死亡是必然的結果，而復活則完成了救主其地上的歷程。

馬丁·路德和其他改教家沒有貶低道成肉身的觀念，但 16
他們卻將焦點由道成肉身，轉到為了我們的罪和稱義而被定罪的那一位在十字架上的受苦和死亡。路德的「十架神學」是他整個神學的支配原則，他的神學主張，上帝只有在十架上的羞辱和受苦中才能夠被找到。這引申出一種記念基督受苦的敬虔，以及願意跟隨受鄙視的彌賽亞走其道路的心志。

東正教的敬虔行為集中表現在聖像（icon）和禮儀上，這敬虔行為可以說是朝天堂觀看的——在那裏復活的基督坐在父的右邊。東正教的神學和基督論其推動力不是罪疚，而是人對不朽的需要，而且它得救的觀念是神聖化（divinization），即人變得好像上帝（God），甚至成為神（god）。道成肉身和十字架只是拯救之路的開始，這路便在榮耀地勝過死亡時達到高峯。教會在地上那壯麗的禮儀，只是天上禮儀的圖像（icon）。

最新的、而且在很多方面都最具爭議性的基督論模式，是與五旬宗和後來的靈恩運動有關的。這些信徒沒有忽略道成肉身、十字架和復活，但他們卻特別把基督視為行神蹟和以聖靈施洗的那一位，祂是能力和充權的源頭，就是身體得醫治，脫離邪惡掌權的，或者好像說預言等屬靈恩賜的源頭。與很多外人所想的相反，這些運動不是集中在聖靈身上多過集中在基督身上，雖然它們的靈性是靈恩式的（charistmatic）和唯靈論的（spiritualistic）。五旬宗那經典的「五重福音」（five-fold gospel）或很快被稱為「全備福音」（full gospel）的，是將耶穌基督的身分描述為救主（或稱義者）、以聖靈施洗者、潔淨者、醫治者和很快再來的君王。

這些關於基督生命不同時刻的基本進路，強調了聖經對基督的見證那豐富和互補的性質。它們也增添了基本詮釋範式的多元性。基督論這些不同的範式對神學的其餘部分也有影響，因為基督論實際上是處於神學的中心。因此，基督論與其他課題——好像關於教會和啟示的教義——是有關的。教會是基督的身體；上帝的自我啟示只能夠在耶穌基督的位格裏，才為人認識；終末論——關於末後事情的神學——是關於上帝國度在耶穌基督的位格中臨到；諸如此類。換句話說，關於基督，個人相信甚麼，對那人的神學的其他部分都有影響。

第一部

聖經中的基督

Christ in the Bible

基督教會所擁有的基本文件就是聖經，即新舊約的正典書卷。對於為那些活在第三個千禧年的不同處境裏的人而探究耶穌基督的意義和重要性，雖然基督教神學的任務，特別是系統神學的任務，是超越聖經的，即提出很多聖經沒有問的問題，但所有基督教神學的基礎材料都是來自聖經。因此，從聖經角度來研究耶穌基督，這進路是毋須詳細論證，就能得到支持的。

但聖經哪些部分強調耶穌基督的位格和工作的重要性？很明顯，新約的福音書似乎是首選，因為它們提供關於耶穌的詮釋。福音書很自然地成了本書的主要焦點。但新約不單有福音書。保羅這位基督教信仰主要的早期詮釋者，他的著作在基督論的討論上也是豐富的。

在新約中，我們還找到很多關於基督的事情，它們是來自好像雅各、希伯來書作者（我們不知道他的名字）和彼得等人的。不過，好像本書這樣的考察，我們需要作出選擇。因此，我會以福音書和保羅的著作，作為新約詮釋的代表。

舊約又怎樣呢？它也是基督教正典的一部分，因此它是
基督教會和神學的規範性指引。過去，人們對舊約關於耶穌
基督的預言和預測，都十分重視。不過，現時從事神學的方
18 法，除了恰當地注意到舊約作為新約的背景的重要性（並提
供如新約所見的很多觀念性工具）外，並不輕易地將舊約「基
督教化」（christianize）。神學家倒讓舊約首先成為以色列子
民的聖經。關於彌賽亞的見證、預言和期望，確實存在於舊
約之中，但人決定怎樣將它們與新約的基督關聯起來，卻是
十分艱難的任務，超越了對基督論作導論式考察的範圍。

因此，這本導論式文本的第一部分，會深入探討四卷福音書和使徒保羅主要著作中關於耶穌基督的位格的詮釋。

1

聖經中基督的多個面孔

The Many Faces of Christ in the Bible

・聖經見證的多元性・

耶穌基督是誰？要回答這個問題，最明顯的方法是參考聖經，幾乎所有基督徒都視這本書為教義那最高的和具規範性的來源。基本上這是正確的答案。除了聖經以外，我們並沒有全面有關耶穌基督的資料，雖然我們偶然也可以在聖經以外的地方，找到指涉基督的記述。但只提到聖經是那個決定耶穌基督是誰的明確來源，這是不足夠的。事實是甚至連聖經對基督也沒有包含一個單一的、壓倒一切的描述。相反，聖經對基督的位格的描繪包含了多幅的圖畫、多個的形象和多個的見證。

由於聖經主要是以故事形式寫成，它沒有對基督的位格和工作包含一個系統化的概要。關於耶穌基督的教導，是透過象徵和故事而被提出，其強調在於祂的行為。在這個意義上，我們或許可以把聖經的基督論，描述為一種「活出的」基督論（“lived” Christology），而非一種系統化的教義。

新約對基督提出不同的、互補的面貌，而四卷福音書的存在就最明顯地説明了這個事實。為甚麼有四卷福音書？為甚麼不是只有一卷？多個世紀以來，基督徒都承認和思考這個事實。早在二世紀，已經有人嘗試將四卷福音書協調為一
20 個整體，藉以令基督的故事更連貫。連最初的聖經讀者也留意到，擁有四個故事，不單令整體故事更豐富，也製造了一些困難，例如關於同一個故事在不同細節上存有矛盾。不過，教會和基督教神學決定為了見證的多元性，而犧牲了每個細節上的和諧。

對於聖經的基督論，最流行的進路包括專注於給耶穌基督的不同稱號。有一句古老的拉丁語“*nomen est omen*”，其意思是「名字是一個徵兆」。在古代文化，以及在今天三分二世界的很多文化中，給一個人的名字都反映出獨特的個人特點，或與那人有關的重要事件。很明顯，給基督的不同稱號都有這個作用。新約基督論那更近期的研究方法，包括根據每卷書的存在方式來閱讀，不必然嘗試將不同材料變成一個連貫的整體。換句話説，每卷福音書的特定貢獻，是根據它們本身而得到欣賞。因此，我們有馬太、馬可、路加和約翰的基督論。

・不同的基督論軌迹・

在這些進路中，也就是描述基督的不同稱號，或獨立地專注於每卷福音書，並非所有學者都滿意任何一種。有些學者認為，要掌握福音書作者對基督論的理解，最好的門徑是留意不同的新約軌迹，以及分辨各種與每一個軌迹有關的基

督論。

富勒（Reginald H. Fuller）在《新約基督論的基礎》（*Foundations of New Testament Christology*）[1]中提出，巴勒斯坦猶太教（Palestinian Judaism）、希臘化猶太教（Hellenistic Judaism）和希臘化外邦世界之間，有一個具三階段的區分；每一個環境都對應著特定的基督論模式。巴勒斯坦教會是教會的最早階段，它專注於耶穌過去的話和工作，以及祂將來在榮耀中的再來。第二層是希臘化猶太教，[2]它將原始的宣講（*kērygma*；「傳道」、「宣講」）轉化為那對現在身為高升之主和基督的耶穌其工作所作的宣告；它對耶穌身為救主的功能，比對祂的存有和位格，更感興趣。對希臘化的外邦宣教來說，基督論是在先存性（preexistence）、道成肉身和升天這三階段的框架中被設想的。與那些專注於存有論式問題（ontological question）的希臘文化和哲學相似，這種基督論專注於基督的存有和位格。富勒的方案可能包含某些事實，但它將巴勒斯坦和希臘化領域作嚴格區分， 21
這卻受到質疑，而希臘的影響在耶穌出生前多個世紀，已經於以色列境內存在。

另一個研究基督的進路是由凱斯格（Helmut Koester）提出的，他區分了四個基本的基督論軌迹，它們都是在耶穌死後至新約寫成期間，於不同的基督徒圈子中獨自地興起的。[3]

1　Reginald H. Fuller, *The Foundations of New Testament Christology*（London: Collins, 1965）.

2　希臘化猶太教是指在猶太宗教和文化中由希臘文化所模塑、在耶穌的時代很普通的那部分。這些猶太人閱讀那稱為《七十士譯本》（Septuagint, LXX）的舊約希臘文譯本。

3　Helmut Koester, "The Structure and Criteria of Early Christian Beliefs," in *Trajectories through Early Christianity*, ed. James M. Robinson and Helmut Koester（Philadelphia, PA: Fortress, 1971）, 205～231.

這些軌迹並非互相排斥，每個都闡明基督的位格和工作的不同方面。

在這些軌迹中，那最原始的是關於「耶穌是人子和再來的主」這個觀念（隨後的篇幅會詳細分析好像人子等這些基督論式稱號的意義；因此這一節只是採取那些基本的意義）。這個軌迹專注於終末論，它延續耶穌自己那以將來為取向的傳講，正如在馬可福音十三章和馬太福音二十五章所明顯看到的。帖撒羅尼迦前書四章保羅的教導也屬於同一個傳統。正如那些具有終末思想——前瞻未來的世界終結——的羣體其常見的情況那樣，耶穌的追隨者和社會之間存在著明確的區分。

凱斯格所確認的第二個軌迹是關於「耶穌是行神蹟者」的觀念。這個類別注意在耶穌公開生活中的那些事件，特別是祂的神蹟和趕鬼，並將耶穌描述為一種擁有大能的「神聖的人」（divine man）。這個取向明顯可以在使徒行傳二章22節中看到，在那裏，拿撒勒人耶穌被描述為「上帝藉著……在你們中間施行異能、奇事、神蹟，將他證明出來」。福音書很多段落（如：可一23～45）很自然地都屬於這個傳統。這個軌迹強調的是個別基督徒的敬虔，而不是將來的終末轉化。

第三種基督論是智慧基督論，它也留意耶穌的公開生活，但卻視祂為教師，是智慧的使者，而不是行神蹟的人。好像馬太福音十一章25至30節的經文，以及福音書很多其他的經文（路十一49～51；約一1～18），並在保羅著作中的經文（西二6～23），都代表著這個傳統。這傳統可以被稱為「比喻傳統」（parable tradition）或「神學學派」模式（“theological school” model）。

最後，第四個基督論模式將注意力放在耶穌被釘十字架

和從死裏復活之上。初期的信經表述——例如哥林多前書
十五章3至8節——和禮儀傳統（林前十一23～26），都強
調基督的死亡和復活那極重要的角色。這個軌迹有時被稱為
「逾越節的基督論」（paschal Christology；來自那指逾越節
〔Passover〕的希伯來和希臘詞語，即那獻祭用的羔羊被屠宰
的筵席）。保羅特別提倡這個模式，例如在哥林多前書五章
7節，他提到基督是「逾越節的羔羊」。這個形象是福音書作 22
者所熟悉的，正如「上帝的羔羊」這個詞語所顯示的那樣（約
一29、36）。這種模式認真看待耶穌的生平和受苦的實在
（reality），視祂為受苦者，但同時又沒有忽略耶穌身為行神
蹟者和教師的角色。這四個基督論模式是同樣有效的，但在
正典中，最後一個模式似乎佔了主導位置。

但在開始詳細考察那些給基督的個別稱號前，我們還需要提出另外一個重要的觀點，那就是著名新約學者鄧恩（James D. G. Dunn）所提出的挑戰。在其《新約中的統一與多元》（*Unity and Diversity in the New Testament*）[4] 這本書中——那書名已經反映了其基本取向——他提出，我們不是要嘗試確認出在福音書中那單一的基督論，更不是要提出整本新約中那單一的基督論，而是應該承認和肯定，新約包含了關於耶穌的幾幅合法畫像和神學詮釋。由於我們對耶穌沒有單一和確實的觀點，我們就應該珍惜那些畫像的多元性。不過，所有新約作者同時又有一個共同的基礎，一個統一的核心：在耶穌裏面，並透過祂，一些對人類的拯救有決定性作用的事情發生了。

4　James D. G. Dunn, *Unity and Diversity in the New Testament* (Philadelphia, PA: Westminster, 1977)；也參 James D. G . Dunn, *Christology in the Making* (Philadelphia, PA: Westminster, 1980)。

新約學術界已有一段時期難以保持平衡，因此它有時認同：比起符類福音，保羅和約翰對耶穌有「更具神學性」的詮釋。在其他時候，人們按符類福音本身來閱讀它們，並視它們為「在歷史上是更為可靠的」。新約傳統關於基督位格和工作的豐富內容，可能是重要的提示：我們不是要支持某種類別的優先性，而是要欣賞那些在新約中產生出基督論的不同需要和處境，因而更好地作好預備，以應付在第三個千禧年中，不斷改變的後現代世界及全球化世界所具有不同的多文化（multicultural）、地區性和處境性需要。

在概述了新約——特別是四福音——對基督論研究的不同進路後，我們現在會更詳細研究兩個互補的進路：檢視在福音書中基督的稱號，以及檢視每卷福音書和它們的基督論（第二章）。

著名新約學者庫爾曼（Oscar Cullmann）在一九五〇年代撰寫的《新約的基督論》（*The Christology of the New Testament*）[5] 中，將那些給基督的不同稱號分為四大類別。他也總結每個稱號在猶太教和希臘文化（Hellenism）中的背景，並追溯它應用在基督身上的歷史。庫爾曼的建議包括：

1. 耶穌在地上的工作：先知、僕人、大祭司。
2. 將來的工作：彌賽亞、人子。
23 3. 現在的工作：主、救主。
4. 先存性：道、上帝的兒子、上帝。

哈恩（Ferdinand Hahn）的《基督論中耶穌的稱號——它們在初期基督教的歷史》（*Titles of Jesus in Christology:*

5 Oscar Cullmann, *The Christology of the New Testament* (London: SCM, 1957).

Their History in Early Christianity）[6] 亦走相似的路線，雖然哈恩所集中討論的稱號比較少：人子、主、基督、大衛的子孫、上帝的兒子（其附錄也包括關於終末式先知的論述）。

以下的討論集中在新約中用得最多的稱號上，詳細論述基督論稱號的內容：基督／彌賽亞、上帝的兒子、人子和主。其他重要的新約稱號，就是上帝、大衛的子孫和邏各斯（*Logos*），也會被提及。

・基督／彌賽亞・

其中一個最重要的基督論稱號是基督，這個詞在新約出現了超過五百次。基督（Christ, *Christos*）是希臘語，它等同於希伯來文的彌賽亞（Messiah, *mashiach*），後者的字面意思是「受膏者」。在古代猶太教和基督教用法產生影響之前，"*Christos*"一詞在希臘文化中沒有任何特別的宗教意義，但它在舊約中卻有特別的宗教意義。舊約有三類人是受油膏抹，並獲委任執行特別任務的：先知、祭司和君王。君王特別被視為是由上帝任命的，而膏抹就是上帝的任命那公開的記號，正如以色列第一個王掃羅的情況那樣（撒上九～十章）。在被擄後的舊約文本中，人們找到關於復興大衛王朝的盼望，而且這盼望往往是以宏偉的程度和性質來被描述的（如：該二 20～23；亞九 9～10）。因此，關於彌賽亞身分的這個觀念，聯繫到以色列的將來，聯繫到她從外族暴政中所得的解救，以及公義統治的引入。

有些人視耶穌為政治的解放者。幾個自封的「基督」都

6　Ferdinand Hahn, *The Titles of Jesus in Christology: Their History in Early Christianity* (Cleveland, OH: World, 1969).

有解放的視象（vision），但耶穌基督不想與這些期望認同。事實上，耶穌從未准許過祂的追隨者使用彌賽亞這個詞語。十九世紀福音書研究——特別是對馬可福音的研究——的先驅弗雷德（William Wrede）稱這為「彌賽亞的祕密」（messianic secret）：耶穌沒有鼓勵其追隨者散播關於彌賽亞已來了的這個好消息，而是禁止那些如被祂醫好的人將這消息告訴任何人。耶穌不想認同這個主要屬政治彌賽亞式的期望，也想避免與政治的和宗教的建制產生衝突，直到祂受死
24 的時候來到。如果耶穌視自己為彌賽亞，那也不是在政治或民族主義的意義上的彌賽亞。而且，人們期望一個得勝的彌賽亞；被釘十字架的耶穌，卻實在是令人失望的。

值得留意的是，雖然所有福音書作者都以自己獨特的方式挪用基督這個稱號，但保羅用這個詞語的次數，要比他們多得很：這個詞共出現了五百三十次，其中有三百八十三次是在保羅的著作中出現的（其中二百七十次出現在七封作者身分幾乎沒有任何爭議的書信中：羅馬書、哥林多前後書、加拉太書、腓立比書、帖撒羅尼迦前書、腓利門書）。這個詞語在保羅書信中出現得那麼頻密，而保羅書信又是最早的新約著作，這顯示出在很早的時候，這個詞語已經成為基督教信仰辭彙的一個重要部分。基督，無疑是保羅喜歡用來指稱耶穌的稱號。

仔細檢視保羅書信中的"*Christos*"，我們便會發現，他幾乎將這個詞語當為耶穌的名字，或者作為名字的一部分來使用，而不是特別用作一個稱號。因此，這個詞在像以下的公式中出現：基督耶穌、耶穌基督、主耶穌基督等。這令很多人問到：保羅究竟是將這個詞聯繫到那對身為彌賽亞的耶穌所作的理解上，還是他用基督作為一個名字，是一種指涉

耶穌的方便做法。雖然對古代那些不熟悉猶太彌賽亞式期望的外邦人而言，作為宗教詞語的“*Christos*”並非立即顯得有意義，但保羅身為猶太人，他卻完全熟悉希伯來/猶太傳統。事實上，在羅馬書九章5節，保羅明確地指涉「那基督」，它不單是一個名字，也是一個稱號，而且他往往將基督這個詞，聯繫到耶穌被釘十字架和復活的事件上（羅五6～7；林前十五章；加三13）。

同樣值得留意的是，特別是在彼得前書之中，基督這個稱號是被聯繫到耶穌的受苦上的（彼後一11，實現舊約的預言；二21，三18等）。“*Christos*”這個詞與苦難的聯繫顯示出，初期基督徒將耶穌被釘十字架這事件，理解為彌賽亞事件。

在以色列對彌賽亞的盼望上，雖然耶穌的實現方式，與大部分百姓的夢想並不兼容，但祂在以前和現在仍然是以色列的彌賽亞，而不只是外邦人的彌賽亞（根據聖經的用語，所有非猶太人的都是外邦人）。大多時候，人們在歷史中失掉了這個觀點，為基督徒和猶太人的關係帶來不幸的後果。

・上帝的兒子・

以下兩個平行的名稱已成了基督教神學辭彙的一部分，它們就是上帝的兒子（Son of God）和人子（Son of Man）。很自然地，我們會假設前者是指涉耶穌的神性，而後者則指涉祂的人性。事實上，在二十世紀以前，人們都視這樣的指涉為理所當然的；但在二十世紀，人們更小心地解釋聖經的經文，這卻為這兩個稱號帶來一些含混性。事實上，從釋經 25
角度來看，兩個假設——上帝的兒子代表神性和人子代表人性——都是不準確的。

在舊約中，上帝的兒子這名稱的基本意思是「屬於上帝」，正如以色列百姓（出四22）或大衛王和其繼任人（撒下七14）的情況一樣。[7] 在舊約和新約，關於兒子身分的這個觀念都帶有多個意義，包括獲委派執行特別任務、順從、親密的團契、知識、相似，以及接受祝福和禮物／恩賜（gifts）。舊約並沒有明確提到，彌賽亞或者特定的彌賽亞式人物是上帝的兒子。

上帝的兒子這個名稱在新約出現了一百二十四次，在保羅書信和希伯來書則出現得特別多。根據羅馬書一章4節，耶穌因為復活而已「被顯明是上帝的兒子」（been declared Son of God）。

耶穌很少使用這個詞語，但根據符類福音，耶穌是根據上帝兒子的這個身分來理解自己和自己的使命，而且祂明顯地暗示祂是上帝的兒子。有些學者質疑這些少有的經文——耶穌在其中稱自己為兒子——的本真性（authenticity），但大部分學者都認為，在這些說話中至少有部分是直接出自耶穌之口的（太十一27；可十二6，十三32；路十22）。對耶穌關於「父」和「子」的本真說話作檢視，我們可得到以下的強調。首先，耶穌宣稱祂個人與父的親密。我們特別在耶穌提及阿爸（*abba*）的話（可十四36）中明顯看到這一點；「阿爸」這個亞蘭文詞語，其意思是一種溫暖、親密的稱呼，類似爹爹（daddy）。第二，「兒子」一詞的使用，表示耶穌對上帝旨意的服從，正如我們從耶穌在客西馬尼園的禱告中可以特別明顯看到的那樣（可十四32～42）。最後，「兒子」指出祂那地位的獨特性。耶穌身為兒子，祂與父的關係是排他

7 上帝的兒子這個觀念在舊約出現時，是關乎三個人或羣體的：天使（伯一6）、以色列（何十一1）和君王（詩二7）。

的（exclusive）。保羅使用了兩個不同的希臘詞語來區分耶穌的兒子身分和我們的兒子身分，這更能顯明此強調：信徒是被收養，被稱為兒子或孩子（*tekna*）；但耶穌就是那兒子（*huios*）。

我們這個時代其中一個關注就是關於中立語言（inclusive language）的問題。為了中立，是否應該用**孩子**（child）來取代**兒子**（son）嗎？新約在使用**兒子**一詞之時，是並不帶有性別歧視的。它包括兩性。在本書第二十二章，當我討論對基督作女性主義式的詮釋時，便會深入探究這個問題。

‧人子‧

舊約“*ben adam*”（「人子」，字面意思是「亞當」；這希
伯來詞語既指涉亞當這個人名，也是一個意指人的名詞）這 26
個詞語在三個處境中被使用。在以西結書，這個詞語出現了超過一百次，都是用來稱呼以西結的。它也用來強調人本性的脆弱，正如詩篇八篇 4 節那句著名的話。從基督論來看，這詞語最重要的使用是在但以理書七章 13 至 14 節，在那裏提到「見有一位像人子的，駕著天雲而來」，接近「亙古常在者」，他「得了權柄、榮耀、國度」，受萬民敬拜。基督教神學視但以理書的人子為彌賽亞，祂以拿撒勒人耶穌這個人的身分來到。布特曼（Rudolf Bultmann）不同意這說法，並宣稱但以理書七章的人子和耶穌本來不是同一個人；但初期教會卻將兩人合併起來。可是，布特曼的提議沒有得到支持。

在福音書中，人子這稱號比其他稱號更多被用來指涉耶穌。不過，它的用法那獨特之處是，它出現在所有四卷福音書中，也只出現在四卷福音書之中。惟一例外的就是使徒行

傳七章56節。這個稱號的另一個獨特之處是，在福音書中只有耶穌使用它（除了約翰福音十二章34節，在那裏，人們向耶穌引述祂自己的話）。很明顯，耶穌喜歡用人子來稱呼自己。

在符類福音中，這個詞語的用法很大程度上都是一樣的。新約學者基本上同意，作為一個基督論式稱號，人子在符類福音中與以下事情是有關的：

1. 耶穌現在的權威（如：可二10、28；馬太福音和路加福音相平行的經文）；
2. 祂的受苦和復活（如：可八31，九9，十33；馬太福音和路加福音相平行的經文）；
3. 祂榮耀的再來（如：可八38，十三26；馬太福音和路加福音相平行的經文）。

關於權威的話，那特別之處是人子給自己在如安息日——這個給上帝百姓的律例——擁有上帝的權威。關於受苦，那些說話清楚表明，耶穌身為人子，是來服事別人，並獻出祂自己的生命以作多人的贖價。那些提到人子將來「有大能力，大榮耀，駕雲降臨」（可十三26）的說話，被關聯到祂坐在上帝的右邊。馬可福音十三章26節和十四章62節，明顯令人想起但以理書七章13至14節，這顯示出福音書的人子是將自己等同為但以理書七章所提出的那人物。同樣明顯的是，好像馬可福音九章12節和十章45節這樣的話，將人子描述為詩篇中那「公義的受苦者」（如：詩二十二篇，六十九篇），以及描述為耶和華的僕人（賽五十二13～五十三12），祂受苦，但上帝替祂申冤。同樣值得留意的是，當人們將耶穌等同「基督」時（如：可八 29～30），祂回應時便說「人子」會做甚麼（31 節）。

人子這個稱號在約翰福音有獨特的用法：它與「被舉起」 27
這措辭一起使用，可指十字架或基督的高升（約三 14，八 28，十二 34）。或許，作者故意保留這含混性，想讀者同時作出這兩種聯繫。約翰也有獨特的話，提及關於人子從天上而來（三 13）和升上到祂原來的地方（八 28）。

‧主‧

初期基督徒的認信是「耶穌是主」（羅十 9）。令人驚訝的是，這個給耶穌套用上的名字，跟在舊約中用在上帝身上的名字“*kyrios*”(「主」)，是同一個名字。[8] 這是一個十分特別的名字，根據猶太歷史學家約瑟夫（Josephus）所說，猶太人拒絕用這個名字來稱呼羅馬皇帝，雖然當時的皇帝被奉為半神（semi-god）一樣來敬拜。這種尊敬就是新約用“*kyrios*”來指涉耶穌的背景。

“*Kyrios*”這個詞語在新約時代——包括宗教和世俗的處境——有多種不同的用法。神祕宗教，特別是在東方（埃及、敍利亞、小亞細亞和其他地方），往往用“*kyrios*”這個詞或者它的陰性形式“*kyria*”，指涉好像伊希斯（Isis）、塞拉皮斯（Serapis）、奧西里斯（Osiris）等神和女神。早在尼祿（Nero）的時代，羅馬皇帝也被稱為“*kyrios*”，意指神性。但即使他被神化，人們仍然知道皇帝是一個人。初期教會很可

8　*Kyrios* 是希伯來詞語 YHWH 的翻譯，這四個字母代表上帝的名字。希伯來文舊約後來被翻譯為希臘文，那譯本被稱為《七十士譯本》，其字面意思是「七十」，簡稱為“LXX”。

能故意地、好論辯地把這個人們已用在皇帝身上的稱號給予耶穌，以挑戰人們對敬拜地上之主的渴望。耶穌作為主的身分，也藉著把「奴隸」(*doulos*)這個詞——而不是比「奴隸」較為中性的「僕人」(*diakonos*)一詞——用在基督徒身上，而得到說明；不同於「奴隸」，「僕人」是擁有某些權利和特權的。奴隸的任務是要發誓絕對效忠主人；這個用語在不同的東方宗教中，經常用來表達信徒與神明之間的關係。

耶穌用"*kyrios*"這個稱號來稱呼自己，最明顯的經文是馬可福音十二章35至37節，那段經文是以詩篇一百一十篇1節為基礎的：「耶和華對我主說：你坐在我的右邊……」如果這段經文真的是耶穌所說的話——現沒有具說服力的理由以否定這點——它便表示，耶穌視自己與舊約的主耶和華為等同的；坐在右邊，這是具有最高地位和最尊貴的位置。

28 關於馬太福音用"*kyrios*"來指涉耶穌，有一點值得留意的是，只有門徒使用這個稱呼；外人則喜歡用**老師**(teacher)或**拉比**(rabbi)這個中性詞語。人需要有屬靈的洞察力，才能夠看出耶穌是誰。主這個稱號不是隨便使用的。

在保羅的著作中，主要段落是腓立比書二章10至11節，而大部分學者都相信，這是前保羅時期的一首聖詩。經文說，由於基督順服父，祂得到主這個稱號，這表示祂與上帝是同等的。

·其他稱號·

上帝。新約，是按以色列那絕對的一神論(monotheism)為背景而被寫成的。因此，稱上帝以外的人為上帝，是褻瀆的。然而，新約將上帝這個詞用在耶穌身上，例如：在約翰福音一章 1 節，「邏各斯」(*Logos*；「道」〔the "Word"〕)被稱為上帝，這明顯是指涉耶穌的；約翰福音二十章 28 節多馬的認信；以及希伯來書一章 8 節。而且，新約幾段間接的、具功能性的話，也暗示耶穌是上帝：祂被稱為人類的救主(太一 21；路二 11；徒四 12；來二 10)；人們敬拜耶穌(羅一 23；林前一 2)；耶穌顯明上帝(約十四 9)。

大衛的子孫。當作為基督論的稱號時，大衛的子孫這稱號指向耶穌身為大衛家系的彌賽亞王族，而大衛是以色列那首要的和最重要的君王。在祂的位格和職事中，耶穌實現了上帝在舊約中給大衛王朝的應許(撒下七 12～16 等)。當然，和流行的政治期望相反，耶穌拒絕取得政治權力；身為受苦的僕人，祂反而捨棄自己的生命，為百姓死，以令他們得到拯救。與新約主要的基督論稱號相比，大衛的子孫這稱號被用得比其他稱號少得多，而且它總是指涉耶穌在地上的生命。這個稱號只出現了十一次，而且都只在符類福音中出現。馬太福音使用得最多，很可能因為對於馬太要確立耶穌的大衛家系而言，它是重要的(太一 1～17)。

邏各斯。這個稱號是一個常見的希臘詞語的音譯，那個希臘詞語通常指「詞語」(word)、「言語」(speech)、「故事」(story)、「原則」(principle)，或許也指「智慧」(wisdom)。作為基督論的稱號，它只在約翰福音出現，並在這卷福音書的開頭部分作為主要的指涉(約一 1、14)。關於這個觀念的起源和來源，我們有幾個不同的建議。它們指向柏拉圖(Plato)的哲學、希臘文化和「詞語」的舊約觀念(上帝的詞語；"*davar*"不單指「詞語」，也指「行動」)；學者目前仍然沒有達至共識。約翰福音一章 1 節明顯提及舊約的開頭，提及耶和華那具創造力之言。約翰說，在創造之初，邏各斯已

29 經存在。邏各斯不單與上帝同在，也是上帝。約翰福音一章14節描述了邏各斯成為肉身。約翰也將成肉身的邏各斯，等同上帝那「獨一無二者」(*monogenēs theos*, unique one)。

在討論過新約主要的基督論稱號後，我們在下一章便轉向在四卷福音書中各基督論的獨特特點。目前新約學術研究的主要方法和神學是，一般會欣賞新約各書卷的特定貢獻，也特別欣賞福音書的特定貢獻，藉以公平地看待新約對基督的見證那豐富的多元性。下一章的討論會依據學者所相信的福音書的成書次序：馬可福音、馬太福音和路加福音(也就是符類福音)，然後是約翰福音。

福音書中的基督

Christ in the Gospels

・馬可福音中的受苦僕人・

多個世紀以來，馬可福音這卷最短的福音書，都被視為 30
只是馬太福音和路加福音的節略版。不過，在二十世紀，人們重新發現了它對耶穌的神學和生命的獨特貢獻。大家都同意，馬可福音給其他符類福音提供了大綱，而且它也是最早寫成的福音書。因此，對於研究福音書中的基督論，馬可福音是一個恰當的起始點。

馬可福音提供一個步伐急促的敘事，它始於施洗約翰這位基督的先驅的出現，並以耶穌跟宗教及政治領袖之間的衝突為高潮。馬可的敘事特點是門徒一直都不明白、也不能識別出他們的領袖所具備的真正意義。

馬可福音是一個敘事，而不是神學書，即是說它沒有提出有條理的系統。因此，「馬可福音的基督論是存在於它所講述的故事之中」。[1] 故事指出，耶穌是彌賽亞、上帝的兒子，祂的命途是受苦、受死、從死裏復活，並以榮耀的人子這個身分重臨，好聚集蒙揀選的人。

馬可的基督中心性（Christocentrism），在全書的第一句
已經顯明出來：「上帝的兒子，耶穌基督福音的起頭。」（可
一 1）馬可福音的結構也是以基督論的方式來安排的。耶穌公
31 開的職事一直進行，直到八章 29 節，那裏是轉捩點。全書
的後半部分集中在耶穌的受死之上。耶穌是上帝的受膏者、
彌賽亞，這事實在祂受洗時得到來自天上的聲音以作肯定（一
11）。這個對加冕詩篇（詩二 7）所作的迴響，指向身為受膏
君王的耶穌的王室加冕。同時，天上的聲音也宣告耶穌是受
苦的僕人，上帝以聖靈來裝備祂（賽四十二 1）。彌賽亞的事
迹和神蹟反映出，祂是國度的開創者。在八章 29 節的轉捩
點，耶穌被認信為為彌賽亞；而在這個轉捩點之後，猶太的
大祭司問祂是「那當稱頌者的兒子基督不是」（可十四 61），
彼拉多問祂是否「猶太人的王」（十五 1）。

馬可比任何其他福音書的作者，更突出耶穌身為行神蹟者和醫治者的角色。即使在首三章內，耶穌已經以這些身分出現：驅鬼者、醫治者和克勝那些束縛人的疾病的人。在第四章，祂在教導過後，繼續解放的職事。用馬特拉（Frank Matera）的話說：

> 彌賽亞是上帝的兒子，由聖靈膏立，祂以言語和行為來宣告上帝國的來到。祂醫治病人，驅趕鬼魔，甚至將祂的職事伸展到外邦人。最重要的是，祂捨棄自己的生命，作多人的贖價。在受苦、受死和從死裏復活後，祂

1 Frank J. Matera, *New Testament Christology*（Louisville, KY: Westminster, 1999）, 24.

> 會以榮耀的人子的身分再來臨。[2]

不過，神蹟和奇事在耶穌職事中的臨在是含混的。開始時遇到熱情，過後，彌賽亞面對愈來愈多的反對。再多的神蹟都不能停止人們，尤其是宗教領袖，對彌賽亞本人和祂的宣稱感到憤怒。不過，在馬可福音中，這種對彌賽亞的反對將故事推向高潮，它給彌賽亞的身分下了定義。

馬可福音那具定義作用的特徵是，耶穌作為彌賽亞的身分，只有透過十字架才能夠被清楚理解。當彼得一認出祂是彌賽亞（可八 29）之時，耶穌便宣告，人子必須受苦、被殺害，並在第三天復活（八 31）。門徒的反應顯示出，這種結局與彌賽亞是不相稱的（八 32），而耶穌為此就責備他們。因此，毫不令人驚訝的是，在幾次預測自己將會死亡後，耶穌在公會前是惟一一次明確地肯定自己彌賽亞的身分（十四 61～62）。耶穌只有在解釋了祂是哪一種彌賽亞後，祂才敢承認自己是彌賽亞。因此，彌賽亞這個稱號在福音書後半部就變得明顯；在那裏，關於耶穌即將死亡的陰影籠罩著敘事。事實上，在一章 1 節的起首話之後，基督（*Christos*）就
沒有在馬可福音中出現，直到八章 29 至 30 節。此後，這 32
個詞便用得更頻密，特別是關乎耶穌即將與宗教領袖發生衝突，以及面對十字架。

雖然「受苦的彌賽亞」這個主題或許是馬可的主要觀念，但「上帝的兒子」這個稱呼的突出，也是同樣重要的。這個詞語在開首的句子中已經出現（雖然有些文本傳統遺漏了它）。「將耶穌視為上帝的兒子」，這個主題貫穿整卷福音書：從一章 1 節作者使用了這個片語；到一章 11 節父稱耶穌為「我的

2　Matera, *New Testament Christology*, 24～25.

兒子」；到一章24節鬼魔用這個稱呼來指稱耶穌；到十五章39節羅馬百夫長作出信仰的宣認。在其間，一些重要的事件，例如山上變像（可九7）和耶穌在客西馬尼園所作那極度痛苦的阿爸禱告（十四36），都肯定了這個身分。

雖然馬可開始敘事時稱耶穌為上帝的兒子和彌賽亞，即基督，但書中最常用的稱呼卻是人子。這個詞在福音書前半部分只出現過兩次，但在後半部分卻出現了不少於十三次。耶穌三次使用人子一詞來指自己將來要以審判官的身分再來（可八38，十三26，十四62），其中兩次的指涉是在耶穌即將受死的處境下出現的。另外五次也以某種方式聯繫到受苦的主題。有三次則出現在關於自己要受苦和受死的預言中（八31，九31，十33）。因此，在馬可福音中，關於人子的指涉主要是與受苦和受死有關的。不過，有趣的是，人子這個稱號也強調了祂的權威（二10、28）。

耶穌對於使用基督和上帝的兒子這些稱號來自稱有所保留，但祂在公開場合卻自由地使用人子這個稱號。為甚麼耶穌喜歡這個充其量只是含混的稱號？或許其原因正在於它的含混性：耶穌不想聽眾在祂預備好受苦和受死前，清楚明白祂的身分。這帶我們來到「彌賽亞的祕密」（messianic secret）這個古老的問題。弗雷德（William Wrede）在那劃時代的著作《彌賽亞的祕密》（*The Messianic Secret*）中指出，耶穌禁止幾個人和幾個組別透露祂的彌賽亞身分：鬼魔（可一25）、門徒（八30）和得醫治的人（一40～45）。[3] 這種沉默的原因是，耶穌真正的彌賽亞身分，只有根據十字架才能夠被理解。馬可強調，耶穌的受苦和死亡是彌賽亞身分那必不可少的部分。耶穌的沉默，並非關乎祂要拒絕透露

3 William Wrede, *The Messianic Secret* (Cambridge: Mowbrays, 1971), 5 ~ 7.

祂是誰，而是祂需要限制那理解，這樣最終可以提高它的重要性。換句話説，對馬可來説，人們認出正確的彌賽亞，這是十分重要的，因為那時有幾個自封的基督——「看哪，基督在這裏！」——以及有很多「假基督」在欺騙人（十三21～22）。

馬特拉以有用的方式總結了馬可對耶穌的描繪：

> 對馬可來説，耶穌是彌賽亞，是上帝的兒子，因為祂實 33
> 現了人子的命途。如果耶穌不實現這命途，祂便不會是上帝的彌賽亞兒子。因此，馬可福音的基督論可以用「彌賽亞」、「上帝的兒子」、「人子」這些詞語來總結。不過，如果脱離了馬可的敍事，人便不能充分理解這幾個詞語；因為基督論是在故事中的，並我們透過故事而學習詮釋那些稱號。[4]

・馬太福音中猶太人的君王・

新約正典的第一卷福音書是馬太福音，它十分小心地跟從馬可的敍事，但它也呈現出特殊的神學，特別呈現出特殊的基督論。雖然馬太在馬可福音之上補充了很多東西，例如開始時的家譜和關於上帝國的長篇教導（太五～七，十，十三，十八，二十四～二十五章），但他仍然忠於馬可的基督論中一些主要的主題。馬太提出，耶穌是彌賽亞，是上帝的兒子，祂的命途就是人子的命途。

關於馬太福音的結構，神學家提出幾個建議，這些建議大部分都同意，那關鍵的主題是上帝國（kingdom of God）；

4　Matera, *New Testament Christology*, 26.

為了依照猶太人拒絕使用上帝的名字的做法，馬太喜歡使用「天」國（kingdom of "heaven"）。馬太的故事主要以馬可福音內的材料為基礎，採納了馬可福音的大部分內容，也在很大程度上依從了馬可的次序（在他沒有依從馬可的次序的地方，路加則有依從）。馬太福音特有的結構是將敘事和論述交織鋪排，以及它那有秩序、系統化的性質。馬太福音的特點是具有猶太風格，以及具有與猶太人有關的材料。

若說馬可主要對彌賽亞的神蹟和行動感興趣，馬太則著眼於耶穌的教導。在這卷福音書中，我們可以找到很多耶穌著名的教導，例如：登山寶訓（太五～七章）、對門徒的要求（十章）、天國的比喻（十三章）、祂關於終末論的教導（二十四～二十五章）等等。在馬太福音中，耶穌最突出的活動就是教導。身為上帝的兒子，祂獨特地知道上帝的旨意，並可以把這旨意向其他人顯明（十一 25～30）。耶穌選擇透過比喻，以作為其主要傳遞教導的方式，這意味著是祂要將天國的「祕密」向那些仍未進入天國的人隱藏（十三 11）。登山寶訓是天國的法規，而八福（五 3～12）則確立了進入天國的條件。耶穌教導天國的公民該怎樣向他們「天上的父」禱告；「天上的父」這個主題貫穿了整個登山寶訓（五 16、45，六 1、4、18 等）。

34 身為首要的教師，耶穌在公開的職事中顯明上帝的旨意，但祂的教導和傳道在很大程度上遭受忽略或拒絕。因此，那諷刺的是，只有那些不是祂門徒的人才稱耶穌為教師（太八 19，九 11，十九 16 等）。耶穌的門徒從沒有稱祂為教師，而是稱祂為主或類似的稱呼。對馬太來說，耶穌這位上帝旨意的啟示者，不單是教師，也是天國福音的傳道者（四 17，九 35），傳講著一個要求人們悔改和順從上帝旨意的信息。在先知的傳統中，耶穌好像古時的先知（五 10～12，二十六 3～5）和施洗約翰（十四 1～13）一樣，經歷到人們的拒絕。

雖然馬太確實強調耶穌的教導，但他也沒有忽略彌賽亞的行動。事實上，他記錄了很多醫治、趕鬼和自然神蹟（例如：在海上走和將食物倍增）。例如，在馬太福音八和九章，他講述了八個醫治和另外幾個神蹟。耶穌以祂教導登山寶訓（太五～七章）時的那種權威，醫治人們，將他們從各種需要中解放出來。這位在言語上帶有能力的耶穌，在行動上也是帶有能力的。

這卷福音書的開頭顯示了，馬太對耶穌身為大衛的子孫和上帝的兒子的理解，是怎樣獨特地受妥拉（Torah），也就是猶太人的聖經和我們的舊約所影響，以及受到與法利賽人式猶太教之間的交往所影響。那關於嬰孩的敍事（太一～二章）指出，耶穌是大衛的子孫。馬太不單確立大衛的家系，他也確立了耶穌與整個以色列歷史的聯繫，一直追溯到亞伯拉罕。這卷福音書有幾次提到大衛，這都是馬可福音所沒有的（九 27，十二 3、23，十五 22，二十 30～31）。這種與大衛的聯繫，在耶穌進入耶路撒冷、被稱為「大衛的子孫」時（二十一 5、9、15），變得最為明顯。關於嬰孩的記述有幾件事，例如，逃到埃及和希律殺害嬰孩（二 13～23），也呼應著舊約出埃及的故事，這有助於產生出耶穌身為一個像摩西的人物、將會拯救祂的百姓的形象（比較出三 10）。好像古時的摩西，新的摩西也在山上作教導（太五～七章，登山寶訓；比較出二十～二十四章，在西乃山透過摩西賜下律法）。

因此，對於馬太強調舊約的實現，我們都不會感到奇怪了。他直接引述聖經共五十七次。從這些經文中，我們得知耶穌是上帝的兒子（太二 15；比較何十一 1），祂是拿細耳人（二 23；比較士十三 5，一位完全獻給上帝和事奉上帝的人），祂在伯利恆出生，成為百姓的統治者（二 6；比較彌五 2），諸如此類。祂也會向外邦人宣告公理[5]（十二 18；比較賽四十二 1～4）。

馬太福音的耶穌，上帝的兒子，是以馬內利（希伯來文，「上帝在我們中間」）。這個思想貫穿整卷福音書。在關於嬰兒的敘事中，耶穌被稱為「上帝與我們同在」（太一 23），在
35 給教會的應許中，耶穌應許祂要永遠同在（十八 20），以及
關於傳播國度的好消息的大使命，也得著同一個應許所支持（二十八 20）。

研究馬太福音的學者採取不同的進路以確定他基督論的獨特模樣。很多詮釋者視馬太給耶穌的稱號為具決定性的線索。這個進路通常圍繞著上帝兒子的向心性（centrality）而進行。另一個傳統則認為，雖然上帝的兒子是一個主要的稱號，但它還必須以附加的觀念作補充，以完成對馬太的基督論所作那整全和準確的描述。還有一種進路則強調馬太的「君王基督論」（royal Christology），它集中在耶穌身為彌賽亞君王和上帝兒子的身分上。當然，這些不同的強調毋須是不一致的；它們甚至可以在很大程度上是互相補充的。可以安全地說，君王的強調是顯而易見的，馬太在書中想把彌賽亞君王介紹給他的讀者——包括猶太人和非猶太人。這個強調在福音書的開始已經出現——當時博士問及「猶太人的王」的出生（太二 1～4）。

馬太給耶穌的主要稱號是彌賽亞。這個詞語出現了若干次（太一 1，二 4，十一 2，十六 16，二十七 17 等）。對猶太

5 在聖經的語言中，所有非猶太人都是外邦人。

人來説，彌賽亞這個詞表示一個認信：在耶穌裏，舊約關於挽回和拯救的應許得以實現。彌賽亞在祂的位格和職事中實現舊約。彌賽亞是新摩西，祂實現了律法和先知的角色（三15，五17～48等），而且祂是耶和華那受苦和被拒絕的僕人（三17，八17，十三14～15，二十三37，二十七5～10等）。在馬太福音八章17節，耶穌的醫治職事被視為以賽亞書五十三章4節的實現：「他誠然擔當我們的憂患，背負我們的痛苦」；而在馬太福音十二章15至21節，耶穌從公共的注意中引退，則是根據以賽亞書四十二章1至4節第一首僕人之歌來理解的。[6]

馬太福音在幾個關鍵時刻，把身為彌賽亞的耶穌，稱為
上帝的兒子。這個稱號在馬太福音中或許比彌賽亞更重要，
但我們毋須將它們對立起來。在三章17節，父公開地宣告
承認耶穌是「我的兒子」；在四章3節，魔鬼稱耶穌為上帝
的兒子；在十一章27節，耶穌説自己與上帝的特別關係是
兒子與父親的關係；在十四章33節，船上的人承認耶穌是
上帝的兒子；諸如此類。根據較後期的基督論發展，有趣的
是，雖然馬太將耶穌神聖的兒子身分聯繫到祂由童女所生的
這事上（太一18～25），但他卻沒有發展耶穌的神聖本性這
個觀念。他反而集中在耶穌的兒子身分那些更具功能性的方 36
面。耶穌是上帝的兒子，這主要從祂完全遵從祂父旨意的這
角度來説的，特別是祂遵從上帝必定要彌賽亞受苦和受死的
旨意。

6　以賽亞書四十至五十五章通常被學者稱為「第二以賽亞」（這顯示出，全卷書的這一部分是來自較後時期，出自與首三十九章不同之人的手的）；這部分其中四段經文，傳統被稱為「僕人之歌」，因為它們一起呈現出某個「耶和華的僕人」或「受苦的僕人」的獨特形象，這人物代表其百姓而得到特別的使命。這個人物在傳統中與新約的耶穌被等同起來。

身為彌賽亞，耶穌也注定是以色列的君王，縱使祂是那被釘十字架的君王。對馬太來說，成為彌賽亞就是成為以色列的君王（太二2，二十一5）。雖然耶穌是以色列的君王，但祂是獨特的君王，因為祂是上帝的兒子，而且祂透過受苦來施行統治（二十七11）。

人子這個稱號在馬太福音經常出現，超過三十次，而且基本上是跟隨馬可的用法的。馬太強調，人子是作那將要來的救主和審判官的角色（太十三41，十九28），以及作祂終末的角色。

以馬太福音的框架——即以天國這個觀念為中心——來看，耶穌也是天國的開創者。祂在三個時刻實現這點：祂公開的職事、祂的受苦，以及那證明祂為無辜的復活。在復活後，基督的門徒獲差派到世界以傳揚福音的好消息，並邀請列國順從那位主人、教師和君王（太二十八18～20）。對於耶穌職事的普世性，這樣的強調在此福音書最後幾節中達到高潮，但作為一個主導的主題，它貫穿整個敘事，由外邦博士在第二章到訪猶太人的新生王開始。

・路加福音中的罪人朋友・

正如在馬太福音一樣，馬可的材料也成為路加福音的基礎，但路加卻富創意地安排和編輯這些材料。路加福音和其他符類福音的一個基本分別是，路加的敘事分為兩部分：福音書和使徒行傳。因此，路加描述了耶穌復活後的事件，但馬可和馬太只有暗示這些事件，但卻從沒有描述它們。路加福音的敘述者藉著講述復活主在初期教會的生活中所扮演的重要角色，從而擴展了耶穌的故事。

雖然路加以外邦人為寫作對象，但他的兩卷著作卻呈現出新約其中一個最傳統的基督論。在路加福音起始的序言中，敘述者解釋了自己的寫作目的，為讀者提供了關於耶穌事件的保證。敘述者已透徹地、批判地研究了現存關於耶穌的資料，然後提出他那最好的記述。路加在他的故事中安排事件的方式，產生了一個有情節的敘事，這情節可以這樣總結：

> 上帝的彌賽亞以受聖靈膏抹的上帝兒子的身分，來到祂
> 的百姓以色列那裏，仁慈地帶來拯救：就是罪得赦免。
> 雖然有這仁慈的賜予，但以色列並不悔改。然而，以色 37
> 列對彌賽亞的拒絕，卻弔詭地實現了上帝的計劃：彌賽
> 亞必須受苦，才能進入祂的榮耀，以致人可以奉祂的名
> 向列國傳講悔改和赦罪的信息。[7]

路加以耶穌生命中兩個重要階段來鋪排他的福音故事：在加利利的職事，在這段時期中的故事介紹了耶穌是受膏的彌賽亞（路四 14 ～九 50）；以及彌賽亞往耶路撒冷的路——在那裏祂被拒絕（九 51 ～十九 44）。路加福音九章 51 節是重要的轉捩點，耶穌自此轉而面向耶路撒冷，開始走向十字架的旅程，在耶路撒冷祂將要被殺（十九 45 ～二十四 53）。

耶穌及解救（deliverance）是上帝神聖計劃的中心。耶穌是誰？祂帶來甚麼？以及我們怎知道祂是上帝揀選的？類似的問題，對路加來說都是基督論的主要問題。在作為導論的首兩章中，路加把耶穌介紹為王室的人物。向馬利亞的宣告和撒迦利亞的話，都明確表示祂與大衛的聯繫（路一 31 ～ 33、69）。祂好像君王那樣進入大衛之城，這加強了祂那君

7　Matera, *New Testament Christology*, 51.

王的形象（十九 38）。和馬太相似，路加也表明耶穌與以色列的歷史和盼望之間的聯繫。在二章 25 至 32 節，西面遇到「以色列的安慰者」，而且看到他的盼望得以實現。路加在二十四章 26 至 27 節（和 44 至 47 節）最後一次肯定耶穌的彌賽亞身分，在那裏復活的耶穌自稱為「基督」，而祂的受苦和其後的榮耀在舊約已經有預言。同時，對於祂的追隨者那些屬地的期望，耶穌作出糾正，並「開他們的心竅」，讓他們明白舊約，以致他們能看見耶穌的受苦是舊約所預言的（二十四 27、45）。

耶穌身為一位先知，這個觀念在祂於家鄉拿撒勒的就職講道中浮現（路四 16 ～ 30）。祂第一篇講章是以以賽亞書六十一章 1 節為基礎，那裏談及，彌賽亞，就是受膏者，獲差派以傳講好消息，赦免人們的罪，醫治瞎眼的人，釋放被擄的人。舊約的先知以利亞和以利沙被描述為與耶穌相似（四 25 ～ 27），而百姓很快便認出耶穌是位先知（七 16，九 7 ～ 9、19）。以舊約的先知傳統，先知耶穌宣告文士的禍（十一 47 ～ 51），並為耶路撒冷哀歎（十三 34 ～ 35）。在往以馬忤斯路上所作的談話中，那兩個人將耶穌與舊約的先知傳統和律法聯繫起來（二十四 19、21）。

路加描述的耶穌有一個獨特之處，就是路加對耶穌的禱告生活很感興趣。他描述耶穌在職事的每個關鍵時刻都是在禱告的，由祂的受洗開始（路三 21；也參六 12，九 18，二十三 46 等）。在使徒行傳，耶穌的追隨者會祈求引導和力量（徒一 14，二 42，十 9，十四 23 等）。

38 路加給耶穌賦予很多稱號，從而強調祂的職事和位格：耶穌是救主（路二 11）、大衛的子孫（十八 38）和君王（十九 38）。祂是父的兒子（一 35，九 35），但也是亞當的兒子（三

38）。路加將祂比作以前的約拿和所羅門（十一 29 ～ 32）。身為人子，祂不單受苦和被高升，祂也服事（五 24）被邊緣化及被放逐的人，以及與他們分享同樣的命途（九 58）。另一個經常出現的稱號是教師（七 40，二十二 11）。

最重要的是，耶穌與各類的人接觸，並成為所有人的朋友，那些人包括婦女、窮人、病人、被鄙棄的人，以及其他處於被宗教和政治建制忽略之危險中的人。耶穌的愛是普遍和無所不包的。婦女在這卷福音書中尤其得到很多的注意（路七 12、36 ～ 50，八 40 ～ 56，十 38 ～ 42，十三 10 ～ 13，十五 8 ～ 10，十八 1 ～ 8，二十一 1 ～ 4，二十三 55 ～ 56）。

早在五章 24 節，耶穌已被介紹為人子，這個稱號在路加福音中經常出現，正如馬可和馬太福音的情況一樣。路加在祂拯救失喪的人（路十九 10）、為罪人受苦受死（二十四章）的這使命中，強調人子的身分。這個主題和耶穌身為主的身分，成了福音書後段人們所爭論的焦點（二十 41 ～ 44，二十二 67 ～ 71）。

雖然上帝的兒子這個稱號在路加福音出現得頗多，但耶穌作為上帝的兒子，其身分在路加福音所得到的注意卻比其他福音書為少。不過，路加仍然確立了耶穌身為上帝兒子的基本輪廓。耶穌是由聖靈感孕的（路一 32 ～ 35），這事實成為耶穌與上帝那親密的個人關係的基礎——與上帝的關係是這卷福音書一個重要的主題（二 49，十 21 ～ 22）。耶穌在十字架上稱上帝為「父」，路加藉此顯示出，甚至在耶穌生命中的那一刻，祂與上帝的親密團契也沒有減弱（二十三 34、46）。而且，身為上帝的兒子，耶穌繼承上帝應許給大衛子孫的國。身為上帝的兒子，耶穌是聖潔的，被分別出來以履行那帶來拯救的這項特別事奉（一 68 ～ 69，十九 9 ～ 10）。

當所有福音書作者都將復活描述為拯救歷史的關鍵事件時，只有路加提及和發展耶穌升天這件事，他以這事件使路加福音二十四章和使徒行傳一章聯繫起來。復活的救主可以同時是統治和實現祂應許的那一位。祂是可以赦罪和藉著賜下祝福以象徵赦罪的那一位（參徒二 21，十 43）。路加提出，那祝福地上萬民的亞伯拉罕應許，在耶穌裏實現（參徒三 22～26）。耶穌也實現了大衛的盼望（路一 31～33）。

耶穌的神蹟顯示著新時代的來臨，也證明耶穌在神聖計
劃中的角色是真實的（路七 22；也參徒二 22～24）。事實
上，耶穌醫治工作的範圍顯示出耶穌權威的廣泛性。祂醫治
39 那些患血漏的、手臂枯乾的、失明的、耳聾的、癱瘓的、患
麻瘋的人，諸如此類；祂也驅趕邪靈。祂甚至使死人復活和
行使那勝過大自然的能力。

到目前為止，我們都集中討論路加福音中的基督論。在他的第二卷書，路加藉著完成在福音書中所引入的主題，從而完成那始於福音書的、對耶穌所作的基督論式描繪。例如，在宣告耶穌將要出生時，天使加百列告訴馬利亞，上帝會把大衛的王座給她的兒子，祂會永遠統治雅各家（路一 32～33）。在福音書結束時，這個應許仍然有待實現。但在使徒行傳，讀者會發現耶穌以彌賽亞的身分登上寶座，升到上帝的右邊。福音書專注於地上的耶穌，而使徒行傳則專注於高升了的基督。

在使徒行傳二章，彼得的五旬節演講提供了證據，以證明耶穌從死裏復活後，已上升到上帝的右邊，正如大衛的預言所宣告的那樣。彼得在後一章的另一篇演講，充滿基督論的主題：耶穌是上帝的僕人，是聖潔和公義的那一位，是生命的領袖，是為以色列而蒙指派的彌賽亞，是摩西所談及的

先知。那些拒絕這先知的人，會從以色列被挽回的百姓中被排除，而那些悔改的人會經歷罪得赦免和更新的時刻。

·約翰福音中的生命之道·

> 耶穌在門徒面前另外行了許多神蹟，沒有記在這書上。但記這些事要叫你們信耶穌是基督，是上帝的兒子，並且叫你們信了他，就可以因他的名得生命。（約二十 30～31）

這段經文明確講述第四卷福音書的目的，以及它是以基督和祂的職事和重要性為焦點的。記號會通向信念（belief），信念會通向生命；這是清楚不過的。含混之處在於「叫你們信」這個希臘片語的準確意思：它是表示，「你們可以信」是歸信的結果；還是指，「你們可以繼續信」是關乎那些已經在信仰中的人。大部分註釋家都選擇後者，雖然這兩個解釋可能不是互相排斥的。很明顯，這卷福音書是卓越的基督論著作，因為耶穌是當中很多記號和論述的焦點。這基督論超越符類福音內的一切東西。最值得留意的是，約翰把耶穌描述為上帝先存的道成了肉身。

現時的學術研究提醒我們，約翰福音很可能經過幾次修訂，因為約翰的著作是經過數十年反思「耶穌是誰」而得來的
結果。由於這些連續的修訂，這卷福音書包含數個的基督論 40
層次。例如：它包含了傳統的基督論，就是提出耶穌是人們所期待的彌賽亞；它也有發展得更好的基督論，即提出祂是從天上下降的人子。各種基督論在約翰福音中得到更全面的發展（比較馬可福音），也幾乎並置在一起。

首先在年表和地理上，約翰福音有別於符類福音。在約

翰福音，耶穌的職事集中在猶大而不是加利利，而且祂的職事持續了三年而不是一年。還有，在約翰福音，耶穌的職事與遵守猶太教重大的朝聖節日緊密地聯繫起來，而且耶穌雖是以色列的彌賽亞，但猶太人和基督之間有著不能調和的衝突。還有很多其他的分別，而在這些分別中，有一點是十分重要的，就是約翰福音內的耶穌並沒有驅趕邪靈。祂醫治的次數也不多；總共只有三次和一次使死人復活（拉撒路；約十一章）。祂的行動稱為「記號」（sign），並且帶有明顯的象徵意義。第四卷福音書內的耶穌，並不用比喻來教導別人；與符類福音不同，在約翰福音中耶穌是獨白的人。約翰記錄了很多神蹟，但所記的往往與馬可、馬太和路加的記錄不同。甚至約翰福音的整個結構，與其他福音書相比也是獨特的：在關於道的序言（一 1～18）後，第一部分，即「記號之書」（一 19～十二 50），便包括神蹟和言語；而第二部分，即「榮耀之書」（十三～二十章），則講述耶穌道別的話，祂在十字架上的受苦，以及祂之後的復活。福音書後面也附有一個較後的附錄（二十一章）。

約翰福音的序言在眾多本福音書中是獨特的。馬可沒有提到耶穌在地上的開始，而馬太和路加則從耶穌嬰孩時開始，將耶穌的出身追溯到亞伯拉罕（馬太福音），甚至追溯到亞當（路加福音）。不過，約翰開始時則將耶穌置於上帝的懷中，置於永恆之中（約一 1）。序言引出了關於耶穌的主要主題，而這些主題會在福音書中得以發展，其中包括光、生命、真理等。最特別的特點是將邏各斯（*Logos*）這個稱號應用到基督身上，這應用將耶穌聯繫到舊約之始，即道（the Word）作為創世記一章那具創造性的力量，以及聯繫到關於智慧的希臘概念。這個序言將耶穌的故事置於道成肉身前的永恆中。在創造前，道已經與上帝一起。道與上帝一起，道就是上帝。一切事物都透過道而受造，道就是生命和光（一1～5）。這邏各斯成了肉身，住在人類中間，充滿恩典和真理（一14）。祂是獨特的，因為祂是父的獨子。在祂裏面，只有在祂裏面，我們看見父是誰（一18）。

從第一章開始，約翰便開始編寫一系列耶穌的稱號、形象和特點：上帝的羔羊，除去世人的罪（約一29、36）；拉比
（一38）；彌賽亞（一41）；「摩西在律法上所寫的和眾先知 41
所記的那一位……就是約瑟的兒子拿撒勒人耶穌」（一45）；上帝的兒子和以色列的王（一49）。

約翰福音的典型之處是他雙重地強調耶穌的人性和神性。約翰福音對耶穌的描述，在很多方面都是最有人性的：耶穌會疲倦（約四6）和痛苦（十二27）；祂哭泣（十一33）和改變主意（七1～10）。另一方面，耶穌是「上帝的道」，是邏各斯。祂說話的方式與任何人都不同（七46），祂是顯明父的那一位（一18）。

約翰的福音書充滿象徵的材料，它所包含的行動比符類福音的少很多。關於耶穌的一切事情幾乎都是透過形象和象徵來傳遞的。名字（約一42）、數字（二1，二十一11；特別是「七」這個數字，對猶太人來說象徵完美），以及好像尼哥德慕這樣的個人素描——他代表猶太人的所有教師——都是具象徵性的。

在約翰的基督論中，一個主要主題是父和子之間的親密關係（約五章），這成了耶穌與猶太人之間辯論的主要議題。第一個的基督論式辯論是因耶穌在耶路撒冷於安息日治病而引發的，在那次事件後，耶穌宣稱祂與祂的父同等。敍述者明確提出，耶穌宣稱祂與上帝同等：父向祂顯明一切，並已

給祂權柄去做上帝所做的事，甚至是賜生命和審判。但即使是同等的，耶穌也完全倚靠父（五 30）。榮耀父所差派的子，就是榮耀父。對猶太人來說，這樣的宣稱是褻瀆的，因為這宣稱似乎在他們的信仰認信中，就關於一神論的核心作出了妥協。在第六章餵飽五千人的神蹟後，耶穌宣稱自己是賜生命給世界的生命之糧。祂的肉和血是可以讓人吃的。耶穌甚至極端地指出，在未有亞伯拉罕這位信心之父和以色列百姓的祖先之前，祂已經存在（八 58）。在這樣的話後，反對變得更激烈，而在第八章，人們已經準備不讓祂說話。

有趣的是，連耶穌的死亡和復活，約翰都用含混的、神祕的話來表達：約翰談及耶穌「得榮耀」（約七 39，八 54 等）和「被舉起來」（十二 34）——是的，被舉到十字架上，但也被羞辱以至受死，被復活過來以得永遠的生命。

我們已經提到，在約翰福音內耶穌所行的神蹟被稱為「記號」。耶穌行了七個記號，或許對應著新創造的七天，而且它們在時間上的安排是經過小心計算的：在福音書的第一部分，耶穌的「時候還沒有到」（約二 4，七 30，八 20）；然後突然間在十二章 23 節，「時候到了」，而從這時開始，約翰福音也清楚表明這句話是指祂死的時候。

但記號的功能至少也是含混的。耶穌愈行出這些記號，祂便製造愈多混亂，因此從很早開始，人們便問：「你既做
42 這些事，還顯甚麼神蹟給我們看呢？」（約二 18）和「你行甚麼神蹟，叫我們看見就信你？」（六 30）記號本身可能令人著迷，甚至引致在表面上的同意，但它們卻沒有令人全面地作出信仰的委身。這對作者來說變得清楚不過，他引述先知以賽亞的話（賽六 10），而以賽亞也是被百姓拒絕的；作者藉此明確表示，耶穌的所有記號都沒有令人相信祂（約十二 40）。

耶穌的自稱之中，最特別的是那一連串「我是」的話，這些話一共有七句，對應著七個記號。這片含混的「我是」片語，回溯到耶和華在舊約第一部分之中的自我啟示：在那時上帝以稱自己為「我是」來回應摩西的要求（出三 14）。每句話都聯繫到其上下文的記號、講話或節期：

1.「我就是生命的糧」（約六 35、38）：在使餅增加多倍之後。
2.「我是世界的光」（八 12，九 5）：在住棚節時（在那節期裏，人點起一枝大火把來作照明）；在節期後，耶穌令一個生來瞎眼的人能夠看見。
3.「我就是羊的門」（十 7）；
4.「我是好牧人」（十 11）；
5.「我是真葡萄樹」（十五 1）：這三個自稱強調耶穌和追隨者之間關係的重要性。
6.「復活在我，生命也在我」（十一 25）：這是用來回應死去的拉撒路的姊姊；耶穌後來使他從死裏復活。
7.「我就是道路、真理、生命；若不藉著我，沒有人能到父那裏去」（十四 6）：與祂門徒的疑問有關，他們因為耶穌的教導和將來的命途而感到迷惘。

除了這七句「我是」的話外，還有更多神祕、開放的自我稱呼是沒有屬性的（約四 26，六 20 等）；這些稱呼在英語可以翻譯成「我是祂」（"I am he"），這明顯指向祂那如上帝的神聖地位。

約翰福音中，在用到耶穌身上的不同稱號、形象和象徵中，有兩個似乎是最重要的：彌賽亞和上帝的兒子。這些是約翰主要的認信稱號。在福音書的開頭，施洗約翰否認自己是彌賽亞，從而肯定耶穌是彌賽亞（約一 20）。接著安得烈宣稱耶穌就是彌賽亞（一 41）。不久，耶穌稱自己是彌賽亞（四 26）；這是不尋常的，因為符類福音中的耶穌不願意這樣做。正如其他福音書的作者一樣，約翰也限制自己對彌賽亞的理解。對約翰來說，耶穌是彌賽亞，因為祂是上帝差派來世界的那一位，是從上面來的人子，是成肉身的上帝之道。

43 約翰較少提到耶穌是上帝的兒子，但這是另一個辨別耶穌的重要方法。在福音書開頭，約翰見證耶穌是上帝的兒子，而且拿但業承認說：「拉比，你是上帝的兒子」（約一 49）。事實上，祂是「上帝獨一的兒子」（三 18）。在五章 25 節，上帝的兒子這片語在一個段落中出現，而在這段落的其他地方，耶穌則被稱為「兒子」（五 19、21 等）。這段落談到父已把能力賜給祂，而耶穌說：「死人要聽見上帝兒子的聲音，聽見的人就要活了。」（五 25）耶穌自稱是上帝的兒子，這宣稱最終令祂被判死刑：「我們有律法，按那律法，他是該死的，因他以自己為上帝的兒子。」（十九 7）

四卷福音書存在於正典之中，它們永恆地見證著聖經中關於耶穌基督的圖畫其豐富和合法的多元性。雖然四卷福音書全都有共同的歷史和神學基礎，但它們卻沒有勉強的一致性。相反，好像有很多種顏色的彩虹一樣，四卷福音書強調了那一位的生命、死亡和復活的不同方面，祂以前和現在都是被宣認為主和救主的。

3

保羅的基督論

Pauline Christology

・保羅基督論的模樣・

我要提醒新約的讀者，雖然符類福音在正典中是新約的 44
首三卷書，但它們卻不是最早成書的著作。在這些福音書被寫成前的十至十五年，使徒保羅已經至少寫了他的大部分書信——如果不是所有書信的話。不過，由於符類福音和約翰福音在關於耶穌的生平和事奉上提供了最詳細的敍述，所以將它們放在新約著作的開頭，是恰當的。

保羅是新約首要的神學家。在傳統上，所有「保羅」書信都被認為是保羅寫的。現時的新約學術研究則同意，保羅作品中有些書信是代表保羅神學的思想形式，但卻很可能不是他寫的。它們或許是由他的學生或較年青的同道所寫的。大部分學者認為是本真的（意思是由保羅自己寫的）書信，包括羅馬書、哥林多前後書、加拉太書、腓立比書、帖撒羅尼迦前書和腓利門書。很多學者也相信歌羅西書和以弗所書都是保羅寫的，雖然以弗所書很可能是供傳閱的信件，而不是特別寫給以弗所某所教會的信。教牧書信（提摩太前後書和提多書）和帖撒羅尼迦後書，都被視為較後期的作品，但與保羅的神學相一致。

45 為要公平對待保羅的基督論，我們要考慮他著作的特殊性質。保羅的著作是信件，是書信，而不是神學論著。事實上，所有保羅的書信都是對年青基督教會所存在的需要和問題，作出具牧養性、宣教性和神學性的回應。它們的性質是偶發性的。保羅從沒有提出過具系統性的基督論或神學，也沒有書信可以被視為一個全面的表述。

保羅的基督論源自甚麼？他的基督論建基於甚麼來源？這些問題讓我們看到他關於基督的思想的模樣和內容。我們可以理解的是，學者提出了幾個建議。由於保羅是猶太人，甚至是猶太的法利賽人，是一位宗教教師，他的基督論是起源於猶太教，這是最自然的。不過，保羅的神學和新約其餘書卷一樣蘊藏於猶太教，單單因為初期教會的聖經是舊約的；雖然如此，保羅的基督論卻另有起源。這就是所謂宗教學派的歷史（History of Religions School）的觀點，這個觀點主張保羅的基督論是源自希臘—羅馬世界的觀念，特別在不同形式的異教宗教中的觀念。但這個建議也沒有得到接納。

毫無疑問，保羅的基督論部分源自他的猶太教背景，他偶然也借用希臘—羅馬世界世俗的或宗教的環境，但這些影響並沒有解釋到保羅基督論的主要根源和來源。保羅的基督論那更可能的起源是他的歸信經驗、他隨後的蒙召和初期的基督教傳統。在保羅歸信和蒙召傳揚福音的過程中，他接受了他所稱為的「基督的福音」（the gospel of Christ；加拉太書一章 7、11 至 23 節，最詳細講述保羅的蒙召和其後的事件）。保羅說：「上帝……樂意將他兒子啟示在我心裏……」（加一 15～16）由於他的歸信和蒙召，保羅明白到耶穌從死裏復活並升到父的右邊。他宣稱已見過復活的主(林前九 1)。

在羅馬書一章 4 節，保羅作見證說，基督從死裏復活，藉此在大能中被證明是上帝的兒子。保羅提出，我們以前曾經單純從人的角度來看耶穌，但我們現在不再這樣做（林後五 16）。換句話說，他和所有「在基督裏」的人，現在都視耶穌為上帝的兒子。保羅在他的著作中挪用了初期的基督論認信，例如腓立比書二章 5 至 11 節那著名的基督詩歌。但即使在他的著作中，那些不是以之前已存在的詩歌或認信作為基礎的部分，也反映出一種源自在眾基督教會中正在浮現的傳統基督論。

由於這點，我們應該怎樣揭示保羅在他的書信中所建立
的基督論？一種標準的進路是研究基督的稱號，就好像在研 46
究福音書時那樣作的。事實上，這些稱號強調了保羅的基督論很多重要的方面，但有兩點我們需要考慮。首先，個別稱號並不提供完整的圖畫，除非我們將它們彼此聯繫起來，也與整體聯繫起來。第二，保羅對拯救論，即拯救的好處，比對稱號更感興趣，因此他使用的稱號最多也只是反映了他部分的基督論。所以，我們也可以藉著檢視拯救論的觀念，例如成聖、釋放和赦免，並藉著追溯基督的位格，來研究保羅的基督論。例如，那使人成聖的是聖者。但同樣，拯救論的觀念必須彼此聯繫起來，以避免零碎化的危險。另一個研究保羅的基督論的進路是將基督論主題系統化，這和系統神學中所使用的方法相似。這裏所面對的危險也是明顯的：如果我們把保羅偶然所作的牧養回應視為神學著作，我們便是沒有尊重這些書卷獨特的性質。

目前新約的研究所採用的進路是欣賞保羅書信的敍事框架和性質。神學家不是要嘗試綜合保羅的基督論，而是要檢視書信背後的敍事情節。這表示我們要仔細研究每一封書信，就好像我們目前研究福音書的方法一樣。有一個好的實情可以支持這樣的宣稱：對保羅來說，他自己個人的故事、以色列的故事和上帝計劃拯救世界的故事，都與基督的故事交織在一起。換句話說，這是「根據上帝在祂兒子耶穌基督身上所做的事而有的、關於上帝對待以色列和外邦的故事」。[1] 每封保羅書信都根據一世紀年青教會所面對的需要和困難，對這故事的某個方面提供一個獨特的、與背景有關的回應。

由於不同的進路很少是互相排斥的，而是互相補充的，我們會先檢視保羅著作中主要的基督論稱號，然後看他每封主要書信怎樣著手處理基督的位格和工作。

・保羅怎樣稱呼基督・

基督／彌賽亞

保羅異常地經常使用“*Christos*”（基督）這個詞，這值得我們更仔細檢視。保羅似乎往往以這個詞作為耶穌的第二個名字，雖然他無疑明白這個稱號所具有的更大背景。學者同意，保羅經常使用這個稱號，是因為他接受了一個傳統，將
47 基督這個詞聯繫到初期基督教信息的核心：耶穌的死亡和復活，正如哥林多前書十五章 3 至 4 節所提到的（這是在新約裏其中一段最古老的經文）。例如，較早時我提到，馬可的耶穌清楚表明，耶穌的彌賽亞身分，不是要成為政治性－民族性的彌賽亞，而是要成為受苦和受死的那一位。現在，保

1 Frank J. Matera, *New Testament Christology* (Louisville, KY: Westminster, 1999), 85.

羅延續和深化這個傳統，他傾向在談及死亡、十字架和復活的背景下，提出彌賽亞的稱號。對保羅來說，**基督**（Christ）是一個具高度神學性的詞彙，他主要把這個詞聯繫到耶穌的死亡、復活和再來（*parousia*；基督的再來）。當他談及拯救時，他喜歡用「在基督裏」這個表達。

保羅在其最早的書信裏已經常使用基督這個詞，這顯示出這個稱號已成了耶穌的實際名字，而且最初的基督徒也是這樣看的。在帖撒羅尼迦前書這其中一封最早的保羅書信（若不是最早的那封）中，保羅談到「主耶穌基督」（帖前一1）、「基督」（二6）和「在基督耶穌裏」（二14）。

我們在哥林多後書五章14至21節可以找到一個保羅關於基督的神學概要，在那裏他提出上帝在基督裏與世界復和的計劃。基督是受死和復活的那一位，以致那些蒙祂救贖的人可以為祂而活。基督是使人類和世界與上帝復和，並使人類彼此復和的那一位。保羅關注身為基督的耶穌的死亡，這令他用了一句大膽的話：「基督被釘十字架。」（林前一23）這一定令他的猶太讀者感到震驚，因為對他們來說，受死的彌賽亞這個觀念幾乎是不能想像的。而且，釘十字架是給最壞的罪犯的刑罰。對猶太人來說，釘十字架也代表上帝的咒詛（申二十一23）。

對保羅怎樣使用基督這個詞，在仔細的研究下，會顯示出他較少地按舊約的分類來把彌賽亞視為受膏的大衛式君王，而是更多地按耶穌作為被釘十字架和復活的基督，升上上帝的右邊，得到勝過掌權者及執政者的權柄，來思想彌賽亞。特別是在他書信開頭的問安中，保羅將基督提升到等同父的地位，對猶太人來說，這論據是必定不能被忽略的。但保羅也明白彌賽亞這個詞的舊約背景，而且樂意肯定——例如——耶穌的大衞血統（羅一3）。保羅從沒有忘記耶穌是猶太人所盼望的彌賽亞，雖然拯救的大門現在已經向外邦人打開。雖然保羅使用基督這個稱號時，通常是指向耶穌高升的狀況，但他也沒有忽略基督那完全人性的品格（羅五17～19，八3；腓二7）。

「在基督裏」（in Christ）這個片語在保羅主要的書信中出現了超過一百六十次。這個片語幾乎沒有在新約其他地方出現，所以這個數目實在是值得注意的。保羅從不使用基督徒這個詞；他喜歡用「在基督裏」來代替之。一個可以顯示保羅這種用法的好例子，是哥林多後書五章17節：「若有人在基
48 督裏，他就是新造的人……」（“If anyone is in Christ, there is a new creation.”）[2] 保羅不單指個人，也指整體會眾是「在基督裏」，這就好像說他們「在上帝裏」（in God；腓一1；帖前一1）一樣。保羅也說基督在信徒裏（加二20），但他卻很少這樣做。

以弗所書和歌羅西書內有「基督的奧祕」（mystery of Christ）這個觀念，這顯示保羅對基督的理解作了進一步的發展。這個奧祕是上帝在基督裏為所有人，包括猶太人和外邦人，甚至整個宇宙，預備了拯救與復和。在他專注於高升的基督其持續的統治時，保羅的基督論那宇宙性的向度亦變得明顯。基督不單是個人的救主，也是宇宙的統治者。根據以弗所書一章22節，基督為教會而統治宇宙；而在以弗所書五章23節，那奧祕聯繫到基督與祂教會的關係。

主

在新約，希臘詞語“*kyrios*”通常被翻譯為「主」（Lord）；

2 這個翻譯是目前大部分學者所接受的，但較古老的翻譯也有好的證據支持：「若有人在基督裏，那人就是新的創造。」

在《七十士譯本》(Septuagint；希伯來文舊約聖經的希臘語譯本)，這是上帝的標準名稱。「主」是保羅所使用主要的基督論稱號。初期基督教傳統會用主這個詞來指涉耶穌；因此，保羅經常使用這個詞而不作解釋，假設他的讀者已經熟悉這個詞。

有時保羅會把舊約中原本清楚地指向耶和華的經文，用在基督身上(如：羅十 13；珥二 32)。換句話說，保羅將舊約的上帝等同耶穌。主這個稱號往往出現在信經式段落中，也就是那些反映初期基督教怎樣表達基督信仰的段落。一個顯示出信經式陳述的例子是哥林多前書十二章 3 節；這節經文提出只有藉著聖靈，人才能承認「耶穌是主」。

保羅也頗經常在指涉基督的固定公式中，使用主這個稱號，例如「耶穌基督我們的主」(如：羅一 4；編按：此片語出現在此節經文的希臘原文中)、「我們主耶穌基督」(如：羅五 1)、「主耶穌」(如：羅十四 14)，諸如此類。保羅也經常單獨用“*kyrios*”來稱呼耶穌：只是「主」(如：羅十四 6)。

正如其他任何一個稱號一樣，主這個詞也往往用於特定的處境。其中三個最重要的處境是：保羅用來告誡和鼓勵信徒的勸告經文(如：羅十四 1～12)，與基督再來的盼望聯繫起來的終末式經文(如：帖前四 15～17)，以及強調教會崇拜生活的禮儀性處境(如：主餐，林前十一 20)。

上帝的兒子

耶穌作為上帝兒子的身分，是保羅基督論的主要成分， 49
縱使主和基督這兩個詞使上帝的兒子這個詞黯然失色。上帝的兒子這個詞在保羅著作中出現少於二十次，而其中更多是用「祂的兒子」(如：羅一 3)這個形式出現。大部分提到上帝兒子的地方，都在羅馬書和加拉太書。

雖然上帝的兒子這個詞傳遞出神聖兒子的身分，特別傳達出耶穌的獨特地位和祂與上帝的親密關係；但是在舊約和保羅的著作（相對於約翰的著作）中，兒子這個稱號都不一定表示是具有神性的。兒子主要意指具有特別的位置、地位和得到上帝的喜愛的人。不過，對保羅而言，耶穌身為上帝的兒子，明顯是參與上帝的屬性和角色。祂分享著神聖的榮耀，而最重要的是，祂在教會裏與上帝一起配得接受尊崇。

在幾個段落中，保羅都描述耶穌為具有王的角色和地位。他藉著引述舊約的大衞傳統，並把它們應用到耶穌身上，以祂作為王室的彌賽亞兒子，從而達到這個目標。例如羅馬書一章 3 至 4 節，是基於撒母耳記下七章 12 至 14 節那給大衞王的應許。除了它的王室含義外，子這個稱號也指向十字架：作獻祭用的兒子註定要為別人死（羅八 32）。這指涉是基於以撒在創世記二十二章的預表（typology）；在那章經文裏，上帝要求亞伯拉罕把他獨子以撒作為給主的祭物而獻上。

末後的亞當

在兩段經文——羅馬書五章和哥林多前書十五章——中，保羅在亞當和基督之間畫出一個類比。在這裏，亞當不是作為一個個體，而是一個相對於耶穌基督的預表式或比喻式（figurative）人物。哥林多前書十五章討論死人復活，在這一章裏，保羅解釋了基督的復活對信徒盼望復活的意義。「死既是因一人〔亞當〕而來，死人復活也是因一人〔耶穌〕而來。在亞當裏眾人都死了；照樣，在基督裏眾人也都要復活。」（林前十五 21～22）另一段經文，即羅馬書五章，與保羅根據創世記三章來闡釋罪的起源有關。亞當的不服順與耶穌身為末後的亞當的順從作對照；耶穌將罪和死亡的結局扭轉了。

救主

救主這個詞在新約出現的二十四次中，有一半可以在保羅傳統中被找到，幾乎全都在教牧書信中。在其他保羅書信中則出現了兩次（弗五23；腓三20）。保羅經常使用救主這個詞，這表示出保羅將焦點由耶穌地上的職事，轉向祂的受
死、復活和現時在父右邊所施行的統治。對保羅來說，耶穌 50
的教導和職事並非不重要，但和其他新約作者一樣，他最著重的是耶穌基督在拯救上的意義。

・保羅書信中基督的故事・

耶穌作為將要來的主：帖撒羅尼迦前後書

帖撒羅尼迦前書是一封具牧養作用的書信，給面對苦難的、甚至可能面對迫害的外邦基督徒羣體作勸告。第二封信無論是出自保羅之手或是後來門徒的手筆，它都根據基督的再來而繼續對羣體給予鼓勵和盼望。帖撒羅尼迦書信對耶穌在地上的故事所言甚少，而是專注於故事的結束，也就是再來，即主身為終末的救主和審判者，祂要再來，以拯救祂的百姓。當教會從拜偶像轉向敬拜真神，並等候祂兒子從天上再來時（帖前一9～10），教會的故事明顯地聯繫到以色列作為蒙揀選羣體的故事（一4～5，二11～12，五9）。耶穌好像舊約的先知一樣，被呈現為得勝苦難的模範。耶穌自己在十字架上的受苦，以及祂其後的復活，成為一個由父而

來的辯護，以證實其無辜，為受苦的基督徒立下基礎，以盼望將來的復活。根據這盼望而來的是過聖潔生活的迫切呼召（四 1～9）。

保羅明顯熟悉那些給基督的主要稱號，例如彌賽亞／基督和上帝的兒子，但他沒有對它們提出重要的闡釋。他在這裏喜歡用的詞語是主，因為在這裏，他看到耶穌身為終末審判者（特別是帖撒羅尼迦後書）和救主的這個雙重角色。主耶穌基督升到天上，在上帝的右邊，祂很快會再來接信徒，包括那些在基督裏死去的，以及那些仍然活著的，讓他們永遠與祂在一起。

雖然帖撒羅尼迦書信沒有提供完整的基督論，但它卻是一個基督論的前奏，而保羅在其他著作裏更全面地發展這個基督論。

耶穌身為上帝的智慧：哥林多前書

兩封給哥林多教會的信，都是對一所靈恩教會提出了很多基督論式的教牧回應。保羅在第一封信的焦點是基督的十字架，以之作為平衡的靈性和神學的準則。在這裏我們找到保羅對聖餐的惟一闡釋；他提到，耶穌設立聖餐來記念祂的死（林前十一 23～26）。在十五章，保羅記錄了他所接受的初期基督教信條：基督為我們的罪而受死，被埋葬，第三日
51 復活，向無數見證人顯現。祂的復活不單是我們復活的基礎，也是一般基督教信仰的基礎：如果基督沒有復活，我們的信仰便是枉然的。耶穌的復活也保證了祂會再來。哥林多前書也在幾個地方闡述了基督的先存性（preexistence；八 6，十 4、9）。總括來說，這卷書包含了一些在基督論上教義的主要元素，是其後首幾個世紀在信條和公式中得以發展

的：耶穌的先存性、死亡、復活和再來。

哥林多前書是對教會分裂的問題作出教牧回應。為了對抗這個問題，保羅給哥林多人一個關於基督的觀點：祂體現了上帝的智慧。哥林多人以自己的智慧（*logos*）誇口，但保羅強調基督的智慧的特別本性，也就是十字架。只有被釘十字架的基督，這塊「絆腳石」，才有資格成為真智慧和上帝在軟弱中的能力（林前一23～24）。事實上，基督的十字架是保羅傳道和信仰的焦點（一17）。這智慧向人的智慧隱藏，但它卻可以在基督裏被找到（二1～9）。藉著十字架，基督不單是我們的智慧，也是我們的公義、聖潔和救贖（一30）。

除了智慧基督論（wisdom Christology）這個主題外，保羅在哥林多前書也間接提到幾件有趣的事情，全都闡述了他的基督論：基督作為摩西故事中的磐石，百姓在曠野中從祂得水喝（林前十4）；基督身為末後的亞當，將定罪的結局扭轉（十五20～49）；以及基督身為逾越節羔羊（五7）。

耶穌身為復和者：哥林多後書

當保羅寫第二封信給哥林多教會時，分裂的問題沒有那麼嚴重，而保羅有機會闡釋他的福音和他的使徒身分。保羅再次回到舊約，並將他的使命和摩西的呼召作比較。他在第三章重述摩西用帕子蒙臉的故事（參出三十四29～35），以及以色列和耶和華之間的約，從而提出在基督裏已經立了新的屬靈之約，而他被委派為那約的執事。基督是這約的中保，是「上帝的榮耀」。在舊約，每當上帝以特別的方式自我顯現時，人們都把祂形容為「榮耀」（林後四6）。（例如：參列王紀上八章關於奉獻所羅門的聖殿的描述。）對保羅來說，基督同樣是「榮耀的主」（林前二8）。所有看到基督的人都「榮上加榮」（“from glory to glory”）地被轉化，以成同一形象（林後三 18）。在哥林多後書，保羅也稱基督為上帝的形象（四 4），也將在往大馬士革路上照進他內心的基督之光，聯繫到上帝在創世時照耀世界的光（四 6）。

這封信的焦點正如保羅一般的神學那樣，是闡釋基督的角色：身為復和的中保。在基督裏，上帝使世界與自己和
52 好——世界因為罪而與上帝敵對——以致我們可以成為上帝的義；基督不單背負我們的罪，更為了我們而「成為罪」（made sin；林後五 17～21）。這個復和的模式被描述為在教會裏克服分歧的模式（六 1～9）。

基督身為我們的信實：加拉太書

加拉太書的牧養議題是把基督裏的信與猶太人的信作對比。雖然在基督——這位猶太人的彌賽亞——裏的信是基於舊約，但這信也超越和限制了舊約。從宗教和社會上來看，基督教會都蒙召過一個脫離摩西律法規限的生活。

保羅這種基督論式強調，再次是在於基督的死亡（參加拉太書三章 1 節的強烈呼籲），但根據那牧養挑戰來看，保羅的焦點是獨特的：外邦的基督徒怎樣分享到那給亞伯拉罕這位以色列之父的立約應許？保羅總是處境化神學家（contextual theologian）。例如：在處理哥林多人和他們關於復活的問題時，他將第一個人亞當和基督作類比，因為這羣外邦聽眾會更容易與這位舊約人物聯繫起來。在加拉太書，那指向亞伯拉罕的指涉是合適的，因為亞伯拉罕是以色列和其信仰之父，而加拉太人正尋求與這位猶太族長認同。保羅的基督論式強調也顯出一個實況：他雖然對將來的盼望不是漠不關心（參加五 5、21），但他幾乎沒有提及主再來，而是

深入探究基督的十字架。

保羅的論證是基於以色列的故事（加三～四章）。為了預備聽眾以能透過基督的鏡片來閱讀以色列的故事，保羅問到：如果義可以透過律法實現，為甚麼基督要受死（二 21）。現在耶穌——也是生「在律法以下」的（四 4）——為了我們的罪而白白地獻出自己，拯救就只能夠透過相信祂而得以實現。保羅也提醒他的讀者，只有在基督裏，並透過基督，那原本賜給亞伯拉罕、好賜給萬國的祝福（創十二，十五章），才能夠得以實現，因為基督將律法的咒詛扭轉了，將它變為祝福（三 13～14）。

保羅將因信稱義與因行為稱義並置，這做法在二章 15 至 21 節形成尖銳的焦點，特別是二章 16 節（編按：經文按英文原書翻譯）：

> 既知道人稱義不是因行律法，乃是因信耶穌基督，連我們也信了基督耶穌，使我們因基督的信稱義，不因行律法稱義；因為凡有血氣的，沒有一人因行律法稱義。

這經文的翻譯是另一種閱讀，可見於《新修訂標準譯本》（New Revised Standard Version, NRSV）的註腳：是「基督的信」（the faith of Christ）而不是「信基督」（faith in
Christ），這顯示出，經文所強調的是藉著信心和基督的信 53
實，信徒才得以稱義（希臘語 *pistos* 包含這兩個意思：「信心」、「信實」）。「信基督」是接受拯救的媒介，而其基礎是拯救的創始者的立約－信實。這種解釋愈來愈得到新約學者的支持。

因此保羅在這裏強調基督的故事對拯救的全然重要性，

不單對以色列人——祝福的應許在他們歷史之始已經被賜下——也是對世界的列國的拯救。

耶穌身為我們的公義：羅馬書

羅馬書是保羅寫給羅馬會眾的宣教信件，保羅個人並不認識他們，但他卻正尋求他們的支持，藉以擴展他的宣教事奉。為了支持他的呼籲，保羅最詳細地闡述了他的神學和基督論；這可能是因為保羅並不是在對抗會眾中間那迫切的牧養需要。

為了正確看待基督在十字架上的工作，保羅顯示出人類因罪的緣故而有的無望狀況——包括猶太人和外邦人（羅一～三章）。事實上，他們的狀況是那麼的無望，以致死亡是惟一可以預期的結果（羅五章）。為了作出回應，他提出基督的十字架作為稱義的惟一基礎（三21～31）。保羅再以亞伯拉罕的故事作為他的範式，他根據基督的故事來表明，連亞伯拉罕的信也是朝向基督的來臨，並在基督的來臨中得以實現（羅四章）。基督已成了律法的結果（希臘文"*telos*"也表示「目標」），並已為外邦人打開了拯救的大門（十4）。但保羅沒有忘記以色列的故事；他以十分巧妙的方法，根據基督的故事而將外邦人的故事和以色列的故事聯繫起來（九～十一章）。

在六至八章，保羅進一步建基於對基督的信，來闡釋生命的可能性。無論那十分富爭議的第七章是甚麼意思——保羅是在講述自己歸信之前還是之後的故事——但明顯的是，只有基於基督的信實，律法的要求才會得到滿足。在第八章，保羅也就聖靈對拯救和屬靈生命的重要性，發展了聖靈的角色。這是近期一種基督論——被稱為聖靈基督論（Spirit Christology）——其中一個主要的來源。（我們將會在第三部分加以討論。）

羅馬書的基督故事，與保羅其他主要書信中的故事相
似，也是它們的擴展。正如在加拉太書，關於義和律法的問
題扮演了重要的角色，但加拉太書背後的故事由亞伯拉罕延
伸到基督，而羅馬書背後的故事其範圍則更全面，由亞當開
始（正如在哥林多前書十五章），一直延伸到基督。不過，在 54
所有故事中，死亡和復活都是其中的焦點。

耶穌身為謙卑的僕人：腓立比書

人們往往只透過腓立比書二章5至11節的基督詩歌，來看腓立比書的基督論，這首詩歌是保羅從基督教傳統中收集來的禮儀文本，並將它應用到自己的基督教義上。毫無疑問，這詩歌是保羅著作中其中一段——若不是惟一一段——主要段落，談及基督的先存性、道成肉身、死亡、復活和高升。但這不是腓立比書所要説關於基督的一切話。

腓立比書是一封帶著友善的書信，是保羅在監獄中寫成，以鼓勵他所建立的一個教會的。書信的主要目的是勸告腓立比人以配得上基督福音的方式來繼續他們的生活，進一步宣講福音，並感謝腓立比人給他禮物。除了基督詩歌外，書中沒有多少教義或神學討論；不過，這本書仍然提供了關於基督論那豐富的牧養闡釋。

在書信開頭，保羅將基督徒置於基督之中，他們藉此被稱為「聖徒」，這不一定表示他們比別人更敬虔，而是表示他們接受了基督的聖潔（腓一1～2）。根據將來的再來——「基督的日子」（與舊約所喜歡使用的終末論式表達「耶和華的日子」相似）——保羅向腓立比人保證他們的拯救是確定的（一6）。在信的開頭，根據基督的故事，這些基督徒的故事已經被包含在以色列和列國那更大的故事之中：

> 透過基督，上帝開始那要在義中建立腓立比人的工作，好像以前對以色列所做的那樣，將他們歸祂自己為聖。但這工作只會在基督再來時由上帝完成。現在，成聖的腓立比人必須預備自己以迎接那日子，以致他們可以沒有瑕疵和無可指摘的。這個故事的主要演員是上帝，祂是父；拯救的中介是耶穌基督，祂是主；得益的是那些好像腓立比人的外邦人，他們得到蒙揀選的身分，這身分以前只保留給以色列。[3]

保羅自己的故事也聯繫到基督的故事；基督是他的生命和死亡（腓一 21）。他的死亡和復活，是基督的死亡和復活的一部分（三 9～11），認識基督是他生命的最高目標。因此他預備好為了基督而捨棄一切（三 7～8）。

55 我們不能過分強調，在保羅這位神學家的所有著作中，他首要地是一位牧者。即使二章 5 至 11 節的基督詩歌，也是在具勸告作用的段落的中間；在這段落中，這位使徒促請信徒根據基督的心來模塑自己的生命（腓二 5）。無論這首詩歌的來源在哪裏，無論學者對它翻譯的細微差別繼續有甚麼爭論，我們都應該主要根據它現時的形式和它在腓立比書的上下文來閱讀它。經文分為兩部分：6 至 8 節提供了以基督的謙卑為焦點的敍事，而 9 至 11 節則解釋上帝怎樣因為基督的順服而證明祂為無罪的。與第一個亞當不同（保羅在這裏沒有提到亞當的名字，但卻暗示了他），第一個亞當想與上帝同等，但基督卻謙卑自己，「倒空」自己。多個世紀以來，虛己基督論（*kenōsis* Christology；來自希臘詞語“*kenōsis*”，意即「倒空」）都主張，由於這倒空，基督放棄自己的神聖特權，以致不再

3 Matera, *New Testament Christology*, 121.

享有神聖的地位。這很可能不是保羅的意思，因為這個意思會切斷了先存的基督和道成肉身的基督之間的關係。保羅的意思反而是基督沒有利用自己神聖的地位，而是滿足於人的樣式，以致捨命死在十字架上。因此，經文的第一點談及一個先存的存有，祂擁有神聖的地位，與上帝同等。但祂沒有利用自己神聖的地位，而是取了謙卑奴僕的地位。這種謙卑的態度是給基督徒的榜樣，他們蒙召要看別人比自己強(二 1～4)。

詩歌的第二部分（腓二 9 ～ 11）顯示出，因為耶穌的順服，祂得以被上帝高升，賜祂超乎萬名之上的名——主（*kyrios*, Lord）。保羅間接提到以賽亞書四十五章22至23節，這是舊約其中一個最強的一神論宣稱(「因為我是上帝，再沒有別神。⋯⋯萬膝必向我跪拜；萬口必憑我起誓。」)；這做法顯示著，對保羅來說，復活和高升的基督享有與以色列的上帝同等的地位。但重要的是，人要留意這位主是耶穌：如果主這稱呼所指的是祂在復活和高升後那作為上帝的地位；那麼，耶穌，祂地上成肉身的名字，便提醒我們祂從永恆開始已經是主。保羅能夠稱「耶穌」為主，事實上表示耶穌不單因為祂的死和復活而是主；祂在這些事件以前已經是主。如果事情是這樣，為了避免嗣子論（adoptionism），我們必須相信耶穌在成肉身以前，也就是從永恆開始，已經分有神格（Godhead）的神性（主的身分）。學者們在這重要的基督論議題上作辯論，但根據我的判斷，對保羅來說，問題已經解決了。

耶穌身為圓滿的體現：歌羅西書

根據歌羅西書，「基督是包括一切，又住在各人之內」（西三 11）。十九世紀偉大的新約神學家萊特富特（J. B. Lightfoot）有一個十分著名的評論：「基督位格的教義在這

56 裏〔歌羅西書〕比保羅任何其他書信，都得到更準確和圓滿的論述。」[4] 對大部分現時的新約學者來說，這句話是言過其實的，但大部分學者都同意，基督論在這封監獄書信中扮演著一個重要的角色。一章 15 至 20 節那段像詩歌的經文特別受到注意。它談及基督就是那一位，讓萬有在祂裏面，透過祂，並為了祂而受造及得以復和。很多學者懷疑，在這段經文背後是否有一首更古代的禮儀詩歌，正如腓立比書二章的基督詩歌一樣。保羅心中所關注的是，歌羅西的信徒有再次訴諸人的智慧和傳統之危險（二 6 ~ 23）；與在基督裏的圓滿（二 1 ~ 5）相比，這些智慧和傳統都是不完全的基礎。

在歌羅西書中，基督故事的基礎是信徒由「黑暗的權勢」轉移到「祂愛子的國裏」（西一 13）。在過去，人們是上帝的敵人；現在於上帝的兒子裏，他們已經與上帝復和（一 21 ~ 22）。施行復和的那位被安排坐在上帝的右邊，統治上帝的國（一 13，三 1）。雖然以色列的故事在歌羅西書並不明確，但書中有幾處地方暗示，以色列和教會的故事是交織在一起的。例如：保羅視基督徒為真正受了基督割禮的人（二 11）；割禮（在創世記十七章被設立）是耶和華與以色列立約的記號。

一章 15 至 20 節那段像詩歌的段落有兩部分。15 至 18 節上告訴我們，基督是不可見的上帝的像，也是所有受造物的開端，因為萬物都在祂裏面受造。基督也是教會的頭。18 節下至 20 節指出，基督是萬物——包括可見的和不可見的——的起源（希臘詞語“*archē*”也表示「開端」的意思），也是第一個從死裏復活的，而上帝的圓滿亦居住在祂裏面。透過基督的血，上帝使世界、整個宇宙，與自己復和。因

4 J. B. Lightfoot, *Saint Paul's Epistles to the Colossians and Philemon* (London: Macmillan, 1879), 122.

此，這首詩歌將基督與創造、保護、救贖、教會和世界的整個目的聯繫起來。雖然學者的意見並不一致，但這裏似乎也肯定了基督的先存性；否則基督怎能成為創造的起源、工具和目標？不過，**首生**（firstborn）這個詞仍然為基督論的解釋帶來困難，因為它可以被解釋為基督比上帝微小；換句話說，基督成為最早的受造物。這段經文和其他經文，引致不正統或異端的解釋，例如亞流主義（Arianism）；我們會在較後一章討論這異端。其中一個處理這樣的經文的方法，是明白聖經往往使用隱喻的語言來描述上帝與世界的交往，我們不能過分按字面來解釋它們。

歌羅西書其中一個最獨特的基督論式宣稱是在二章 6 至 23 節，在那裏保羅想要顯示出，所有人類智慧和傳統相比起基督的圓滿都是不完全的。保羅說：「因為上帝本性一切的 57
豐盛都有形有體地居住在基督裏面」（西二 9；也參一 19）；基督不單在祂高升的狀態，也在祂的道成肉身中，代表著神聖的圓滿。

因此，歌羅西書很大程度上擴展了保羅的基督論，在其中甚至創造都被納入基督論的範疇之內。在某意義上，保羅將基督論的界限擴展，超越個人得救的問題，甚至超越以色列和列國的得救，而去到那存在的一切——包括看不見的掌權者——其最終的實現和目的。基督論和拯救論這具宇宙性的向度，對保羅來說並非不尋常的，但它在其他地方卻沒有那麼明顯，除了以弗所書和羅馬書八章。這取向也可以在希伯來書中（開頭幾節）被找到。

耶穌身為奧祕：以弗所書

以弗所書的來源、作者和其他背景資料，以及它的神學都廣受辯論，特別是它究竟代表著本真的保羅神學，還是超越了保羅，屬較後期的發展。以下的討論沿著主流的學術判斷而進行，並視這封信為屬於保羅神學的領域之內的。

以弗所書的基督論最獨特的特點是它與教會論緊密相連。保羅在這裏把教會視為新人類，是由猶太人和外邦人所組成的（弗二 11～22），正成長為「基督的圓滿」（四 13）。

以弗所書的基督故事始於一個擴展了的、可在基督裏被找到的祝福故事；這祝福是沿著猶太人的祝福（*berakhah*）來建構的，那是一種禮儀行動，在其中個人因著上帝的一切良善和恩賜／禮物而讚美祂。保羅談及的祝福是「在基督裏」來到的（弗一 3）；祝福的所有其他方面都從那祝福流出，例如揀選（一 4）、恩典和赦免（一 6），以及透過祂的血（換句話說是十字架）而得的救贖（一 7）。而且，真知識和智慧，正如人被收養為上帝的兒女一樣，都在基督裏面被找到（一 9～12）。這拯救的奧祕現已向蒙揀選的人揭露；對其他人來說，它仍然是未知的（一 9～10）。對於基督和祂所實現的拯救，保羅的理解是那麼綜合的，以致他用了這個獨特的表達：上帝拯救，保羅的計劃在基督裏「同歸於一」（summed up；或聚集〔gathered〕；一 10）。這個表達在新約其他地方只出現過一次（羅十三 9）。同樣綜合的詞語出現在以弗所書二章 14 節，在那裏基督被稱為我們的「和睦」（peace）；基督不單帶來和睦，祂本身更**是**和睦。這個說法或許回溯至舊約關於平安（*shalom*）的觀念，這個詞不單指和睦，也指整全、快樂和安好（well-being）。

在以弗所書一章末，保羅於一個值得注意的禱告中闡釋基督「在天上」的角色。他談及基督從死裏復活，坐在上帝的右邊，「遠超過一切執政的、掌權的、有能的、主治的，

和一切有名的」，不但是今世的，連來世的也都超過了。基
督獲派掌管一切，並對一切包括教會，都有權柄（弗一 20～ 58
23）。所提到的基督的統治，包括全面勝過所有具抵抗力的
屬靈力量（也參二 1～2）。

正如上文所已經指出的，構成以弗所書的是基督論和教會論之間的關係。在一章 21 至 22 節，保羅清楚帶出這聯繫。根據這段經文，坐在寶座上的基督是教會的頭，教會是祂的身體。身為基督的身體，教會被基督充滿，祂在創造中充滿萬物和宇宙。在其他地方，當保羅談及教會作為基督的身體時，他會提到頭（基督）和肢體（基督徒），以及肢體之間的關係（羅十二 4～5；林前十二 26）；但在以弗所書和歌羅西書，他卻指出教會那普世性和集體性的取向。

在以弗所書，保羅更多提到基督的奧祕，這奧祕在歷代以來是隱藏的，現在向保羅揭示，並透過他向其他基督徒揭示。這奧祕就是外邦人一同承受福音的應許（弗三 6）。因此，上帝在基督裏帶來復和，除去上帝和人類之間的敵對，以及兩羣分離的百姓，即是猶太人和外邦人之間的敵對。這兩羣人現在於基督裏形成一個新人（二 15）。

·給保羅的基督論作總結·

我們檢視了保羅的主要書信，找出他對基督論的理解，這檢視顯示出，在他對現存教會和宣教需要所作的教牧回應中，他都是在一個基督論的基礎上作出論證。每一封信，根據它本身獨特的上下文來閱讀，都闡明保羅對基督那逐漸浮現的理解。保羅基督論的主要特點，可以總結如下：

1. 保羅的主要焦點是由基督帶來的拯救；因此，他集中在十字架、復活和基督的再來。
2. 保羅相信基督的先存性。
3. 在較後期的著作，保羅擴闊了視角，超越了個人的得救，以及猶太人與外邦人的得救和聯合，更包括了關於宇宙和集體的方面。
4. 對保羅來說，基督的位格和工作不單代表了人類生命的起源和目標，也代表了創造——包括所有屬靈力量——的起源和目標。
5. 保羅清楚地視基督為真正的人（道成肉身），雖然他很少討論耶穌地上的生活；他也視基督為神聖的存有。

要到了初期教會時期，這些不同的基督論視角才被整合起來。這是第二部分的主題。

第二部

歷史中的基督

Christ in History

這本書的第二部分會探究基督論傳統怎樣隨著時間而浮現和發展。不過，這個歷史的考察並不是全面的，而是選擇性的。我們會詳細檢視兩段時期的兩個主題。

第一個主題集中在基督論於教會首五個世紀的發展，而在這段時期中，正典正在浮現出來。在這段時期，人們所提出的主要問題是與耶穌基督的位格和工作有關的，他們並提出了不同的基本性答案，雖然這些答案並不是最終的狀況。不過，基督論所有後期的發展，包括我們這個時代的發展，都需要考慮首五世紀所提供的答案。

第二個題目是歷史耶穌的追尋（the quest of the historical Jesus），這個運動始於十八世紀，它作為因啟蒙運動

（Enlightenment）和其他世界觀的改變而產生的結果，最終改變了整個詮釋耶穌的路向。啟蒙運動是基督教神學——以及西方的智性環境（intellectual milieu）——的分水嶺。在現代主義（modernism）前夕，新的哲學和科學發展影響了一切。因此，要認識現時關於耶穌基督的思想，關於這個背景的知識是絕對必須的。

4

早期的基督論爭議

Early Christological Disputes

・在歷史爭議中，甚麼是關鍵問題？・

開始學習神學的學生往往傾向提出兩個合法的問題：為甚麼要理會過去關於基督論問題的古老討論，這些討論似乎與我們現時所關注的毫不相干？這些十分細緻的、具有細微差異的爭議有甚麼意義——它們究竟帶來甚麼分別？我們也可能懷疑，為甚麼教會進入這些集中關於觀念區分的爭議，如基督的神性和人性之間的爭議？為甚麼不單單依從聖經？

一般而言，信仰和世界觀的本質往往是，我們只是接受我們信仰或世界觀的宗旨，卻很少對它們進行明確的反思。但我們本身也有一個固定的需要，要去明白我們所相信的。因此，當教會開始建立起來，並確立它在猶太教——教會源自猶太教的——以外的獨特身分時，基督徒開始提出一個關乎教義的問題，這也是很自然的事：究竟這位耶穌是誰？祂宣稱帶來的拯救有甚麼本質？祂與我們有甚麼分別？又有甚麼相似的地方？

當人們提出如此的問題時，基督徒很自然地先轉向聖
經。畢竟，聖經是教會所接受的書。但新約當時仍未存在
（直到四世紀它的內容才最終確定），雖然保羅和其他基督
徒領袖的著作在耶穌基督死亡和復活後不久便開始流傳。不
62 久，這些著作和成文的講章（例如：希伯來書和彼得前書本
來都是講章）都深受重視，但即使這些著作也沒有處理所有
問題，特別是那些與基督的神性和人性，以及與它們之間關
係的確實本性有關的問題。

與新約的確立平行進行的是，發展中的教會在不同的地區中發展著關於基督的思想。我們值得留意的是，基督論在首五世紀的發展——是第二部分第一節的主題——並非異於聖經中的基督論。雖然基督教會給新約正典較高的重要地位，勝過首五世紀的基督教傳統；但我們需要提醒自己，那些活在接近新約時代的人處於有利位置，可以就基督事件提供具決定性的詮釋。

當古典基督論信條（dogma）的發展，以如信經（creed）的形式來表達時，眾神學家對它有不同的評估。有些人認為信條的發展是一種偏離，以對基督的位格和本性所作的哲學性思辯來取代新約的基督論。抱這種看法的人拒絕教父時期的基督論，他們視它為基督教的希臘化（Hellenization），以希臘形而上學的臆測來代替了聖經那具歷史性的思考方式。偉大的神學史家哈納克（Adolf von Harnack）在其著名的《基督教是甚麼？》（*What is Christianity?*）[1] 中便清楚表達了這個觀點。他視信條的發展為墮落，偏離了拿撒勒人耶穌的簡

1 Adolf von Harnack, *What Is Christianity?* (1900; reprint, Philadelphia, PA: Fortress, 1957).

單信息。很多其他人都同意這個觀點。

與這立場相反的是那被稱為基督論的教義進路（dogmatic approach to Christology）的觀念。根據這個觀點，基督論信條的發展是從新約那更具功能性的基督論（functional Christology；基督為我們成就了甚麼，也就是我們對拯救的關注）轉向信經那更具存有性的思想（ontological thought；基督本身，也就是對基督位格的關注），而這轉向是進步的。這個派別的神學家相信，這種思想的發展既有用又是必須的，因此他們歡迎信經那更具哲學性的進路。

另一個立場認為初期會議的教義真正表達了基督的實在（reality），但仍認為信條的發展漸漸將問題收窄了。例如：雖然圍繞基督的神性和人性的問題應該得到認真的對待，甚至今天也應該這樣；但它們卻不是惟一要考慮的問題，或許甚至不是最重要的問題。因此，雖然根據它們的背景，這些初期的發展是合法的，但它們既不是詳盡的，也不是最終的建構。每個時代都要重新與這些問題角力，並提供它自己的 63
答案，縱使這些答案是具批判性地建基於傳統之上。最後這一個觀點似乎是最連貫的，也為大部分神學家所接受的。

這再次帶我們回到一個問題：這些問題對我們自己的需要和處境適切與否。現在我們聽到很多說法，關於神學需要處境化，需要聯繫到那些源自特定處境的問題。事實上，我們需要明白，這些初期的基督論爭議本身也是對當時的文化所作的處境化回應，也就是對希臘文化的回應；那希臘文化是以哲學和觀念為導向的，它與希伯來／猶太文化不同，希伯來／猶太文化沒有那麼具哲學性，它對神聖事物採取更整全的進路。初期的基督教思想家嘗試建基於舊約的見證和那些正在出現的基督教著作，以當時受過教育的人也能夠明白的思想方式，來表達基督論的信念。

今天我們所提出的基督論的問題與最早幾個世紀的十分不同；但我們也繼續提出同樣的問題：這位耶穌是誰？祂的人性在第三個千禧年怎樣被說得通？相信這神聖的救主，是甚麼意思？我們也提出這樣的問題：男人和女人怎樣一起承認他們相信基督？如果基督是男性，祂的男性是否排除母性和女性主義？基督身為解放者的這個觀念，怎樣聯繫到社會的不公義？我們怎樣根據基督是創造的起源和目標，來理解創造和世界的過程？這些問題和很多其他的問題，仍然與我們信仰上的前輩所提出那些臨時的、時有互相衝突的答案是有關的。

・耶穌真的是人嗎？・

那諷刺的是，新約其中一個關於基督的主要辯論，是關乎祂的人性。在約翰羣體中，相信基督的人性，成了真正統的準則，正如從約翰一書四章2至3節所清楚看到的：「凡靈認耶穌基督是成了肉身來的，就是出於上帝的；從此你們可以認出上帝的靈來。凡靈不認耶穌，就不是出於上帝」。似乎耶穌的神性在約翰的基督徒羣體中間已經得到確定，但對於作為約翰的信的收信人，這羣基督徒對基督的真人性，以及對祂的神性和人性那表面上的不相容，仍然有著掙扎。

在二世紀，基督論的辯論集中在關於基督的神性的問題上；大部分初期教父都理所當然地認為基督是人。那需要解釋的是祂和其他人類有甚麼分別。在這討論中，約翰那邏各
64 斯（*Logos*）的觀念被引入，它對一個較已發展的基督論所帶來的含義，亦得到考慮。

關於基督的人性的具體本性，有兩個異端的觀點被

拒絕。這兩個觀點是伊便尼主義（Ebionitism）和幻影說（Docetism）；兩者都嘗試以不損害耶穌的神性的方式來界定祂的人性。

伊便尼主義

伊便尼派（來自希伯來詞語，意思是「窮人」）主要是在首兩個世紀期間的一個猶太派別，他們視耶穌為普通的人，是馬利亞和約瑟的兒子。這些猶太信徒視舊約的一神論（monotheism）為最寶貴的遺產，他們不能想像除了以色列的上帝以外還有另一個神。那種信仰很自然會引向多神論（polytheism）的。

我們對伊便尼派的認識相當零碎，也不容易確定他們是相信甚麼的。例如：殉道者游斯丁（Justin Martyr）認為，伊便尼派視耶穌為基督，為彌賽亞，但卻認為祂仍然是人，是由童女所生的。但這樣的基督會是怎麼樣的基督？更有可能的是，大部分伊便尼派認為耶穌在智慧和公義上超越了其他人，但祂仍然是人多於是神（god）。

根據三世紀初期教會歷史學家優西比烏（Eusebius）的研究，當時實際上有兩種伊便尼派。兩組人都堅持遵守摩西律法。第一組堅持認為耶穌是自然誕生的，祂只是具有獨特的道德品格。另一組則接受祂是由童女所生的，但拒絕這個觀念：祂身為上帝兒子而具有先存性（preexistence）。

伊便尼主義很快便被基督教神學所拒絕，因為它明顯只視耶穌為一個人，這損害了關於耶穌身為基督和救主的觀念。

幻影說

另一個以不正統的方式來界定耶穌的人性的初期觀點，

被稱為幻影説，它在二、三世紀尤其顯著。幻影説這個詞來自希臘詞語“*dokeō*”，意即「似乎」(to seem)或「看來」(to appear)。根據這個理解，基督完全是神聖的，但祂的人性只是一個外表。基督不是真正的人類。因此，基督的受苦不是真的。

幻影説與其他一些哲學和宗教觀念有關，所以這些觀念往往被歸入諾斯底主義(Gnosticism；來自希臘詞語“*gnōsis*”，意即「知識」)這個統稱之下。這個詞語是難以捉摸的，它可以意味著幾件事情。對於幻影説，諾斯底主義最重要的貢獻是關於物質(matter)和精神(spirit)之間的二元論觀念。它視精神為創造中那更高和更純粹的部分，而物
65 質則代表了軟弱，甚至有罪。在諾斯底主義中，關於宗教的觀念是一個操練，為要逃避物質的、可見的世界，進入精神的庇護所。我們很容易看到，這種取向是怎樣聯繫到幻影説的：令基督真的「有肉身」(比較：約一14)，這會損害祂的神性和祂的「靈性」(spirituality)。

基督教神學否定幻影説和伊便尼主義。幻影説提出一個神聖的救主，但祂與人類沒有真實的聯繫。伊便尼主義提出的只是一個凡人、道德的榜樣。

新約對身為人和神聖人物的基督作出了雙重強調，而第一個嘗試以明確語言來表達出這一點的是，被稱為邏各斯基督論(*Logos* Christology)的主要討論——得此稱謂只因這些初期教父採用了約翰那關於邏各斯的觀念。

・早期邏各斯基督論・

殉道者游斯丁是二世紀其中一位最重要的護教者(護教

者是面對當時的文化和哲學，為基督教信仰提供一個合理辯護的基督教思想家），他尋求在希臘哲學和猶太教之間建立關聯。邏各斯這個觀念所指的是智慧、學識、哲學、神聖洞見，諸如此類；雖然它源自希臘文化，但猶太人對它卻不陌生。與耶穌同代、居住在亞歷山太（Alexandria）的斐羅（Philo），是一位具有影響力的思想家和歷史學家，他寫到，有些猶太作家把邏各斯與舊約中上帝的話或智慧連結起來。這種連結是可以理解的，因為上帝的話在舊約中扮演著重要的角色。例如：那話在創造中是有工具性的作用（創一章）。

為了護教，游斯丁富創建地使用了當代的智性元素，特別是斯多亞學派（Stoic）和柏拉圖學派（Platonic）哲學。他以約翰福音一章 14 節為主要經文，論證說外邦哲學家所認識的同一個邏各斯，已經在拿撒勒人耶穌的位格中出現。根據游斯丁所言，哲學家教導說，在每個人裏面的理性（reason）都參與在普遍的邏各斯（universal *logos*）之中。約翰福音教導說，在耶穌基督裏，邏各斯（*logos*）成了肉身。因此，每當人運用他們的理性時，基督這位邏各斯（the *Logos*）便已經在工作。「我們受教而得知，基督是上帝首生的，我們也指出……祂是讓所有人都參與其中的道（the Word）。那些以理性來生活的人是基督徒，雖然他們被視為無神論者。」[2] 在耶穌裏，基督徒完全可以明白邏各斯（the *Logos*）的意義，而外邦人只能夠部分地明白它的意義。根據初期的護教者所言，神聖的邏各斯在整個人類歷史中播下種子；因此非基督徒在
某程度上也認識基督。這個觀念被稱為"*logos spermatikos*" 66
（「邏各斯〔在世界〕播下的種子」）。在《第二護教書》（*Second Apology*）中，游斯丁解釋基督教關於基督的教義的圓滿：

2　Justin Martyr, *The First Apology* XLV.

> 在這方面，我們的宗教明顯比任何人類的教導更出眾：為我們人類而出現的基督，代表了圓滿的邏各斯原則……因為哲學家和立法者所宣告或發現為真的一切東西，都是他們根據所接觸得到的部分邏各斯，經由研究和感知而帶來的。但由於他們並不認識整個邏各斯，即不認識基督，所以他們之間往往彼此矛盾。[3]

護教者也在舊約找到一些迹象，顯示出邏各斯以人類形式存在；這種「神靈顯現」(theophany；源自希臘詞語"*theos*"，意即「上帝」，以及"*phaneō*"，意即「出現」、「彰顯」)的一個例子是，創世記十八章耶和華的神祕天使向亞伯拉罕和他妻子撒拉的顯現。

俄利根(Origen)是來自東方教會的教父，他將邏各斯基督論帶到最圓滿的發展。根據他的思想，基督那人類的靈魂在道成肉身中與邏各斯聯合。由於這聯合的緊密，基督的人類靈魂分有邏各斯的特質。俄利根以一幅來自日常生活的生動圖畫來解釋這種理解：

> 如果一塊鐵不斷放在火中，它會透過每一部分來吸收火的熱量。如果火持續，而鐵又沒有被移走，它會完全變成火……同樣，不斷被置於上帝、邏各斯和智慧中的靈魂，它在其所做、所感和所理解的一切事情中都是上帝。[4]

由於邏各斯和拿撒勒人耶穌的這種聯合，耶穌是真正的上帝。但為了守護東方教會主要的神學原則，也就是父

3 Justin Martyr, *The Second Apology* X.

4 Origen, *De Principiis* II.vi.6.

的首要性（preeminence），俄利根提醒其追隨者關於自主神（*autotheos*）的原則，這嚴格來說意指，上帝是獨一無二的上帝。俄利根這樣做，不是要減低基督的神性，而是要保證父的優先性。俄利根相信父以永恆的行動(eternal act)生了子；因此基督從永恆已經存在。事實上，子有兩次的出生：一次在時間中（由童女所生），一次由父在永恆中所生。為了解釋他的論點，俄利根訴諸約翰福音一章1節：在這節經文的希臘文中，「道〔邏各斯〕就是上帝」這句是沒有限定冠詞，因此它可以被翻譯為「道就是一個上帝」（或也許是「神聖的」 67
〔divine〕）。雖然對現代詮釋者來說，俄利根的釋經根據並沒有說服力，但他的邏各斯基督論在基督論傳統的發展中，卻象徵了一個重要的里程碑。邏各斯基督論在詮釋基督的道成肉身上是一個具主導性的方式，但它在歷史中已具有不同的形式。

・父相對於子的獨特地位・

正如其他任何學術科目一樣，神學研究都需要掌握它的基本詞彙。有些詞語是日常語言所使用的（例如：**位格**〔person〕），但在神學裏卻有不同的、往往是嚴格界定的意義。其他詞語則是特別為了神學的準確性而被創造的。在後一類詞語中，其中一個詞語是被創造來解釋三一中位格成員之間的關係，以確保父擁有最高的地位。這個詞語就是**神格唯一論**（monarchianism），其意思是「獨一主權」。這個觀點有兩個子範疇，分別是「動力」（dynamic）神格唯一論和「形態」（modalistic）神格唯一論。兩者都出現於二世紀後期和三世紀初期，它們根據基督教對「耶穌是上帝」的認信而強調上帝的獨特性（uniqueness）和統一性（unity）。這種觀點近似俄利根的觀點，最終被正統基督教所拒絕。

我們可以理解人對父上帝的獨一無二的關注，因為基督教神學源自猶太教的土壤。在舊約，猶太教的重要主題是相信獨一的上帝（One God），正如申命記六章4節和很多其他經文所表達的。雖然這兩種神格唯一論的觀點被拒絕，但它們卻表達了一個值得留意的里程碑，顯示出基督教神學在掙扎要維持與猶太教信仰的聯繫，而同時又要全面地闡述基督的神性的含義。

動力神格唯一論

動力神格唯一論的詞源學解釋了它的意思：上帝動力地存在於耶穌裏面，這令祂高於任何人類，但祂仍然不是上帝；藉此説法，父的獨一主權得以保存。換句話説，上帝的能力（希臘語是“*dynamis*”）令耶穌**幾乎**成為上帝；因此父的獨特性得以保證。

拜占庭（Byzantine）的皮革商人狄奧多士（Theodotus）在二世紀末來到羅馬這個基督教的重要城市。他教導説，在受洗前，耶穌只是普通人，縱使祂是完全正直的人；在受洗時，聖靈或基督降在祂身上，給祂行神蹟的能力。耶穌仍然是普通人，但受聖靈感動（inspired）。狄奧多士的一些追隨者更進一步宣稱，耶穌實際上是在洗禮中或在復活後成為神聖的，但狄奧多士本人並不同意。

68 在三世紀下半部分，撒摩撒他的保羅（Paul of Samosata）進一步發展動力神格唯一論的觀念，他主張道（邏各斯）並不是指一個位格性的、自存的實體（entity），而只是指上帝的命令和法令：上帝透過耶穌這個人發出命令和實現祂的旨意。撒摩撒他的保羅並不承認耶穌是道、邏各斯。相反，邏各斯是耶穌生命中具動態的能力（dynamic power），令上帝動態地臨在於耶穌裏面。這個觀點在二六八年安提阿主教會議（Synod of Antioch）中被譴責。

形態神格唯一論

根據形態神格唯一論，三一的三個位格不是自存的「位格」，而是同一個上帝的「形態」或「名字」。祂們好像上帝的三個「臉孔」，視乎情況而呈現出不同的一面。動力神格唯一論似乎否認了三一，顯示耶穌比上帝為低；但形態神格唯一論卻似乎肯定了三一。不過，兩者都嘗試保存父上帝的一性（oneness），雖然它們所用的是不同的方法。

幾個三世紀初的思想家，例如士每拿的挪威都（Noetus of Smyrna）、普拉克西亞（Praxeas；這或許是一個指「大忙人」的綽號）和撒伯流（Sabellius），都主張有一個神格（Godhead），人可以稱之為父、子或聖靈。這些名稱並不代表真正的區分，而只是在不同時間中那恰當和適用的名稱。換句話說，父、子和聖靈是同一位格那相同的、依次的顯現。這個觀點有時依從它其中一個早期提倡者而被稱為撒伯流主義（Sabellianism）。

接著必然引致一個觀念：父和基督會一起受苦，因為祂實際上臨在於位格中，而且在位格上等同子。這個觀點被稱為**聖父受苦論**（patripassianism；源自兩個拉丁詞語，分別意思是「父」和「受苦」）。

形態神格唯一論被教會視為異端，雖然它的基本動機——要保存父上帝的統一性——是合法的。初期的基督教神學家很快便留意到它的主要困難：三一的三個（或兩個）

成員怎可以在拯救的行動中同時出現，如果祂們只是同一個存有的三個名稱或形態？在關於耶穌受洗的記述中，父向子說話，聖靈降在子身上；這記述似乎與形態論（modalism）的觀念有衝突。

但連正統立場也要與這個問題角力：如果基督是神聖的但祂卻不是父，那豈不是有兩個上帝嗎？其中一位最能幹的初期基督教神學家特土良（Tertullian），便創造了很多三一式的辭彙。他試圖以一連串隱喻來澄清這個問題：

> 因為根和樹明顯是兩種事物，但卻相關地連在一起；泉
> 69 源和河也是兩種形式，但不能分開的；同樣，太陽和光
> 線是兩種形式，但連貫地為一體。任何出自另一事物的
> 事物，必定是次於它所出自的事物，但卻沒有因而與它
> 分離。[5]

藉著好像這樣的類比，特土良和其他人相信，他們已澄清了新約對父和子之間所作的區別，而又沒有令人相信有兩個神。但人們可以認真地問，事實是否這樣。那些隱喻——好像將父描述為太陽而子為光線——會暗示著次位論（subordinationism），即基督比父次等。事實上，特土良承認這點：「因為父是整個實體（substance），但子是整體的衍生和部分，正如祂自己承認：『我父比我大。』」[6] 事實上，這些觀念和那些聯繫到界定基督與父之關係的相關困難，都引致一些新問題的出現。

當基督教神學反對了神格唯一論這兩個版本後，它便

5 Tertullian, *Against Praxeas* chap. 8.

6 Tertullian, *Against Praxeas* chap. 9.

面對一個更具挑戰性的困難，這個困難被稱為亞流主義（Arianism），取名自亞歷山太的一個神職人員亞流（Arius）。雖然我們在歷史上不清楚亞流本身有沒有表達過與亞流主義有關的觀念，但明顯的是在三和四世紀基督教中進行了一場主要的辯論，是關於人可以怎樣表達耶穌的神性及祂與父的關係的。那不是關於否認耶穌的神性的問題，而是要怎樣表達這神性而又不減損父的地位。因此，在很多方面，神格唯一論和亞流主義都在處理同一個問題，並以相同的關注作為它們的背景。亞流主義所提出的問題在三二五年的尼西亞會議（Council of Nicea）中得到暫時的處理，但正如任何教義的建構一樣，尼西亞會議也引起了新的議題和問題。

・怎樣界定基督的神性・

我們不能肯定亞流的教導是甚麼，因此只能夠取決於他對手的著作。根據他對手所說的，亞流的思想的基本前提是，父上帝是絕對獨特和超越的，而上帝的本質（希臘詞語“*ousia*”的意思同時是「本質」〔essence〕和「實體」）不能與另一個分享，或轉到另一個身上，連子也不可以。因此，對亞流來說，父和子的區別是屬於實體的（*ousia*）；如果祂們有同一實體，那便會有兩個神。子沒有分享與父一樣的「本質」，而是首先地和獨特地由父所創造。有一句據說是亞流所說的話，它強調了他那關於基督的起源的主要命題：「有〔一段時間〕祂並不存在。」這個觀點是有問題的，因為它表
示基督是上帝在時間中而不是在永恆中所生的。因此，基督 70
是創造的一部分，比上帝為次等，雖然比其他受造物更大。

我們很容易看到亞流主義的關注和邏輯。一方面，它嘗

試確保耶穌那相對於其他人類而有的神性，或者至少是有至高的地位。另一方面，它沒有把耶穌與父同等。在某意義上，耶穌是站在中間的。

主流基督教神學需要回應這個挑戰，因為它似乎損害了人對基督神性的基本認信。對基督的完整神性作最有力辯護的人是東方教父亞他那修（Athanasius）。亞他那修回應了亞流那認為子是受造物（儘管是較高層次的）的觀點，他指出這個觀點對拯救會帶來具決定性的後果。首先，只有上帝可以拯救，而受造物則需要被拯救。因此，如果耶穌不是成肉身的上帝，祂便不能拯救我們。新約和教會禮儀都稱耶穌為救主，這顯示了祂是上帝。如果耶穌比上帝次等，那麼，崇拜耶穌和向耶穌祈禱，也會令基督徒犯褻瀆上帝之罪。

亞他那修的回應為初期基督教神學的發展，提供了一個模範。學術或智性的關注並非主要的，即使論證是在一個十分複雜的層面上進行的。拯救論的關注，即關於拯救的問題，才是神學發展背後的推動力。基督論是這方面的一個示範例子。初期基督教神學家並不是舒適地坐在書房中，尋求製造一些關於基督的新奇事物。他們是牧者和傳道者，他們的主要關注是要確保人們知道怎樣得救。在教會禮儀中所認信的事情，被視為在教義上具有約束力，這顯示出那古老的規則"*lex oral ex credendi*"（「禱告的原則，就是相信的原則」）的全部力量：人們所相信和崇拜的，便成了教義的認信。

根據亞他那修和其他主流神學家對亞流所作的回應的精神，三二五年的尼西亞會議界定了基督的神性，它把基督等同父上帝。會議的文本說：

我們相信……獨一的主耶穌基督，上帝的兒子，由父

> 所生〔惟一所生的，也就是父的本質，出於上帝而為上帝〕，出於光而為光，出於真上帝而為真上帝，受生，而不是被造，與父本體相同〔*homoousios*〕；萬物〔包括天上和地上〕都是藉祂所造；為了我們人類和為了我們的拯救而降臨，並成肉身，而為人；受難，第三天復活，升天；將來必再來，審判活人和死人。

最後有一個附錄，列出亞流那些要被拒絕的信條：

> 但對那些說：「有一段時間祂並不存在」；和「祂未受造
> 前並不存在」；和「祂從無被造」或「祂有不同的實體」或 71
> 「本質」，或「上帝之子被創造」或「可改變」或「可變更」
> 的人——神聖、大公和使徒的教會譴責他們。[7]

信經說，基督不是受造，而是「由父的實體所生」。那關鍵的詞是希臘文"*homoousios*"，這個詞製造了很大的辯論。它的字面意思是「同一實體」或「同一本質」，這顯示基督在神性上等同父。不是所有神學家都滿意這個定義。雖然如上面所提到的，差不多所有神學家都承認基督的神聖本性，但問題是怎樣界定它。特別是那些來自東方教會的神學家，即是來自希臘教會的神學家，他們寧願用"*homoiousios*"這個希臘詞語。差別是一個"*i*"，卻帶來意思上的不同："*homoi*"的意思是「相似」，而"*homo*"的意思則是「相同」。換句話說，這樣的建構不會把基督與父等同，而是與父相似。希臘神學家對那較嚴格的建構表示關注，因為他們相信它不合乎聖

7　Philip Schaff, ed., *The Creeds of Christendom*, 6th ed.（1931: reprint, Grand Rapids, MI: Baker, 1990）, 1:28～29.

經，而且可以引致形態論。對東方神學來說，除了保證父那具特權的地位外，父和子那獨特的「位格性」(personhood)，也是重要的。西方神學家反對那解作「相似」的詮釋，他們相信這樣可以被詮釋為次位論，表示子(在這裏是稍微)與父不同，因此比父次等。

教會的東方和西方兩翼之間在意見上的不同，雖沒有引致分裂，或永久地稱任何一方為異端，但卻突出了東方基督教和西方基督教之間那不斷加深的鴻溝。雖然兩個傳統至少在形式上同意尼西亞的建構，但它們卻開始對基督發展自己獨特的進路，也就是安提阿人的學派(Antiochian schools)和亞歷山太人的學派(Alexandrian schools)。每一個學派都產生了獨特的基督論，反過來又引致獨特的基督論異端。從某方面來看，那些出現的異端認真地看待這些學派的關注，並且將界線向外推展，直至在神學共識上得出結論而認為它們走得太遠。

從尼西亞會議（325 年）到迦克墩會議（451 年）

From the Council of Nicea (325)
to Chalcedon (451)

直到三二五年的尼西亞會議（Council of Nicea），那圍繞 72
基督的主要問題都集中在祂是否神聖的，以及我們怎樣準確界定祂相對於父的神性。尼亞西會議後，這些問題仍然隱約存在，但焦點已轉向它所引致的困難：假定基督是神聖的，那麼祂的兩個本性——神性和人性——怎樣彼此關聯？認信基督是有人性的，以及認信基督是神聖的，這是一回事；但決定怎樣將這兩個似乎是相反的宣稱聯繫起來，卻又是另一回事。如果一個人完全是神聖的，根據定義，這本性豈不是會令這人不完全是人嗎？反過來說，如果一個人完全是人，根據定義，這本性豈不是會令這人不完全是神聖的嗎？

基督教會中出現了兩種取向，部分是因為文化和地理的差別，部分是因為來自周圍社會和宗教的影響。東方教會以埃及的亞歷山太（Alexandria）為中心，這是一個古老的學習中心。這個傳統以希臘文來表達，它強調拯救論的問題。亞他那修（Athanasius）對亞流（Arius）的回應，便是這取向的一個好例子。東方神學家集中在基督的神性上。當然，他們沒有否認基督的人性，但為了拯救論的原因，神學家對人性一面沒有多大興趣。他們的拯救教義以神化（deification）或神性化（divinization；來自希臘詞語“*theōsis*”，意即「代表上帝」）來表達，這表示人要「變得像上帝」。教會西方這一翼則集中在安提阿（Antioch），並以拉丁文來從事神聖寫作。
73 雖然西方神學家完全接受基督的神性，但他們往往更強調基督的人性。因此，他們根據基督對祂父的順服，把拯救主要理解為以道德的順從和因信稱義來設想的。

・基督的神性和我們的神化：東方傳統・

東方亞歷山太學派專注於救贖；這救贖的意思是人的生命被帶進上帝的生命，或者被神化。如果人性要被神化，它必須與神性聯合。要這樣的事發生，上帝必須與人性聯合，使人性分有上帝的生命；這就是在道成肉身中，並透過道成肉身而發生的事。

在考慮基督的道成肉身時，東方神學家強調這個觀念：神聖的邏各斯（divine *Logos*）取得人性。他們清楚知道，邏各斯（*logos*）在世界中的臨在，和邏各斯（*Logos*）根據約翰福音一章14節在道成肉身中取了人性這特殊事件之間是有區別的。這種觀點很自然地引發一個問題：基督的神性和人性之間的關係。

亞歷山太的區利羅（Cyril of Alexandria）的回應是強調那兩種本性在道成肉身中聯合的實在（reality）。在與人性聯合前，邏各斯（*Logos*）「沒有血肉」地存在；在那聯合後，有一個本性存在，因為邏各斯將人性與自己聯合起來。這樣強調基督的一個本性，將亞歷山太學派和安提阿學派區分出來，正如區利羅的闡釋所顯示的：

> 我們不斷言邏各斯的本性經歷了改變，並成了肉身，或者它被轉化成完整或完美的人，包含肉體和身體；我們反而說邏各斯……位格地把自己與有活靈的人性聯合起來，成為人，被稱為人子，但不單有意志或恩寵。[1]

這引出一個問題：所取的是一種怎麼樣的人性？基督的本性包含所有人性嗎？一個被稱為亞波里拏留主義（Apollinarianism）的異端，嘗試以不大令人滿意的方式，回答了這些問題。

亞波里拏留主義

老底嘉的亞波里拏留（Apollinarius of Laodicea）擔心人
們愈來愈廣泛地相信，邏各斯取得完全的人性。他懷疑這個 74
認信會引致人相信，邏各斯受到人性的軟弱所污染。如果這
樣的話，這便會危及基督的無罪性（sinlessness）。為了避免
這個不可接受的觀點，亞波里拏留提出，在耶穌裏面真正的
人類思想被完全神聖的思想所取代，只有這樣，基督的無罪
性才可以得以維持。他論證說，完全的人類思想和靈魂被神
聖的思想和靈魂取代，這防止了神聖的邏各斯被任何來自人
類思想的罪所污染。

雖然這個觀念似乎很吸引，但卻令基督的人性不完整。

1　參 Cyril of Alexandria, *The Epistle of Cyril to Nestorius*, in *Nicene and Post-Nicene Fathers*, series II, vol. XIV, ed. Philip Schaff and Henry Wace（Peabody, MA: Hendrickson, 1994）。

亞歷山太的神學家很快便留意到，這樣保護耶穌的無罪性，所付出的代價實在太大。正如拿先斯的貴格利（Gregory of Nazianzen；一位加帕多家教父〔Cappadocian father〕，也被稱為"Gregory of Nazianzus"）指出，亞波里拿留主義危及耶穌身為救主的角色：如果邏各斯只取得人性的一部分，人性怎能得到救贖？

> 沒有被取得的，就是不得醫治的，不過，凡與神格聯繫的，就是蒙拯救的。如果亞當只有一半是墮落的，那麼基督就取得並拯救他本性的那一半。但如果他的本性完全墮落，它便必須完全與受生的那一位的本性聯合，從而完全得拯救。不要讓他們對我們完全得救發怨言，或者只把骨頭和神經和一些看似人性的東西加諸救主身上。[2]

拿先斯的貴格利以俄利根（Origen）和其他人的東方觀點為基礎，根據這觀點，道成肉身實現了人類歷史的「重演」（recapitulation）；神人（God-man）耶穌不單經歷人類生命的所有階段，由出生到成年到死亡，祂也藉著面對亞當所受的試探而不犯罪，從而挽回了人類的歷史。拿先斯的貴格利主張，如果基督沒有取得所有人性，把之收入基督的人性之中，那麼耶穌身為救主的角色便不完全。

東方基督論的邏輯由拯救論的動機所指導。基督需要完全和真正是神聖的，又完全和真正是人，祂才能夠擔任救主

2 Gregory of Nazianzen, *Letter to Cledonius the Priest Against Apollinarius*, Epistle CI, in *A Select Library of the Nicene and Post-Nicene Fathers*, series II, vol. VII, ed. Philip Schaff and Henry Wace (Grand Rapids, MI: Eerdmans, 1978 ~ 1979), 440.

的身分。如果基督不是十足的人，祂便不能夠與我們認同，而更糟的是，我們的人性不會完全被收入祂那被神化的人性之中。另一方面，如果基督不是十足神聖的，祂不會有能力和權威來拯救我們，即使祂可以同情我們。東方教會從來都不能以明確的神學詞語來界定基督兩種本性之間的關係——而正如較早時提過的，它強調基督的神性——但它堅定地持守那會保證拯救的基本基督論認信。

亞波里拿留的提議得不到接納，人們在專注於祂神性的 75
同時，採取其他途徑以保證基督的無罪性，即使是在道成肉身中的。這個嘗試在東方學派中帶來另一個異端觀點，這觀點被稱為歐迪奇主義（Eutychianism）。

歐迪奇主義

歐迪奇主義的命題很簡單：基督在道成肉身前有兩個本性，但在道成肉身後就只有一個。出現這個觀點的背景是那圍繞基督兩個本性的爭論，即所謂的涅斯多留爭論（Nestorian controversy；我們會在下一節討論之）。這個爭論在五世紀初段時引致人們採納了一個主要為西方教會所提倡的觀點。根據這個被人採納的觀點，基督有兩個本性，它們聯合起來，但卻沒有混淆。很多亞歷山太人，如區利羅，對這個結論感到不高興，因為它似乎忽略了他們對基督一個本性的強調。安提阿人指控區利羅和其他亞歷山太人是異端，因為他們沒有清楚地承認兩個本性，即人性和神性；而區利羅的支持者則認為，他對基督的一個本性強調得不足夠。東方的修道院院長，在政治上也有影響力的歐迪奇（Eutyches），成為亞歷山太學派的發言人，他反對強調兩個本性。在四四八年的君士坦丁堡主教會議（Synod of Constantinople）中，歐迪奇說，雖然基督在道成肉身前有兩個本性，但在道成肉身之後卻只有一個本性。不過，我們很難對他的觀點確立準確的理解。基督在道成肉身後有的「一個本性」，是哪種本性？歐迪奇是如幻影說般，否定基督的人性嗎？基督的人性被祂的神性吞沒嗎？主教會議驅逐了歐迪奇，並拒絕他的觀點。（主教會議之後有一系列教會性—政治性事件，例如四四九年在以弗所的著名「強盜會議」〔Robber Synod〕，期間歐迪奇得到復職，他的正統性得到支持。）關於基督的本性，最終的決定在四五一年於迦克墩（Chalcedon）得以達成。

・基督的人性和我們的順服：西方傳統・

基督的兩個本性

以安提阿為中心的西方傳統，聚焦在基督徒生命的道德方面（如門徒身分）多於聚焦在拯救論。安提阿神學教導說，人類因為他們的不順服，所以處於一個腐敗的狀態中，人不能拯救自己脫離這狀態。如果救贖要發生，它必須基於人類的新順服。由於人類不能夠脫離罪的捆綁，上帝必須介入。
76 這引致救贖主的來到，祂聯合了人性和神性，因此建立順服的上帝百姓。

這種觀點維護基督的兩個本性：祂同時是上帝和一個人。亞歷山太人批評這個觀點，說它否認了基督的統一。安提阿人反對這個批評，並回應說，維護基督的統一，是他們所關心的，但同時他們又要承認，一個救贖主擁有完美的人性和完美的神性。西方神學家談及基督人性和神性的「完美結合」（perfect conjunction）。

摩普綏提亞的狄奧多若（Theodore of Mopsuestia）強調，基督的兩個本性沒有損害祂的統一；在他的《論道成肉身》（*On the Incarnation*）中，他寫道：「在來寓居時，邏各斯把已取得的〔人類〕整體地與自己聯合，令祂與它在寓居的、生而為上帝兒子的那一位中，分享其所擁有的所有尊嚴。」[3] 不過，亞歷山太人仍然抱有懷疑，他們相信，這樣強調兩個本性會引致「兩個兒子」的教義：基督似乎不是了一個位格，它而是兩個位格——一個是人性的，另一個是神聖的。安提阿學派的一個分支確實過分強調兩個本性，以致肯定一種觀點，將人性和神性分開，令它們成為分開的實體（entity）。這個觀點被稱為涅斯多留主義（Nestorianism）。

涅斯多留主義

涅斯多留主義這個標籤是有問題的，因為我們不能肯定五世紀初君士坦丁堡（Constantinople）牧首涅斯多留（Nestorius）是否真的教導這教義。不過，我們可以放下關於這個觀點的起源的問題，單看它向正統所提出的挑戰。

那圍繞涅斯多留主義的爭論，出現在使用"*theotokos*"（「懷有上帝」〔God-bearing〕）一詞來形容馬利亞這事上。耶穌的母親馬利亞是上帝的母親嗎？涅斯多留身為一個更大羣體的發言人，他指出「懷有上帝」一詞是恰當的，只是要用"*anthrōpotokos*"（「懷有人類」）這個詞來補充。不過，涅斯多留自己則喜歡用"*Christotokos*"（「懷有基督」）。

這些技術性術語的區別有甚麼危險的問題？涅斯多留和他的反對者所關注的是甚麼？涅斯多留主張，我們不可能相

3　引自 Alister McGrath, *Christian Theology: An Introduction*（Oxford: Blackwell, 1994）, 290。

信上帝有母親；沒有女性可以生出上帝。相反，馬利亞懷有的不是上帝，而是人類，是神性的一種工具。涅斯多留恐怕，如果「懷有上帝」這個詞不加限制地用在馬利亞身上，這會帶來亞流主義，即耶穌與上帝不同等；或帶來亞波里拿
77 留主義，即耶穌的人性並不真實。不過，在東方，亞歷山太人廣泛使用「懷有上帝」這個詞。它往往與另一個古老觀念一起出現，那就是“*communicatio idiomatum*”（「屬性互通」〔communication of attributes〕）；這個觀念在歷史上於不同教義學的處境中都扮演了重要的角色。關於基督的兩個本性，這個表達意指，與其中一個本性有關的東西，也與另一個本性有關。換句話說，由於我們說馬利亞懷有耶穌這個人類嬰孩，我們也可以同時說馬利亞懷有基督這個神聖位格。

那麼，是甚麼令涅斯多留的教義成為不正統？這裏我們面對著一個困難，就是難以準確確立涅斯多留的觀點。涅斯多留的反對者，特別是東方神學家亞歷山太的區利羅，把涅斯多留的觀點標籤為異端，並表示涅斯多留明顯相信，耶穌有兩個本性，純粹在道德上聯合，但不是以真實的方式（正如「屬性互通」這觀念所提出的那樣）連在一起。區利羅對涅斯多留的觀點所作的解釋，被稱為涅斯多留主義：基督實際上是兩個獨特的位格，一個是神聖的，另一個是人性的。涅斯多留拒絕接受這個對他觀點所作的解釋，但這個解釋繼續存在，直到它在四三一年以弗所會議（Council of Ephesus）被拒絕。

在拒絕了涅斯多留的觀點，並視之為極端後，神學家藉著「屬性互通」這個觀念的幫助，改進了關於耶穌人性和神性的教義。如果耶穌完全是人性的和完全是神聖的，那麼對祂的人性來說是真實的事情，對祂的神性來說也是真實的；反過來亦然。這個原則也應用到馬利亞身上：耶穌基督是上

帝；馬利亞生了耶穌；因此，馬利亞是上帝的母親。不久，這個觀點便成為一個用來測試論述是否正統的方法。但我們很容易看到，如果推進下去，這個正統觀點會引致另一個問題：耶穌在十字架上受苦；耶穌是上帝；因此，上帝在十字架上受苦。

・迦克墩會議・

迦克墩會議（Council of Chalcedon；451 年）嘗試以一個亞歷山太人和安提阿人都能接受的方式，來解決基督論的辯論。這會議從沒有達到這個崇高的目的，但卻能夠對抗一些偏離了的主要觀點。這會議重新肯定尼西亞信經（Nicene Creed），並拒絕了涅斯多留主義和歐迪奇主義。這會議的文本說：

> 因此，我們跟隨聖教父，同心合意教人宣認同一位子，
> 我們的主耶穌基督，是神性完全、人性亦完全者；祂是
> 真上帝，也真是人，同樣具有合理的〔理性的〕靈魂，
> 也具有身體；按神性說，祂與父同體〔同本質〕；按人
> 性說，祂與我們同體；在凡事上與我們一樣，只是沒有
> 罪；按神性說，在萬世之先，為父所生，按人性說，在
> 這最後的日子，為拯救我們，由童女馬利亞，上帝的母 78
> 親所生；是同一位基督，是子，是主，是獨生的，具有
> 二性，不相混亂，不相交換，不能分開，不能分離；二
> 性的區別不因聯合而消失，各性的特點反得以保存，會
> 合於一個位格及一個本質之內，而非予彷彿被分離而成
> 為兩個位格，卻是同一位子，獨生的，道上帝，主耶穌
> 基督，正如眾先知從一開始〔已經宣告〕關於祂的，主耶

> 穌基督自己所教訓我們的，以及諸聖教父的信經所傳給我們的。[4]

迦克墩會議主要關注的是要在涅斯多留主義的危險（將兩種本性分開——因而使用「不能分開」和「不能分離」這些詞語）和歐迪奇主義的危險（排除兩種本性的區分——因而使用「不相混亂」和「不相交換」這些詞語）之間，採取中庸之道。雖然這會議不能夠確定地指出兩種本性的聯合是怎樣發生的，但卻可以說出這聯合不能以怎樣的方式表達。迦克墩的主導原則主張，由於耶穌基督真是上帝，也真是人，怎樣闡述或探討這點的具體方式，基本上並不是重要的。懷爾斯（Maurice Wiles）清楚地總結了迦克墩的目的和成就：

> 一方面是認信了，救主必須完全是上帝；另一方面是認信了，沒有被取得的便得不到醫治。或者用其他言語來表達，拯救的來源必須是上帝；拯救的所在地必須是人類。頗為清楚的是，這兩個原則往往向相反方向拉。迦克墩會議是教會嘗試解決，或更確切地說是同意忍受這張力。事實上，好像初期教會那樣強烈地接受這兩個原則的，就已經是接受了迦克墩的信仰。[5]

我們或許可以說，一方面迦克墩發揮路標的作用，指向正確的方向；另一方面，它也是將正統和異端分開的籬笆。

4 Philip Schaff, ed., *The Creeds of Christendom*, 6th ed.（1931: reprint, Grand Rapids, MI: Baker, 1990）, 2:62～63.

5 引自 McGrath, *Christian Theology*, 295。

6

其後的發展

Subsequent Development

・繼續對正統提出異議・

首五世紀的基督論發展對後來的神學歷史而言，是最具決定性的。直至啟蒙時期和其後對歷史耶穌的追尋(quest of historical Jesus)——接著兩章會討論的主題——在最初幾世紀所提出的問題會繼續得到辯論，初期的信經亦繼續得到肯定。

在整個歷史中，基督教神學都在來自右派和左派的壓力下發展，引致它在似乎是相反的力量之間搖擺。有時教會甚至對那些似乎與已確立的觀點有矛盾的觀點都會容忍。這個過程的一個例子是**基督一性論**(monophysitism)的問題；這個詞的字面意思是「一個本性」。正如前面的討論所顯示，亞歷山太(Alexandria)的東方學派選擇強調基督的神性，他們重視的程度甚至令很多安提阿(Antioch)的人懷疑，亞歷山太人對基督的兩個本性有沒有清晰的觀念。亞歷山太學派中對一個本性的觀點作最有力辯護的人，是亞歷山太的區利羅(Cyril)，他最初堅持基督在每一方面都是一性的(oneness)：一個位格、一個本性(*physis*)、一個特定的個體。不過，他漸漸承認基督既是人又是上帝，而我們需要承認這兩個本性。他嘗試減輕談及兩個本性時所面對的困難，因而提出基督雖然有兩個本性，但祂只是一個位格。這令人們可以全面使用"*communicatio idiomatum*"這個詞，意即「屬性互通」(communication of attributes)：與一個本性有關的東西，也是與另一個本性有關。

80 很多東方神學家雖然口頭上同意迦克墩(Chalceden)的建構，以兩個本性為焦點，但卻不想放棄對一性基督論(one-nature Christology)的偏好。在六世紀，一些主張基督一性論的教會發起一個運動，這運動在東方陣營中興起，並成為向迦克墩提出異議的聲音。這些教會相信基督有一個本性；祂是神聖的，過於是人性的。這教義在東面地中海世界的教會，包括科普替(Coptic)、亞美尼亞(Armenian)和敍利亞(Syrian)教會中，仍然是具規範性的。他們雖然是異議者，但仍然屬於正統教會這大家庭的一分子。

關於基督本性的辯論，產生了一個相關的問題：關於基督的意志的問題。安提阿的馬加利(Macarius)堅定地宣告，他永遠不會說基督有「兩個自然的〔獨立的〕意志」，即使他「會被分屍，拋進海中」。[1] 基督一志論(monothelitism；這字源自兩個希臘詞語，意思是「一個意志」)相信，基督只有一個而不是兩個意志；它很快便遇到強烈反對。首先，它似乎與聖經有矛盾，因為在客西馬尼園，基督禱告說：「然

1 引自 Jaroslav Pelikan, *The Spirit of Eastern Christendom* (Chicago IL: University of Chicago Press, 1974), 70。

而，不要照我的意思，只要照你的意思。」這明顯表示基督區分了祂的兩個意志。而且，基督一志論似乎違反了拯救的教義，正如拿先斯的貴格利（Gregory of Nazianzen）在他著名的格言所說的：「沒有經取得的，就不能得到醫治。」[2] 如果基督沒有真正的人的意志，那麼人的意志——明顯是所有罪和反叛上帝的根源——便沒有得到拯救。「如果祂沒有取得人的意志，那在我們裏面最先受苦的便得不到醫治。」[3] 結果，在六八一年，第三次君士坦丁堡會議（Third Council of Constantinople）便宣告基督有兩個意志。不過，基督一志論者從沒有同意這個宣告。

・宗教改革運動時期的基督論取向・

差不多一千年後，在宗教改革運動（Reformation）時期，人們再次就基督的人性和神性這些經典的問題展開辯論。人們檢視了那經常使用的口號“*communicatio idiomatum*”（「屬性互通」）的具體意思，那時神學家在問：耶穌這個人可以具有上帝的屬性，但祂仍然是人嗎？上帝可以具有人的屬性，但祂仍然是上帝嗎？

馬丁．路德（Martin Luther）認真看待屬性互通這觀念，以致他接受上帝受苦和死在十字架上。其邏輯很簡單：如果 81
基督同時是人和上帝，那死在十字架上的位格同時是人性的耶穌和神聖的上帝。用路德的話來說：「由於神性和人性在基督裏是一個位格，聖經所認為屬於神性的事情，由於位格

2　Gregory of Nazianzen, *Letter to Cledonius the Priest Against Apollinarius*, Epistle CI, in *A Select Library of the Nicene and Post-Nicene Fathers*, series II, vol. VII, ed. Philip Schaff and Henry Wace（Grand Rapids, MI: Eerdmans, 1978～1979）, 440.

3　Gregory of Nazianzen, *Letter to Cledonius the Priest Against Apollinarius*, 440.

上的聯合，全都發生在人性上；反過來亦然……我們談及上帝的死亡，這是正確的。」[4] 這個觀點有時被稱為**上帝受苦論**（theopassianism），意思是上帝以真實的方式受苦。（這與**聖父受苦論**〔patripassianism〕不大相同，那表示父上帝受苦。）路德堅定相信，道成肉身並不包括放棄神聖的屬性；神性是臨在於耶穌整個地上生命之中的。路德也依從一個邏輯推斷，而這個推斷可以這樣表達：上帝是世界的創造者；耶穌基督是上帝；因此耶穌基督是創造者。以這個應用為基礎，我們可以說，躺在馬槽裏的耶穌是世界的創造者。

改革宗傳統（Reformed tradition）的領袖（加爾文〔John Calvin〕、慈運理〔Ulrich Zwingli〕和其他人）十分不同意路德。慈運理堅持：「嚴格來說，受苦只屬於人性。」[5] 加爾文不拒絕屬性互通的觀念，但對它的應用卻比較有保留。他說上帝不可能真的受苦和經歷被釘十字架：「上帝肯定沒有血，沒有受苦，也是不能被人手所觸摸的。」[6]

信義宗信徒和改革宗信徒就這個議題不能取得共識。不過，雙方都沒有被標籤為異端，雖然信義宗信徒指控改革宗信徒為涅斯多留主義（Nestorianism），而改革宗信徒則指控信義宗信徒為基督一性論。重要的是，我們要留意雙方有不同的動機。對信義宗信徒來說，關鍵的議題在於上帝在十字架羞辱中的自我啟示。改革宗信徒則相信，上帝在自由恩典中的主權是更重要的。某程度上，雙方不是就同一點進行爭

4 引自“The Formula of Concord,” article 8, in *The Book of Concord*, ed. Theodore G. Tappert (Philadelphia, PA: Fortress, 1959), 599。

5 Ulrich Zwingli, *On the Lord's Supper*, The Library of Christian Classics, vol. 24 (Philadelphia, PA: Westminster, 1953), 213.

6 John Calvin, *Institutes of the Christian Religion*, ed. John T. McNeill (Philadelphia, PA: Westminster, 1960), 2.14.2.

論；在神學辯論中，這是常有的事。

不單在宗教改革教會的不同陣營中有不同取向，在同一個傳統中那些不同代表也有不同取向。一個好例子是十七世紀在信義宗神學家之間的辯論，那是關於基督在道成肉身中倒空自己的行動的（腓立比書二章7節談及基督「倒空自己」〔希臘文“*kenōsis*”〕）。所有信義宗神學家都同意，福音書沒有提到基督在地上運用祂所有神聖的屬性；但他們對怎樣解釋這點，卻有不同意見。這出現了兩個陣營。其中一個陣營提出，基督祕密地運用了祂神聖的能力，另一方則認 82
為祂完全避免運用這些能力（這被稱為虛己基督論〔*kenōsis* Christology〕，它後來循多個方向發展）。雙方都相信，基督擁有神聖的屬性，但那問題在於它們的使用。

・路德的十架神學・

在宗教改革運動期間，一個持續對基督論作出貢獻的是馬丁・路德的十架神學（theology of the cross）。近年很多人復興這個觀點，最觸目的是改革宗神學家莫特曼（Jürgen Moltmann），他的《被釘十字架的上帝》（*The Crucified God*）是其中一個對基督的十字架所作最具創建的神學詮釋。

路德的基督論以愛為主導原則，他區分了兩種愛：上帝的愛和人的愛。路德在早期的學術著作〈海德堡辯論〉（Heidelberg Disputation；1518年）中，描述了他的愛的神學（theology of love）和十架神學。那兩種愛——“*amor Dei*”（即「上帝的愛」）和“*amor hominis*”（即「人的愛」）——之間的分別，在辯論的最後命題中被顯明出來：「上帝的愛並不尋找，而是要創造那討它喜悅的……上帝的愛不尋求自己的好處，而是流出和賜下好處。」[7] 人的愛朝向一些本質上是好的東西，而自愛（self-love）界定了愛的內容和對象。男人和女人愛一些他們相信自己可以享受的東西。上帝的愛與人的愛相反：它朝向一些仍未存在的東西，藉以創造一些新的東西。路德有時稱上帝的愛為"*amor cruces*"，即「十字架的愛」:「這是十字架的愛，源於十字架，朝向一個方向，在那裏這愛找不到自己能享受的好處，而是可以將好處給予那壞的和有需要的人。」[8] 上帝的愛從基督的十字架而生，透過上帝在世界的仁慈作為而得以顯明。對於神聖的愛，其動向是向下的；而對於人的愛，其動向則是向上的。換句話說，上帝愛那些不值得愛的人，而人按其本性是愛那些他們可以期望得到好處的人。

路德以基督的十字架為焦點，論證說上帝在世界裏的工作方式，似乎與祂自己的存有是相反的。祂似乎將自己隱藏於羞辱、軟弱和無助中。從行神蹟者和受尊重的教師到十字架的羞辱，基督在地上的路徑都反映出，上帝的自我啟示是自然的頭腦所不能明白的。自然的頭腦會想像上帝的工作是
83 美麗、良好和吸引的，但根據路德，事實卻剛好相反。他以聖經內的形像來描述上帝的工作，他引述聖經：「他無佳形美容」（賽五十三 2）;「耶和華使人死，也使人活，使人下陰間，也使人往上升。」（撒上二 6）換句話說，上帝令我們成為「無有」（*nihil*）和「愚拙」，藉以向我們顯明祂的真愛。

根據路德，耶穌的生命也見證了上帝與世界交往時的弔詭本質，即他所稱為上帝那「異己的工作」（alien work），相

7 Martin Luther, "Heidelberg Disputation," article 28, in *Luther's Works, American Edition*, ed. Jaroslav Pelikan（St. Louis, MO: Concordia, 1955 ~ 1967）, 31:57.

8 Luther, "Heidelberg Disputation," 31:57.

對於上帝那「真正的工作」(proper work)。路德有時稱這兩方面為上帝左手的工作和祂右手的工作。上帝那異己的工作包括放下、殺害、除去盼望、引致絕望，諸如此類。上帝的真正工作則相反：赦免、給予憐憫、拿起、拯救、鼓勵，諸如此類。在祂做那異己的工作，即祂左手的工作時，上帝原來是魔鬼。換句話說，對路德來說，上帝顯得好像撒但那樣行事。垂死的基督需要呼喊說：「我的上帝！我的上帝！為甚麼離棄我？」(可十五34)路德提出，有時上帝甚至利用撒但來做祂那異己的工作。

路德也把兩種神學作了那著名的區分：「榮耀神學」(theology of glory)和「十架神學」。在出埃及記三十三章18節至三十四章9節，摩西要求看上帝的臉，而上帝回應說：「你不能看見我的面，因為人見我的面不能存活。」(出三十三20)上帝反而讓摩西看祂的背。以這件事件為基礎，路德區分了上帝可見的特點，如仁慈、軟弱和愚拙；以及上帝不可見的特點，如德行、神聖、智慧、公義和良善。榮耀神學想在基督裏看見上帝那些可羨慕的特點，而十架神學則看那把上帝真本性隱藏了的十字架其一些可恥的方面。根據路德，只有十架神學的神學家才得到關於上帝真正是誰的洞見。

為了進一步強調上帝在基督裏的啟示對拯救的意義，路德稱基督為「最大的罪人」，甚至是「惟一的罪人」。在祂的位格中，基督「承受」了我們所有的罪，並為我們成了罪。

・再次：在早期基督論的辯論中，甚麼才是真正重要的？・

這裏考察了一些基督論的辯論和它們對其後世紀的含

義，在總結這考察時，我們可以再次提問：在這些精密但往往富情緒化的辯論中，甚麼才是真正重要的？作為在第三個千禧年中研究基督論的人，我們可以先根據他們的處境，然後或許也根據我們自己的處境，明白他們的關注，並看到這些掙扎的相關性嗎？

現在應該清楚的是，那推動著這些辯論的不是學術上的
84 準確性，雖然這方面沒有被忽略。拯救論問題，即對得到拯救的關注，才是主導的主題；思考基督，是在教會的禮儀生活和禱告中進行的。普拉查（William C. Placher）以很好的方式來表達這點。他首先承認，我們有時很容易輕視基督論的辯論，視之為對細節吹毛求疵，接著他繼續說：

> 但基督徒大致上會避免下定義，直到他們感到他們的拯救受到威脅。安提阿的伊格那丢（Ignatius of Antioch）出去面對苦難和死亡，他相信基督已經在他前面走過這條路。對他來說，拒絕幻影說式觀點（Docetist view）——基督只是似乎受苦和受死——不是吹毛求疵的。亞他那修（Athanasius）認為，亞流主義（Arianism）表示基督可能改變和變成邪惡；他並不認為這點是微不足道的。亞波里拿留（Apollinarius）認為基督沒有人的思想，但對那些希望自己的人性因與神性聯合而得以轉化的人而言，也對那些不想遺留了他們的思想的人而言，這是帶來真正威脅的。敬虔的信徒向那懷有上帝的馬利亞祈禱，他們會發覺涅斯多留主義（Nestorianism）令人感到十分困擾。

接著普拉查承認，那辯論的某些方面仍然是一個不能解

決的奧祕。但「這並不是藉口，讓我們不嘗試明白那些自己所不能明白的事情，特別是當那挑戰是向信仰提出艱難的問題，並要求澄清時。在這個處境下，基督論的討論代表了一個很大的成就」。[9]

隨著基督論的辯論繼續下去，三個原則引導著這份努力。而雖然我們今天所提出的問題往往異於我們先輩所提出的，但每個原則還是與我們有關的：

1. 這理解與聖經相容嗎？雖然基督徒繼續辯論哪卷書屬於新約正典，但他們都承認神聖著作的一般權威。
2. 這教導與教會的禮儀和禱告協調嗎？學院式的神學家現時有很多自由，以追求一些他們自己的、往往是特殊的問題，但如果神學家是教導上帝百姓的牧者，那便要由教會決定是接受還是拒絕新的理論。對上帝的崇拜往往是教義的指南。
3. 這個觀點就拯救而言是有幫助的嗎？關於基督，我們所相信的東西，不單需要與聖經及教會生活一致，也要就我們對拯救的需要而言是有意義的。拯救論上的需要多半有助對抗不正統的教導。

9　William N. Placher, *A History of Christian Theology: An Introduction* (Philadelphia, PA: Westminster, 1983), 85.

7

新的基督論風格

A New Christological Style

・獨立理性的時代・

一七七四年，法國哲學家兼作家伏爾泰（Voltaire）和朋友爬上附近一座山去看日出。據說伏爾泰脫掉帽子後跪下呼喊：「我相信！我相信祢！我相信大能的上帝！至於聖子先生和祂的母親女士，那是另一回事。」[1] 這句話充滿反諷，也反映了十七世紀晚期和十八世紀那正在浮現的啟蒙運動（Enlightenment）的世界觀。人相信上帝，這仍然是可能的，但不是因為聖經中的神聖啟示，而是基於「自然宗教」（natural religion）。至於基督論和相關的教會教義，如聖母論（Mariology），這些思想家卻認為不大可信。

在解釋「啟蒙運動」（來自德文"*Aufklärung*"，其字面意思是「說明」）的本質時，與伏爾泰同時代的康德（Immanuel

1 引自 William C. Placher, *A History of Christian Theology: An Introduction*（Philadelphia, PA: Westminster, 1983）, 237。

Kant）以沒有那麼激進，但同樣尖銳的方式，來表達這個觀看世界的新視角的精神性（mentality）：

> 啟蒙運動是我們脫離自我施加的監護——也就是一種無力在沒有別人指導下運用我們自己的理解力的狀態。
> 86 當這種監護的起因不在於我們自己的理性，而是在於缺乏勇氣在不受別人指導下去運用它時，它便是自我施加的……「要有勇氣去運用你自己的理性！」——這就是啟蒙運動的口號。[2]

啟蒙運動的全盛時期是十八世紀，但在第三個千禧年開始之時，人仍然可以感受得到它的影響。雖然啟蒙運動很多天真和沒有根據的樂觀後來都被揚棄，但這個新觀點將一切都改變了。啟蒙運動往往被稱為理性的時代（Age of Reason），這個標籤強調人類的理性有能力明白世界的奧祕。這個詞語是含混的，因為歷史中很多較早時期，特別是中世紀，也同樣是理性的時代。事實上，由阿奎那（Thomas Aquinas）及其他人所寫的基督教教義那優秀的經院哲學式系統都是重要的例子，顯示著人運用理性來闡述基督教信仰。主要的分別在於人脫離教會權威、神聖啟示和其他人的監護，**獨立地**運用理性。這就是啟蒙運動的本質。

啟蒙運動思想家對理性和知識有特定的概念。他們相信科學已有效地發展了，甚至是累積了方法，讓人得到關於世界和人類的知識。科學的新方法藉著取代古老的迷信、傳統的宗教信念和權威（無論是世俗的還是教會的），應許要揭示

2 引自 Alister E. McGrath, *The Making of Modern German Christology 1750 ~ 1990*（Grand Rapids, MI: Zondervan, 1987）, 14。

世界的奧祕，並改善無知、貧窮，或甚至是戰爭的狀況。

啟蒙運動和其他相關的哲學發展都鼓勵人們要對所繼承的信念提出懷疑，即使是那些被視為得到神聖認可的，還是那些過去一直被視為理所當然的信念。洛克（John Locke）是當時英國最有影響力的哲學家，他提出：「一切事物都必須以理性作為我們最好的裁判和引導。」[3] 洛克作了如此區分：我們可以用理性證明的東西——我們可以證明那是違反理性的東西——以及我們的理性能力不能確定、超乎理性的奧祕。如果有些事情是違反理性的，我們便必須拒絕，無論它宣稱擁有甚麼宗教權威。在一六〇〇年代中，法國哲學家笛卡兒（René Descartes）提出，只有在我們開始懷疑一切，甚至懷疑我們自己的存在時，我們才可以取得某種知識。只有在我們批判地檢視我們所有的信念時，我們才可以肯定我們沒有將一個沒有根據的、未經檢視的信念視為理所當然。雖然笛卡兒的懷疑方法仍未觸及關於上帝的信仰，但其他人卻將他的方法也應用到神學上，這帶來很大的影響。

對於啟蒙運動思想所帶來的影響，新教神學持一種比天 87
主教神學更為開放的態度。這是可以理解的，只要我們考慮到，新教包含一個渴望，想要除去集體決定，以支持個人有自由為自己解釋聖經。新教總是較少在制度上受控制，而是更向個人的主動性開放，它也產生了很多不同宗派的和教會的形式。

由於智性氣候得到這樣徹底的改變，科學最終取得追求自己問題的自由。在中世紀時期，連科學探究的結果也要經受宗教和政治權威的審查。伽利略（Galileo Galilei）本

3 John Locke, *An Essay Concerning Human Understanding* 4.19.4（London: George Routledge Sons, 1909）, 595.

身虔誠地相信上帝，但當他在嘗試向自己的科學觀察開放時，他卻遇到自己同事的抵抗。直到這個時候，哲學都是為了宗教原因而服役的，被視為神學——知識之后（queen of sciences）——的侍女。現在侍女要從主人那裏取得獨立，拒絕任何要她從屬的要求。康德的《純粹理性批判》（*Critique of Pure Reason*；1781 年）找不到任何方法，讓理性哲學為相信上帝或其他形而上學的宣稱作出辯護。康德本人相信上帝，但不是基於理性的原因，而是基於道德需要（正如他另一本主要著作《實踐理性批判》〔*The Critique of Practical Reason*；1788 年〕所論證的那樣）；他沒有開始推崇無神論，而是打開窗戶，讓人能哲學地獨立探究知識的狀況。

這樣全新地向獨立使用人類理性開放，讓聖經鑑別學（biblical criticism）成為其自然產生的結果。在過去，聖經文本被視為值得信賴的歷史記錄，現在它面對愈來愈多的懷疑和否定。聖經需要被當為歷史文件，根據那些適用於任何其他歷史著作的方法和原則來被研究。聖經文本是否有說服力，不是由聖靈來判斷，而是由人的精神（spirit）和人的理性來判斷。

在以前那趨向宗教的進路中，很多被人們安樂地認可的東西都需要被重新評價。洛克的《基督教的合理性》（*Reasonableness of Christianity*；1695 年）提出理由，以支持一種可以在理性和常識限度內給界定的宗教。當洛克看聖經時，他發現一種簡單的信仰和號召人們過道德生活的呼召，是沒有多少違反理性的。根據洛克對聖經的閱讀，耶穌揭露多神論（polytheism）和偶像崇拜的錯誤，確立清晰的和具理性的道德，並改革祂那個時代的崇拜，令這崇拜脫離迷信。雖然洛克在聖經中找到對道德卓越的鼓勵，以及按照人性的軟弱而有的赦罪應許，但他找不到三一教義或很多其他傳統的教義。因此，洛克總結說，較後期的教義發展（如三一）不應該是基督教的焦點；相反，基督教應該專注於道德和常識的（或自然的）宗教。在一七三〇年，廷德爾 88
（Matthew Tindal）在其《和創造一樣古老的基督教，或者福音，自然宗教的再版》（*Christianity as Old as Creation, or, the Gospel, a Republication of the Religion of Nature*）一書中，將基督教等同自然或「理性宗教」（rational religion），並論證說人並不需要神聖啟示。

・對傳統基督論的批判・

啟蒙運動認為，福音書作者的神蹟故事或在新約其餘部分的神蹟故事都是沒有地位的。[4] 休謨（David Hume）的《論神蹟》（*Essay on Miracles*；1748 年）被很多人視為是拒絕神蹟的可能性：神蹟不能以證據來得到證明，因為它沒有當代的類比。例如：一個人怎能夠在沒有方法提供歷史的或科學的證據底下，令懷疑者相信耶穌確實復活？歷史耶穌的追尋（the quest of the historical Jesus）的先驅來馬魯斯（Hermann S. Reimarus）和萊辛（Gotthold E. Lessing）提醒他們的同代人一個簡單的事實：人對過去事件所作的見證，不能被視為是有說服力的。法國偉大的思想家狄德羅（Denis Diderot）甚至宣稱，即使全巴黎的人都向他保證，死人剛剛從死裏復活，他也完全不會相信。

4　這一節十分得益於麥格夫（Alister E. McGrath）那卓越的研究，見 Alister E. McGrath, *The Making of Modern German Christology 1750～1990*, 2nd ed.（Grand Rapids, MI: Zondervan, 1994）, 23～28。

傳統的神學和基督論以原罪這個觀念來起作用，這至少可以追溯到四世紀的奧古斯丁（Augustine）。在啟蒙運動時期之後，關於人性被罪所腐化的觀念，受到強烈反對。法國著名的教育家和哲學家盧梭（Jean-Jacques Rousseau）發覺這個觀念不單非常悲觀，更與他那浪漫主義（Romanticism）的觀念格格不入；在他的浪漫主義中，關於自然（包括人性）的美及和諧的觀念是主要的主題。

當人開始批判基督教會的個別教義，如基督的神性、神蹟的可能性和原罪時，他/她便打開大門，讓基督教神學和它的基本信念給全面地重新評價。這在啟蒙運動時期確實發生，這努力往往被稱為「教義鑑別學」（doctrinal criticism）。十七世紀神學的歷史學家耶路撒冷（J. F. W. Jerusalem）留意到，幾個傳統的信條，如基督的兩個本性和三一的存在，都是在新約中找不到的，而是教會後期基於希臘那邏各斯（*logos*）的觀念而產生出來的。因此，這些在教義上的偏離不應該被視為有約束力或合法性的，而是應該放棄之。為要糾正在信條歷史上的基本錯誤，這樣做是需要的。同樣，根據與耶路撒冷同時代的施泰因巴特（G. S. Steinbart），奧古斯丁關於原罪的教義，關於罪的償還的觀
89 念，以及關於公義的責難的教義（doctrine of the imputation of righeousness），全都是入侵基督教的任意假設。

・歷史耶穌的追尋的議程・

由於智性、學術和宗教場景的改變，十八世紀在基督論的研究上出現了一個全新的進路。它被稱為歷史耶穌的追尋。這個追尋的基本命題十分簡單：歷史上真正的耶穌與被

新約詮釋為超人救贖主（superhuman redeemer）的耶穌之間，存在很大的差異。

超人救贖主這個觀念是啟蒙運動的思想家所不能接受的；反之，倫理教師這個觀念卻不同。這些神學家相信，在歷史性—批判性研究這些新方法的幫助下，人有可能走到新約詮釋的「外殼」背後，找到耶穌真正歷史的「核心」。這表示專注於耶穌地上的生命，特別是祂身為教師的角色，而同時又將祂死亡和復活所扮演的角色輕描淡寫。根據啟蒙運動的思想，拯救的觀念和復活的可能性，都是完全不可能的。

啟蒙運動時期揭露了在信仰和歷史之間那假定了的衝突。個人根據新約對相信基督和拯救所作的詮釋而相信的東西，與個人根據歷史研究而知道的東西，並不協調。我們現在便更詳細地研究這追尋。

8

歷史耶穌的追尋的開端

The Beginning of the Quest of the Historical Jesus

・歷史耶穌的本來面目・

「歷史耶穌的追尋」(quest of the historical Jesus)這個片語，是在二十世紀初由史懷哲(Albert Schweitzer)這位偉大的新約學者所創，他的書《歷史耶穌的追尋：對從來馬魯斯到弗雷德的進展所作的批判研究》(*The Quest of the Historical Jesus: A Critical Study of Its Progress from Reimarus to Wrede*)，[1] 是第一本對這種努力的結果及它第一階段的結束，作全面評價的著作。德語的副題把這追尋界定為「研究耶穌生命的歷史」(A History of Research into the Life of Jesus)，這更好地提出，這追尋的目標是撰寫耶穌的傳記。這追尋背後的意念是按耶穌的本相來發現關於祂的真相，脫離教會及神學的信仰詮釋。那些參與的人會預期，對

1 Albert Schweitzer, *The Quest of the Historical Jesus: A Critical Study of Its Progress from Reimarus to Wrede*, 3rd ed. (London: H. & C. Black, 1954).

耶穌的起源進行科學研究，將會顯示出歷史的耶穌與聖經、信經和基督教敬虔的基督是不同的。

史懷哲的書所涵蓋的時期通常被稱為歷史耶穌的原初追尋（original quest）；它以史懷哲自己的批判和那具建構性的建議為高峯和終結。在一九五〇年代，一個新的追尋興起，由蓋士曼（Ernst Käsemann）所開拓的；接著它的是一九八〇年代開始的第三次追尋。

91 在德國劇作家兼哲學家萊辛（Gotthold E. Lessing）的劇作《智者納坦》（*Nathan the Wise*）中，穆斯林皇帝薩拉丁（Saladin）問猶太人納坦：哪一個宗教才是真宗教。[2] 為回答這個問題，納坦講述了一個故事：一個父親同樣愛他自己的三個兒子，在臨終時給他們每人一隻貴重的戒指。兒子們知道其中一隻戒指有魔法，能夠令戴著它的人得到上帝和其他人的喜愛。兒子們徵求一個法官的意見，法官建議他們都將自己的戒指當為有魔法的戒指。萊辛的劇作的教訓十分簡單：每個宗教都有同樣的價值。沒有一個宗教包含終極的真理；所有宗教都指向同一方向。對萊辛來說，基督教對人類在宗教上的追尋有很多貢獻，即使福音書關於耶穌的故事在歷史上有嚴重的不準確。對於耶穌在眾宗教的創辦人中所具有的特殊地位，萊辛的觀點相對於較古老的信條式共識，更傾向相對主義（relativity）和多元論（pluralism）。這是啟蒙運動在否定了超自然的神聖啟示後所走的方向。但除了對神聖啟示的可能性抱懷疑態度外，這些思想家也對是否可能得到某種歷史資料，以致可以由關注歷史的耶穌進到相信基督這位神性—人性存有（divine-human being），提出強烈的質疑。

2 Gotthold E. Lessing, *Lessing's Theological Writings*, trans. Henry Chadwick（Stanford, CA: Stanford University Press, 1957）.

·歷史的耶穌和信仰的基督·

萊辛由於對歷史的知識論價值（**知識論**〔epistemology〕是哲學的分支，研究人類知識的條件）抱懷疑態度而知名：歷史怎能夠讓人取得宗教或哲學所需的那種知識？「歷史真理」（historical truth）和「理性真理」（rational truth）之間有嚴重的鴻溝；以萊辛著名的話說：

> 如果沒有歷史真理是可以被論證的話，那麼便沒有任何東西可以靠歷史真理來得到論證。也就是說：歷史的偶然真理永遠都不能成為理性的必然真理的證明……那麼，這就是我不能越過的醜陋而廣闊的壕溝，無論我多麼頻密和多麼誠懇地嘗試跳過去。[3]

這「醜陋而廣闊的壕溝」表示，福音書的描述將耶穌置於過去，但我們不能驗證這些描述。因此，誰可以告訴我們它們是可靠的？如果我們信任福音書作者的見證人報告，我
們的信仰便是倚靠別人的權威。對萊辛來說，由於神蹟並沒 92
有在他自己的時代發生，他不能相信神蹟曾在耶穌的時代發生。根據啟蒙運動的精神，他問道：「在一千六百到一千八百年前，人們在最強的誘因下所相信的那些不可思議的真理，怎能期望我在誘因無限地少的情況下，也相信它們呢？」[4]

但那醜陋而廣闊的壕溝不單是指取不到在歷史上可靠的資料。還有那更貼近存在論式的問題，即那些過去事件對這

3　Gotthold E. Lessing, "On the Proof of the Spirit and Power," in *Lessing's Theological Writings*, 53～55.

4　Lessing, "On the Proof of the Spirit and Power," 53.

些活在它們發生後數百年的人所具有的價值和意義：「如果根據歷史，我不反對說這基督本人從死裏復活，那麼我就必須因而接受這復活的基督是上帝的兒子嗎？」[5] 這個問題顯示出一個關於歷史事實和對那些事實的詮釋之間的分別的有效洞見。

萊辛訴諸一個提倡歷史耶穌的追尋的同代人的著作，那人就是漢堡大學（University of Hamburg）東方語言教授來馬魯斯（Hermann S. Reimarus）。來馬魯斯在一七六八年去世，他在生時想推廣自己的觀念，但他的文章〈論耶穌和其門徒的意圖〉（"On the Intentions of Jesus and his Disciples"）——是其更大的文集《為上帝的理性崇拜者作辯護》（*Apology or Defence of the Rational Worshippper of God*）中的一部分——卻因為它激進的本質而得不到出版。到了一七七八年，萊辛把來馬魯斯著作的一些摘錄出版成書，書名是《一位不知名作者的斷片》（*Fragments from an Unnamed Author*）。他在沃爾芬比特爾（Wolfenbüttel）的圖書館發現來馬魯斯的著作；因此這些作品也被稱為「沃爾芬比特爾斷片」（Wolfenbüttel Fragments）。

來馬魯斯在其死後被發表的斷片中提出，神蹟是不可能的；因此聖經的那些部分對現代讀者來說並不可信。更糟的是，如果耶穌和祂的門徒是根據神蹟而宣稱有權威，他們便應被視為騙子。在得到這個結論後，來馬魯斯的目標是根據理性主義者對聖經的鑑別學，來對抗基督教和猶太教。

對來馬魯斯來說，耶穌是虔誠的猶太人，獻身於號召以色列悔改，藉以在地上建立上帝的國。耶穌無意引入新教導，肯定無意引入「基督教教義」或儀式。但隨著時間

5 Lessing, "On the Proof of the Spirit and Power," 54.

過去，耶穌變得愈來愈狂熱，老想著祂可以使人民脫離羅馬的佔據。耶穌視自己為猶太的天啟預見家（apocalyptic visionary），但不是神聖的人物。耶穌的門徒發明了「屬靈救贖」這個觀念。最後，耶穌的盼望被誤導了，祂死時對那離棄了祂的上帝，不再存有幻想。這就是來馬魯斯對彌賽亞之死的詮釋。在耶穌那災難性的命途後，門徒斷定沒有普遍的迫害，於是他們不再躲藏，並宣告死去的耶穌已經復活。門徒也發明了這位復活的耶穌很快會從天上再來，建立祂的終 93
末國度這個觀念。因此，根據來馬魯斯的詮釋，耶穌和祂的追隨者都是錯的：耶穌錯誤地相信上帝對祂授權以解救上帝的百姓；門徒則鼓勵人們對將來的國度有虛假的期望。

對復活的歷史真實性作攻擊，尤其使人反感。同樣令人反感的是他激進地宣稱在耶穌的意圖和使徒教會的意圖之間有分裂（耶穌從不想成為門徒所詮釋的那種超自然救主）。可以理解的是，這些宣稱引起一場為教會的正統信仰作辯護的浪潮。但人們不能壓下來馬魯斯的問題。萊辛身為這些觀念的出版人，他沒有無條件地支持來馬魯斯的命題，但他維護了提出問題的權利。根據萊辛，正如他在其主要作品《人類的教育》（*The Education of the Human Race*；1780年）中所表達的，耶穌是人類其中一位偉大的教育家，是「第一位可靠、實際地教導靈魂不朽的人」。[6]

·「耶穌的眾多生命」·

在萊辛和來馬魯斯之後，兩種文獻作品大量出現；兩者

6　引自 William C. Placher, *A History of Christian Theology: An Introduction*（Philadelphia, PA: Westminster, 1983）, 250。

都嘗試從獨特的角度來看耶穌的生命：理性主義式的耶穌生命和更保守的耶穌生命。理性主義式的耶穌生命，尋求為不尋常事件提供自然的解釋，從而繼續推動這個以獨立的人類理性作為宗教導引的啟蒙運動議程。這些理性主義式的耶穌生命嘗試為耶穌的位格和行動，提供一個合理的解釋。保羅斯（H. E. G. Paulus）在其《耶穌生平作為初期基督教的純歷史的基礎》（*Life of Jesus as the Basis for a Pure History of Early Christianity*；1828 年）一書中提出，耶穌所真正不可思議的事是祂那神聖（holy）的性情。個別的神蹟故事可以作理性的解釋：耶穌沒有在水上行走，而是站在岸上；五千人是由那些額外帶了食物的人所餵飽的；諸如此類。

關於耶穌生平，最著名的詮釋是士來馬赫（Friedrich E. D. Schleiermacher）關於《耶穌生平》（*The Life of Jesus*；1820 年）的演講。士來馬赫是「現代神學之父」（father of modern theology），他視約翰福音為一個具歷史性的概述，人可以將其他福音書的材料加插進去。他從「宗教經驗」（religious experience）的視角來看耶穌生命的意義。身為「自由主義〔神學〕之父」（father of liberalism），士來馬赫為自由主義〔神學〕的議程定下基調。康德（Immanuel Kant）將宗教置於倫理領域；大部分啟蒙運動的提倡者則堅持宗教
94 的理性本質；而士來馬赫卻將宗教置於人類的經驗和感覺（feeling；我們需要留意，德語"*Gefühl*"這個詞比英語「感覺」一詞更廣闊；它也意指「直覺」、「前反射」，與敬虔有關的）。在這裏我們可以看到，敬虔主義（pietism）對士來馬赫的普遍影響；這個更新運動尋求復興基督徒的生命，拯救它脫離「乾巴巴的頭腦知識」。

對士來馬赫而言，在一般的神學裏，特別是基督論，宗

教經驗都是首要的；神學只是次要的。教義的公式是歷史性的，受特定時間和處境所束縛，因而永遠都不是絕對的。所有神學都應該以基督的經驗為中心：「基督教是一神的信仰……因為在它裏面，一切事情都與拿撒勒人耶穌所成就的救贖有關，這令基督教有別於所有其他的信仰。」[7] 根據士來馬赫，甚麼是救贖？它是透過「進入基督那活生生的影響」，而刺激及提升人那自然的上帝意識（God-consciousness）；基督擁有「絕對及有力的上帝意識」。[8] 基督論要從拿撒勒人耶穌現在於教會中對信徒的影響而被推斷出來。為了描述耶穌對信徒的影響，士來馬赫運用了兩個強調耶穌的尊嚴的詞語。根據他所使用的意思，這兩個詞語不可能被翻譯成英語：理想性（*Urbildlichkeit*），意即耶穌的理想性；和示範性（*Vorbildlichkeit*），意指祂在別人生命裏再生產這理想性的能力。

毫不令人驚訝的是，士來馬赫拒絕兩個本性的基督論，他相信它屬於臆測性形而上學的範圍。談論基督神性的惟一方法，是提到祂那絕對的上帝意識。除此以外，耶穌好像我們一樣，雖然祂有更強的上帝意識。

相對於理性主義的作者，那些傾向更保守的人因害怕基督教信仰的整個基礎會倒塌，所以他們嘗試製造福音書在傳統上的和諧，以證明聖經在歷史上是可靠的。這些在基督論上持較保守立場的研究者也產生了好些關於耶穌的默想式和靈性生命的作品。赫斯（J. J. Hess）那流行的三卷本《耶穌生命最後三年的歷史》（*History of the Three Last Years of the*

7　Friedrich E. D. Schleiermacher, *The Christian Faith*, 2nd ed.（Edinburgh: T & T Clark, 1928）, 52.

8　Schleiermacher, *The Christian Faith*, 385.

Life of Jesus）在一七七二年完成，此書強調耶穌的受苦對基督徒敬虔的意義；而賴因哈德（F. V. Reinhard）的《論基督教創立者為了人類的好處而發展的計劃》（*Essay on the Plan Developed by the Founder of Christianity for the Benefit of Humanity*；1781 年）則集中在耶穌教導的倫理貢獻。

在歷史耶穌的追尋中，其目的是探究在較後期的教會和神學詮釋以外，拿撒勒人耶穌是誰。雖然這個計劃從沒有達到它的目標，但它卻是其中一個促成好像古典自由主義〔神學〕（classical liberalism）這種較後期的運動的原因，也以不同方式模塑著人對耶穌基督的位格的研究；而下一章會討論古典自由主義〔神學〕。

基督的自由派畫像

The Liberal Picture of Christ

・古典自由主義〔神學〕的議程・

自由主義〔神學〕（liberalism）這個詞在日常語言中被廣泛使用；例如，它在政治中被使用，或被用來描述某些個人或羣體的生活方式。在神學上，**自由主義〔神學〕**這個詞，特別是與**古典**（classical）這個詞連在一起被使用時，指的是後啟蒙運動（post-Enlightenment）取向的興起；它企圖根據現代知識來重構基督教的信仰。這種傾向自然是源自啟蒙運動的基本信念；如果沒有啟蒙運動，它就永遠不會出現。為了變得適切，自由主義〔神學〕務求使自己適應新的科學化和哲學性的傾向。好像啟蒙運動一樣，它提倡，個人思想者——包括基督教神學家——有自由在不受權威束縛底下批評和重構信仰。

關於基督教，自由主義〔神學〕的神學家集中在它的倫理面向而不是基督的兩性或先存性這些形而上學的教義。他們在聖經的絕對權威以外尋求其他基礎；他們視聖經研究的批判性—歷史性方法這種快速發展的進路為更可靠的基礎。古典自由主義〔神學〕也以「外殼」和「核心」這些觀念來運作：耶穌的純歷史（plain history）是核心，它需要從初期教會對耶穌所作的詮釋這個外殼中被揭示出來。

除了相信人有能力找到那核心外，自由主義〔神學〕還傾向上帝的內蘊性（immanence），而犧牲了上帝的超越性
96 （transcendence）。較古老的正統思想在自然和超自然、上帝和人之間斷定了一個徹底的不延續性；但自由主義〔神學〕則提出延續性。這也表示在諸宗教之間有延續性。自由主義〔神學〕和正統之間的另一個分別，是自由主義〔神學〕的物力論（dynamism）：他們沒有將宗教真理視為人需要相信的固定教義，而是被視為在本質上是要開發和演化的。也就是說，教義是對實在（reality）的詮釋，由感知實在的人所創造的。關於啟示的教義，正統所專注的是基督的話，而自由主義〔神學〕則專注於基督的位格和人與祂的相遇。聖經不是上帝「純全」（pure）的道，而是對作者的宗教經驗所作的詮釋。這令士來馬赫和其他人把人視為接受上帝知識的途徑；相反，較古老的進路是從上帝的觀點來詮釋人和世界。

以下特點描述了古典自由主義〔神學〕關於基督的獨特看法：

1. 自由主義〔神學〕反對初期信經那信條式的基督，對保羅和約翰的基督論也抱懷疑的態度，因為他們的基督論太具詮釋性，而忽略了實際歷史。
2. 主要目的是以傳記形式從符類福音重構耶穌的生平。
3. 要撰寫耶穌的傳記，最好方法是藉著從心理學的角度來描

述耶穌的內在生命，和他達至完整意識的內在發展。

4. 自由主義〔神學〕強調基督的人性，而貶低關於祂那神性的古典觀點。
5. 自由主義〔神學〕清楚選擇了「低階基督論」(low Christology)，而不是信經和古典正統主義那種視耶穌為神聖人物的高階觀點(high view)。
6. 關於福音書，馬可福音被賦予優先地位，因為自由主義〔神學〕者相信它是最具歷史性和最少神學性的。而且耶穌的言論集，即理論上的"Q"來源，[1] 是被視為最可靠的。

・批判地檢視耶穌的生平・

閱讀過士來馬赫(Friedrich E. D. Schleiermacher)主要的基督論著作《基督生平》(*The Life of Jesus*)後，史特勞斯(David F. Strauss)在《信仰的基督與歷史的耶穌》(*The* 97
Christ of Faith and the Jesus of History；1865年)中對它提出嚴厲的批評。史特勞斯對士來馬赫的方法存疑；士來馬赫持守一些超自然的觀點，同時又想撰寫理性主義式的耶穌生平。史特勞斯也批評他自己所高度尊崇的老師——其中一位哲學巨人黑格爾(Georg W. F. Hegel)。在黑格爾對宗教所作的分析中，他得出的結論是，道成肉身——即關於神性—人性聯合的觀念——是必須的觀念，也是可以用理性來證成的。史特勞斯同意自己的老師，但也提出了一個問題：道成肉身的觀念一定要在一個特定的個體身上實現嗎？為甚麼不是整體的人類或一羣人？為了回應這個問題，並澄

1 "Q"來源(源自德語"*Quelle*"，意即「泉源」或「井」)是一個假設性來源的簡稱，它主要包含耶穌的言論。福音書的作者在寫福音書時可能使用這個來源。

清研究耶穌生平的任務，史特勞斯給自己一個宏大的任務：提出一個具批判性的研究，盤點這個範疇內較早期的著作，並提出他自己的修正。那本書的書名便清楚反映它的目的：《批判地重新檢視耶穌生平》（*The Life of Jesus Critically Examined*；1836 年）。

對耶穌的生平，史特勞斯接受福音書所描述的基本歷史框架：童年在拿撒勒、接受施洗約翰的洗禮、公開的教導職事、與宗教領袖衝突，以及最終死在十字架上。不過，他斷言，這個概述回溯到初期教會那富創意的想像力，而初期教會渴望將耶穌的生命詮釋為實現了舊約的預言。彌賽亞式的期望，要求彌賽亞行神蹟，並好像新摩西和大衛的君王那樣行動。一旦耶穌取得身為彌賽亞、基督的聲望，祂的追隨者便創造關於祂的神話。史特勞斯堅定相信，初期教會的敬虔委身，將歷史的耶穌變成一個神聖人物。

為了得到耶穌生平的歷史基礎，史特勞斯對福音書進行了一個徹底的歷史性—批判性考察。他主張，福音書的眾作者共同分享著他們那文化的神祕世界觀。但與來馬魯斯（Hermann S. Reimarus）不同，後者視福音書作者為騙子，史特勞斯卻主張，我們應該接受神祕語言為原始人的自然模式。他對**神話**（myth）這個很有爭議的詞語所作的反思，是他對聖經研究和神學那持久的貢獻。在十九世紀，**神話**作為描述福音書中的神蹟的一個類別，它變得很引人注目，首先是關於童女產子和耶穌復活。史特勞斯將神話的使用，擴展到包含福音書所有的神蹟事件。他也將神話的焦點由神蹟擴展到神蹟的**故事**。神話是在故事的幫助下用來表達信念的方式。例如：關於復活的故事，有助表達關於耶穌活著的信念。神話明顯不是歷史；神話可以被視為「真實」故事，這表示它們不是謊言（換句話說，它們傳遞著一個信息，雖然那不總是經文字面所說的），但在歷史上它們卻不是準確的。

根據史特勞斯，福音書的記述基本上是可靠的，即使在歷史上並不準確。不過，在神祕外殼的中心，即那真正的
核心卻是無關重要的，因為基督教的宣稱在本質上是哲學性 98
的，與歷史沒有直接關連。在這裏，史特勞斯同意他老師黑格爾的基本進路，黑格爾提倡「普遍真理」（universal truth；無論在何時何地，都總是有效的真理，即使脫離了特定的歷史背景）的概念。史特勞斯認為，復活是否真的發生，並不重要；重要的是，對復活的相信，傳遞了原始百姓那文化意識的表達。

因此，史特勞斯同時批評了理性主義者和正統。正統自由地接受聖經正典的超自然主義，要求人們相信那不可信的，特別是神蹟；這是現代人所不能接受的。另一方面，理性主義者想在自然主義（naturalism）的限制內詮釋聖經，因此他們在嘗試為神蹟和其他信仰尋找一個自然的解釋時，將經文扭曲至超越可信的限制。史特勞斯承認，教會不能相信一位只是我們當中一員的基督。神話的概念幫助史特勞斯避免這兩個極端。在神話的幫助下，他能夠挪用福音書作者在初期宣講中所表達的真理。例如：道成肉身可以被再詮釋為對現代人來說是可信的，只要將福音書那以神祕形式所提出的真理，不單應用到耶穌身上，也應用到整體人類身上。換句話說，道成肉身不限於如拿撒勒人耶穌這一個特定的人。相反，道成肉身表示上帝（意識）在普遍人類中的臨在。耶穌可能只是那臨在的一個特別「濃縮的」表達。

在生命差不多結束時，史特勞斯出版了另一本書《舊和新的信仰》（*The Old and New Faith*；1872 年），此書表達了，

耶穌與基督教並沒有特別關連；但重要的是一個純粹的人本倫理。這本著作很快便終結了史特勞斯的影響力。

・耶穌與上帝國・

對自由主義〔神學〕另一個重要的代表立敕爾（Albrecht Ritschl）來說，神學和科學之間那正在浮現的衝突，源於不能區分「科學」和「宗教」類型的知識。前者爭取純理論的、無私的知識，換句話說，即是確定事物的本相。後者包含對實在所作的價值判斷，以及嘗試確定事物應該是怎樣的。立敕爾提出，每當這個區分被模糊，問題便會出現。但如果神學的範圍就這樣得到界定，那麼神學的來源和規範是甚麼？我們可以預計的是，立敕爾對持續使用形而上學感到焦慮。根據立敕爾，神學的來源不應該是以前被視為上帝的道的聖
99 經，而應該是「使徒的觀念圈」（apostolic circle of ideas；即首批門徒從耶穌所接受回來的原本信息，是在較後期的神學詮釋之前的），其中是以上帝國的教導為中心的。他這判斷是建基於一個簡單的事實：在他和其他自由派（liberal）對耶穌生平所作的詮釋中，耶穌傳道的中心是上帝的國。

不過，「上帝國」（kingdom of God）這個詞是含混的，它可以有幾個意思，例如世界的終末轉化。但這種關於上帝國的末時觀點，對古典自由主義〔神學〕的自然主義定向而言是陌生的。根據他們的理解，耶穌關於上帝國的教導，在本質上完全是倫理學的。耶穌宣告一個以人類合一為中心、根據愛而組織起來的國度。這傳道所帶來的是對耶穌的父所作的主要肯定：上帝是愛。根據自由派的思想家，神學對「上帝是誰」這些形而上學的臆測，並不感興趣；對於上帝的屬

性或三一的教義，神學肯定也不感興趣 —— 古典作者花了很多筆墨在這些題目之上 —— 神學感興趣的是上帝的「影響」，上帝與我們有甚麼關係。事實上，立敕爾對那以愛的首要性為中心的上帝國，比對上帝本身更感興趣。

毫不令人驚訝的是，立敕爾否定了基督的神性和人性這些古典觀點，並徹底地將它們重新闡述；他把兩個本性這古典觀點視為「科學的」而不是「宗教的」，所以是錯位的。對耶穌作真正的宗教估計，就是對祂的歷史行為感興趣，「因為祂正在祂的行為中，對我們產生影響力」。[2]「神性」的惟一意思是上帝給耶穌的獨特「召命」（vocation），以及它在促成我們得救的過程中，給我們帶來的影響力。耶穌在愛中完美地實現了上帝國的理想，並強調了祂生命的道德影響。

在他的主要著作，三卷本的《稱義及復和的基督教教義》（*Christian Doctrine of Justification and Reconciliation*）中，立敕爾以「基督的生命、受苦、死亡和復活對建立教會所帶來的道德影響」，作為基督論的出發點。[3] 不過，與他那神學的主要觀點有矛盾的是，他給耶穌的先存性留有一點空間。耶穌是「先存的」，意思是祂和祂的工作是上帝永恆地得知及定意的。根據立敕爾較後期的著作，耶穌有甚麼事情是新的？「耶穌意識到，祂與上帝的關係是新的，並且至此仍是不為人所知的。」[4]

柏林大學（University of Berlin）的教會歷史學家哈納克（Adolf von Harnack），以備受讚賞的著作《基督教是甚麼？》（*What Is Christianity?*），在神學的近代歷史上留下他的印

2　Albrecht Ritschl, *The Christian Doctrine of Justification and Reconciliation*, vol. 3 (Edinburgh: T & T Clark, 1900), 413.

3　Ritschl, *The Christian Doctrine of Justification and Reconciliation*, 3.

4　Ritschl, *The Christian Doctrine of Justification and Reconciliation*, 386.

記；這本書最初在一九○○年出版。在這本著作中，哈納克
100 回應了一個基本、簡單的問題：基督教原本是甚麼，也就是在較後期的神學發展以外，在耶穌心目中，基督教是甚麼。哈納克提出，耶穌不想人們相信祂的位格，而是相信那些包含在守祂誡命之中的東西。祂對自己身為上帝兒子的意識，只是認識上帝為神聖的父所帶來在實踐上的結果。

哈納克所得出的結論是，耶穌的教導有三個基本原則：上帝的（倫理）國度、上帝父的身分和人類靈魂的無限價值。根據哈納克的觀點，耶穌的傳道只是關乎個人和號召人們悔改。所有基督教信條，特別是三一和基督論的教義，都是後期將基督那簡單的福音希臘化的結果。在這個意義下，他談及「信條的退化」（deterioration of dogma）；他視信條的發展為一種慢性疾病。信條這個觀念並不源自耶穌，而是福音由猶太轉向希臘環境這轉折所帶來的結果。

哈納克那句往往被引述和被誤解的最著名的話，就是：「耶穌所宣告的福音單與父有關而與子無關的，（雖然耶穌）是它的位格性實現和它的力量，但我們仍然感到祂是這樣的。」[5] 這並不表示耶穌不意識到自己的呼召，而是表示耶穌的信息和生命的整個力量，都是要服事祂父的國度。

哈納克企劃的中心是拒絕古典的基督論和拒絕宣稱在解經中可以找到歷史耶穌——倫理國度的形象的。與自由主義〔神學〕一致，他摒棄了福音書中的天啟元素（apocalyptic elements），並視教義為次要的，因為福音只是耶穌基督自己。福音不是關於耶穌的教義，而是耶穌的位格。

古典自由主義〔神學〕將那追尋帶到它在邏輯上的結局。

5 Adolf von Harnack, *What Is Christianity?*（1900; reprint, New York, NY: Harper, 1957）, 144.

那些對拿撒勒人耶穌的生平和心理進行自然主義式探索的人是天真的，因他們盼望尋究耶穌的追隨者的詮釋。幾位學者，主要是在新約研究方面的學者，在自由主義〔神學〕的精神下接受訓練，但卻很快開始懷疑自由主義〔神學〕所嘗試做的事情是否可能，並提出這個運動所不能處理的一連串問題。我們現在會轉向這個主題。

10

原本追尋的崩潰

The Collapse of the Original Quest

・耶穌的終末信息・

哈納克（Adolf von Harnack）的建議（基督教的本質是耶穌所提出關於父和上帝國的倫理教導）的全盛時期過後不久，對於原本追尋（original quest）的方法論是否恰當，以及對於那追尋的目的，人開始產生懷疑。古典自由主義〔神學〕（classical liberalism）要給身為倫理教師和公義典範的耶穌建構一個本真的、在心理學上的生平，這個目的隨著各種批評的興起而告終。那不斷增加的懷疑，明確地始於立敕爾（Albrecht Ritschl）的女婿韋斯（Johannes Weiss）在一八九二年所出版的著作《耶穌對上帝國的宣告》（*Jesus' Proclamation of the Kingdom of God*）。韋斯的基本命題是，雖然天啟主義（apocalypticism）和世界將來的終結這些觀念對現代的聖經讀者來說並不吸引，但我們不能否認耶穌的傳道具有那徹底的終末本質。晚期的猶太天啟主義、對世界即將終結的預期，以及彌賽亞和上帝國的來臨，都是徹底他世的（otherworldly）：「根據耶穌所設想的，上帝國是徹底他世的實體（entity），它與這個世界是截然對立的。」[1]

如果將終末論從拿撒勒人耶穌的傳道中除去，祂便會變成一個自由主義〔神學〕教師，與拿撒勒人耶穌沒有甚麼關
102 係。換句話說，韋斯尋求喚醒那些提議原本追尋的人，要他們痛苦地明白，雖然他們想為歷史耶穌描繪一幅可靠的畫像，但他們讓啟蒙運動的觀點太過充滿他們的進路，以致他們不能看到耶穌的實在（reality）。韋斯以明確的筆觸，用六個命題來描述了耶穌信息的天啟主義和終末論：

1. 耶穌所傳講的國度是超越和超凡的，而不是倫理教導。
2. 那國度屬於將來，不（單）是今天的一部分。
3. 耶穌並沒有視自己為國度的創立者，而是等候上帝帶來國度。
4. 國度比祂追隨者的小圈子大得多，不能等同門徒羣體。
5. 國度並不被預期會漸漸增長，而是會帶來徹底的宇宙性轉化。
6. 國度的倫理與自由主義〔神學〕的期望並不連貫，前者主要是負面和否定世界的。

和自由主義〔神學〕相反，韋斯主張，耶穌期望成為人子，雖然祂最終明白這只會在祂死後才會實現。

史懷哲（Albert Schweitzer）接受了韋斯的基本命題，並將它們帶到其在邏輯上的結論。他更強調耶穌信息的終末

1 Johannes Weiss, *Jesus' Proclamation of the Kingdom of God* (1892: reprint, London: SCM 1971), 114.

本質。對史懷哲來說，自由主義〔神學〕對耶穌的描繪是一個錯誤的現代化的產物。但他相信仍然可以找到歷史耶穌，但這需要全面留意耶穌的傳道，正如福音書所展示的。在耶穌的教導中，那核心是終末的概念。耶穌沒有差派十二個人去把倫理生活教導人們，而是警告他們那將要來的終結和審判；門徒要匆忙地從一個城走到另一個城，並號召人們悔改（太十章，以及平行經文）。他們是「強暴的人」（men of violence；太十一 12；《聖經新譯本》；編按：《新標點和合本》譯作「努力的人」），他們會激起彌賽亞式的磨難，宣佈著上帝國；耶穌不期待那十二個人在終結來到前，會從宣教旅程回來。當終結沒有來到時，耶穌便決定獻出自己的生命，以作多人的贖價（可十 45），藉以幫助引領人進入國度。

從這些記述中，一幅耶穌的畫像浮現出來，祂是遙遠和
古怪的人物：「祂不為人所知地來到我們這裏。」[2] 耶穌期望
自己成為人子，是那駕著雲來作審判者的彌賽亞；祂真的相
信這是祂的召命。開始時，祂只向門徒這些圈內的人顯明這 103
彌賽亞的祕密。根據史懷哲，猶大將這祕密透露給大祭司，
而大祭司就利用這祕密作為處死耶穌的根據。

耶穌在拿撒勒就這天啟異象所作的傳講中，這國度的價值是無限的；為了它，人要放棄一切。這國度會是全新的，不是——正如較舊的自由主義〔神學〕所設想的——延續著世界那持續的倫理改善。耶穌所傳講的國度是超自然的；它會帶來全宇宙的混亂。

這就是耶穌所教導和預期的，但——史懷哲說那不幸的是——祂當然是錯誤的！終末沒有來到！在祂的盼望中，祂

2　Albert Schweitzer, *The Quest of the Historical Jesus*, 3rd ed.（London: A & C Black, 1954）, 401.

被人誤解了。那麼耶穌的生命對我們有甚麼意義和價值呢？史懷哲回應說，在人於神祕的相遇中認識祂，耶穌生命的價值就顯露出來：耶穌在我們成為門徒追隨祂時，仍然「來到」我們這裏。透過這相遇，我們得到靈感以過本真的生活，並實踐耶穌那高尚的教導和生命榜樣。

・福音批評和撰寫耶穌生平的不可能・

並不是只有韋斯和史懷哲批評原本的追尋。還有幾個神學家開始質疑撰寫耶穌生平的可能性，其原因很簡單：我們的來源，即福音書，並不容許這樣做。它們不是要成為來源，以讓人歷史性地建構耶穌的生平。

在傳統上，馬太福音被視為耶穌生平的首要來源；因為它是新約第一卷福音書，而且它似乎很適合其他福音書作者在撰寫關於耶穌的敘事時使用。不過，在一七七六年，在格利斯巴赫（Johann J. Griesbach）的《馬太、馬可、路加福音的概要》（*Synopsis of the Gospels of Matthew, Mark, and Luke*）之中那些具開創性的洞見之後，以及在出現了符類福音這個觀念之後，馬可福音的優先性慢慢開始得到確立。自由派學者得出一個結論：馬可福音是對耶穌的歷史提供了最可靠的引導，因為它似乎是最少具神學性的。但後來，專研馬可福音的專家弗雷德（William Wrede）對這個假設帶來具決定性的打擊，他在一九〇一年出版了《福音書中的彌賽亞式祕密》（*Messianic Secret in the Gospels*），此書顯示出，甚至馬可福音也是神學詮釋的產物。馬可根據「彌賽亞式祕密」（或「彌賽亞式奧祕」，來自德語“*Messiasgeheimnis*”）這個觀念來詮釋耶穌的故事：耶穌沒有向人揭露祂的彌賽亞

身分，甚至禁止人們這樣做。根據弗雷德，教會藉著製造一
個故事，就是耶穌祕密地將祂的彌賽亞身分向門徒顯明，卻
禁止他們公開傳播這消息，從而解釋耶穌對分享自己彌賽亞
身分的保留的原因。換句話說，弗雷德提出，連馬可福音都
不是耶穌生平的歷史來源，而是祂門徒的詮釋的結集。因
此，耶穌生平的細節是我們得不到的。對於追尋歷史上準確 104
的耶穌生平，這個結論對其背後的理據提出質疑。

客勒爾（Martin Kähler）是系統神學家，他拒絕歷史耶穌的追尋，並視之為在歷史上無結果，並且在神學上是破產的。一八九二年，他在其高度具論辯性的著作《所謂歷史耶穌和在歷史上的聖經的基督》（*The So-called Historical Jesus and the Historical Biblical Christ*）中，對原來的追尋提出嚴厲的批評。他提出，由於來源的限制，我們不可能建構耶穌的生平，而即使我們可以取得來源，也沒有歷史學家可以得到惟一令信徒感興趣的東西：超歷史的救主（suprahistorical Savior）。批判性—歷史性研究只可以帶來伊便尼派（Ebionite）或亞流（Arian）的耶穌，而不是超歷史的耶穌，信仰的對象。客勒爾認為，自由派基督論在耶穌和人之間作出了虛假的類比。兩者之間的分別不只是程度上的，更是類別上的。因此，自由主義〔神學〕的歷史耶穌缺乏了信仰中的基督（Christ in faith）那拯救論式的意義。客勒爾也提醒他的同代人，新約對基督的宣告並沒有假設，在「對祂於肉身日子內的記憶和對祂永恆意義的認信」之間是有區別的。[3] 客勒爾恐怕自由派的研究令信仰倚賴了人的研究；相反，他堅持強調，那位影響歷史進程的基督就是傳道的基

3　引自 Alister E. McGrath, *The Making of Modern German Christology 1750～1990*, 2nd ed.（Grand Rapids, MI: Zondervan, 1994）, 114。

督，信仰的基督。但諷刺的是，客勒爾的建議不單吸引了那些相信自己的信仰是建基於歷史的保守派，也吸引了好像田立克（Paul Tillich）這樣的徹底思想家（radical thinkers；我們會在第三部分研究田立克的觀點）。

另一個對自由主義〔神學〕那歷史耶穌的追尋作具決定性批評的是所謂的宗教歷史學派（History of Religions School），它最能幹的提倡者是特洛爾奇（Ernst Troeltsch）。這個進路在一八八○和一九二○年之間達到它的全盛時期，它尋求以那些附近國家的宗教和文化環境，來理解耶穌基督。它強調聖經和古代近東的諸文化之間的延續性，以及聖經和現代之間的不延續性。韋斯和弗雷德接受了很多在這個學派之中的假設。

特洛爾奇是歷史研究的徹底提倡者，他不相信超自然主義（supernaturalism），而贊同歷史。根據他的觀點，基督論需要建基於扎實的歷史研究，而這研究不相信基督教的教義進路。根據他那個學派的精神，特洛爾奇認為人類所產生的一切，包括宗教，都是具歷史性的，是歷史發展的結果。基督教是歷史的現象，是社會和國家條件的結果。

人們往往視特洛爾奇為第一個多元論者。對他來說，宗教是在神聖臨在中的參與，是人的靈和絕對的聖靈之間的聯合；這聯合是心靈中一種形而上的實在（metaphysical reality），是一種「超越的主體性」（transcendental subjectivity），它是所有在任何地方的人都可以得到的。特
105 洛爾奇對一般啟示的理解是基於這個洞見；所有宗教中的所有人都有能力經驗上帝。當然，對他來說，這啟示是具歷史性的而不是絕對的。因此，新約和舊約都是啟示歷史的不同階段。耶穌不是上帝，而是上帝和人之間的中介者

（mediator）——是在心理和道德上的，而不是在存有上的（意思是並非與上帝有同一本質）。耶穌的重要性是在於祂傳遞著上帝的臨在，雖然在這方面祂不是獨一無二的。

特洛爾奇相信每一個宗教都有其本身獨特的本質。因此，人不能使其他宗教更接近基督教。因著基督教是最普遍的和沒有直接聯繫到特定的文化或社會，所以基督教是最高的宗教；雖然如此，但它的信徒沒有權利令其他人「歸信」耶穌基督。每個宗教都有其本身對怎樣經驗上帝的獨特觀念，而且在宗教本身特定的處境中、按其本身的方式，它都是有效的。因此，特洛爾奇拒絕認為在耶穌裏面有絕對的啟示；他也拒絕關於道在歷史中成肉身的觀念。在現代版本的基督教中，罪、神蹟或救贖都沒有地位的。

宗教歷史學派因認為聖經和它附近的諸宗教之間有延續性，所以它既是對古典自由主義〔神學〕議程的批評，也是它的延續。一方面，對於自由主義〔神學〕渴望描繪一幅在歷史上可靠的耶穌畫像，它批評為天真和理性主義（idealism）。另一方面，宗教歷史學派和自由主義〔神學〕一樣，都相信神性和人性之間有延續性，雖然兩者有不同的強調。基督論研究其後的發展所強調的正好與之相反：人和上帝／基督之間並沒有延續性，以及人無力認識關於神性的任何事物，除非超越的上帝在基督裏顯明祂自己。這就是新正統主義（neo-orthodoxy）和巴特（Karl Barth）的強調；我們會在第三部分研究巴特。

不過，對原本追尋所作那致命的一擊，並沒有結束人對歷史耶穌的追尋。它在二十世紀中期得到復興，雖然它帶著十分不同的議程。

・那追尋的一些近期發展・

新的追尋

一九五〇年代，布特曼（Rudolf Bultmann）的學生蓋士曼（Ernst Käsemann）開始對歷史耶穌作新的追尋，他想修訂原本追尋的議程。蓋士曼相信，撰寫耶穌的傳記，正如原本追尋所希望的那樣，是不可能的；但他也不贊成布特曼和其他人的見解——他們認為耶穌地上生命的歷史細節，是比信仰中的基督為次要的（這個見解與原本追尋剛好相反的）。
106 不過，蓋士曼相信，耶穌公開生活的主要內容是可以被重構的；一些我們可以找到的來源，對於耶穌的生命和教導，給出了一幅足夠清楚的圖畫。

再一次，歷史對宣講（*kērygma*）——使徒對藉著耶穌基督而得的拯救所作的宣告——的重要性完全得到承認。雖然福音書的作者是神學家，但他們相信自己已接觸了一些可靠的歷史資料。以這認信為基礎，我們可以假設，關於耶穌的宣講（preaching about Jesus）和關於耶穌的資料（information about Jesus）之間是有延續性的。再者，關於耶穌的宣講是歷史耶穌的惟一來源。蓋士曼的同事艾伯靈（Gerhard Ebeling）同樣主張，如果人們顯示出基督論在歷史耶穌中沒有根據，它只是對耶穌的錯誤詮釋，那麼基督論那整個觀念便會受到破壞。換句話說，要認信基督，我們便需要對歷史中的耶穌有認識。

第三次追尋

第三次追尋的將來仍有待發現；它確信相比起較早前的追尋所發現或承認的，人對耶穌可以知道更多，但除此以外還有沒有共同的議程，這仍然是未知的。雖然我們不容易對追尋的這個最新階段提出共同的「結果」，但我們可以說，大部分參加者都確信，耶穌不是自由新教（liberal Protestantism）的耶穌，也不是新追尋的耶穌。相反，祂是一位歷史人物，祂的生命和行動植根於一世紀的猶太教，具有它獨特的宗教、社會、經濟和政治條件。

人們把第三個追尋區分了三個主要的類別：徹底的、保守的和「新視角的」（new perspective）。研究耶穌那最徹底的進路是以美國的耶穌研討會（Jesus Seminar）為代表的。它企圖在新約和正典以外的記述中，檢視關於耶穌話語的傳統那些不同的層面，藉以找出那能決定耶穌實際是誰的有效基礎。耶穌研討會以它一系列耶穌話語的紅字版本而著稱，例如一九八八年出版的《耶穌的比喻》（*The Parables of Jesus*）。這特定的學術共識使用了不同的顏色來傳達它的意見：哪些話最有可能來自耶穌自己的（紅色）。

保守傳統以英國學者慕爾（C. F. D. Moule）和他的《基督論的起源》（*Origin of Christology*）[4] 為代表。慕爾批評演化過程（evolutionary process）這個觀念；好像宗教歷史學派那樣，演化過程的觀念將被人認信為神聖人物的基督，聯繫到周圍神話般的和祕密的宗教。慕爾反而相信，歷史的耶穌變成信仰所認信的基督，這個發展過程可以追溯到耶穌自 107
己，而這過程是合法的。在這方面，慕爾提出證據，顯示出人子、上帝的兒子、基督和主這些稱號都是聯繫到歷史的耶穌，而祂對它們並不感到陌生。換句話說，新約的稱號並非後期對耶穌的詮釋，而是植根於耶穌自己的生命和話語之中

4　C. F. D. Moule, *Origin of Christology*（Cambridge: Cambridge University Press, 1977）.

的。同一原則也適用於保羅的基督論發展。

第三次追尋那最獨特的取向被稱為「新視角的」，它尋求將耶穌置於猶太教的宗教、社會、經濟和政治世界這個背景底下。它提出好些問題，如「為甚麼耶穌挑動這樣反對猶太人政治和宗教建制的行動」。幾位猶太學者，包括布伯（Martin Buber）和蒙蒂菲奧里（J. C. G. Montefiore）在這裏加入這追尋之中。同樣，幾位非猶太學者，例如理奇斯（John K. Riches）和他的《耶穌和猶太教的轉化》（*Jesus and the Transformation of Judaism*），[5] 嘗試檢視耶穌事件的猶太背景和條件。

第三次追尋特別感興趣的是耶穌與政治的關係，特別是祂與祂那個時代的革命運動的關係。例如：有人提出，耶穌同情奮銳黨運動（這是一個激進的民族主義運動）的目標，但這些同情卻被福音書的作者所淡化了。不過，這個建議受到大部分學者所反對。

神蹟這個主題自歷史耶穌的原本追尋開始，已經被討論，但在近幾十年這主題已成了熱烈辯論的主題。最徹底的立場主張，神蹟的故事指出耶穌是一位行法術的人，而福音書則刻意模糊了這事實。在美國教書的英國神學家布朗（Colin Brown）回應了這個宣稱，也回應了相關的懷疑，即認為神蹟故事只是較後期的傳統在「神聖的人」（divine man；被假定會施行神蹟的）這個希臘化觀念的影響底下被加插進去的。根據布朗，福音書提出了兩種互相矛盾的神學，一種是福音書作者的，另一種是猶太當權者的。根據福音書作者的神學，耶穌這位基督是按照舊約的期望而受聖靈膏抹

5 John K. Riches, *Jesus and the Transformation of Judaism* (1980; reprint, New York, NY: Seabury Press, 1982).

和充權的。相反，猶太當權者的神學以舊約律法為基礎，按
照關於提防假先知的警告（特別是申命記十三章，那裏警告
人們要提防行神蹟的假先知，他們會因行神蹟而帶領百姓入
歧途）來詮釋耶穌的神蹟和宣稱。耶穌的神蹟因此被人以不
同的方式理解，這視乎人是相信福音書的作者還是猶太當權
者。對耶穌的追隨者來說，神蹟是一些記號，指向在基督的 108
位格和工作中上帝那將要來的國度。

歷史——和神學的學術研究——的其中一個諷刺是，當每個人都以為歷史耶穌的追尋已經成了歷史中的一章——本身是有趣的但卻被證實是不可能的——時，新一浪的探究在一九五〇年代出現。之後接著的是另一個浪潮——第三次追尋——那前所未有的熱誠。雖然在這些不同階段中有徹底的、不可調和的分別——我們幾乎要質疑在辭彙上將它們聯繫起來是否明智——但它們都分享同一個渴望：對兩千年來教會和神學對基督論的建構提出質疑。第三次追尋仍然充滿活力，而且是恰當的，我們希望參與其中的人會開始更廣泛地與系統神學展開對話。

第三部

當代世界中的基督：西方基督論

Christ in the Contemporary World: Western Christologies

本書的第三部分用來介紹在二十世紀期間，那些基於上面所研究過的歷史發展和聖經發展而產生出來不同的基督論詮釋。在基督教神學歷史中，二十世紀比任何其他世紀都產生了更多的基督論詮釋。關於這個主題，那些不斷出現的新專著和文章，令人無法跟得上所有發展。不過，對好像本書這樣的基本探究來說，選取一些進路來討論就已經足夠了。

關於近年像馬賽克般的多種西方基督論，這裏所採取的進路是會研究十位神學家，他們就基督論已作廣泛的論述。選擇這些神學家，是考慮到他們在神學、教會和普世的代表性。從二十世紀初選了三位神學家，就是巴特（Karl Barth）、布特曼（Rudolf Bultmann）和田立克（Paul

Tillich）。選擇他們是因為他們體現了神學在歷史耶穌的追尋之後所採取的不同路線，而且他們為大部分較後期的人物鋪路。這研究所選取的其他神學家代表著主要的基督教傳統：東正教（薛斯奧拿〔John Zizioulas〕）、羅馬天主教（拉納〔Karl Rahner〕）、不同傳統的新教教會（改革宗：莫特曼〔Jürgen Moltmann〕；信義宗：潘寧博〔Wolfhart Pannenberg〕）和較
110 新的新教教會（重洗派：克勞斯〔Norman Kraus〕；浸信會：葛倫斯〔Stanley Grenz〕）。希克（John Hick）雖然代表著主流的傳統（聖公宗），但他卻以其多元論來質疑大部分的主流神學。這個研究惟一沒有包括在內的主要基督教傳統就是五旬宗，原因只是仍未有一特定的五旬宗基督論出現。

不過，在此提出一個限定的評論是適當的：雖然就教會論的和普世的多樣性來說，這個研究是具代表性的，但這並不是重點。每位挑選出來作更仔細地考察的神學家，都以獨特的方式來代表他的傳統。潘寧博當然是信義宗的神學家，但他那廣泛的普世態度，以及其對信義宗傳統所作的自我批判，都令他只能勉強是一位典型的信義宗神學家。同樣原理也適用於其他神學家。例如：薛斯奧拿同時是他自己那傳統——東正教——的闡釋者和批評者。此外，葛倫斯被選上，不是因為他是浸信會會友，而是因為他代表著一個往往被稱為福音主義（evangelicalism）的神學運動。這個跨宗派進路擁有獨特的認信，是有別於如田立克的自由主義〔神學〕（liberalism）和布特曼的存存主義（existentialism）的。

11

巴特
辯證基督論

Karl Barth
Dialectical Christology

·「聖潔的他者」的神學·

巴特（Karl Barth）被推崇為二十世紀的教會教父，他無疑是現代基督教神學其中一把最重要的聲音。他將其批判指向那些自由派的老師——他曾在他們的影響下接受神學訓練。他相信自由主義〔神學〕（liberalism）的主要問題是，它把上帝和人之間那徹底的界限模糊了，令宗教成為這個世界的事物：

> 言說上帝，意指言說人，這無疑是崇高的音調，但卻……關乎人的信仰和工作。毫無疑問，人類被放大了，卻損害了上帝——這位上帝是至高的他者，是與人類相對的……這位上帝是在祂自己所開展的歷史中，在由祂所統治的對話中的自由伙伴——這位神聖的上帝有被化約為敬虔觀念的危險：人類興奮的神祕表達和象

> 徵，在它自己心靈的高度或深度之間搖擺，它的真理只能夠是獨白和它自己能夠掌握的內容。[1]

112 巴特譴責自由神學（liberal theology）太專注於人類身上，以「由下而上」的進路取代了傳統神學那「由上而下」的出發點。巴特與自由神學決裂的背景，主要有兩個來源。首先，他所接受的自由神學，對於他在瑞士鄉村一間細小教會裏每星期的宣講任務，是沒有幫助的。結果，他將時間專注在仔細、刻苦地研究聖經之上；後來，當他撰寫那重要的十三卷《教會教義學》（*Church Dogmatics*；1932 ~ 1967 年）時，他在神學討論中包括了大量詳細的釋經。單單對約翰福音一章 14 節這節關鍵經文，他便用了超過四十頁來解釋！第二，他因為自由神學的老師們在一九一四年同情德國的戰爭領袖而感到震驚，他認為，這是因為自由主義〔神學〕不能區分此世和超越的議程而產生的另一個結果。

巴特神學框架的起點是他的註釋書《羅馬書釋義》（*The Epistle to the Romans*）。這本書最初在一九一八年出版，四年後經全面修訂。在那本著作裏，他提出一個被稱為「新正統主義」（neo-orthodoxy）、「辯證神學」（dialectical theology）或「危機神學」（theology of crisis）的大綱。這神學延續了古典正統（classical orthodoxy）在信經、教父神學及其他啟蒙運動前的神學中的基本認信，例如基督的神性和神聖啟示；因此，它與自由主義〔神學〕相反。同時它又是**新的**（neo-），是正統信念的修改，例如揀選的教義和聖經為上帝的道。它的特點是主張在上帝的他性（otherness）和人類之

1 Karl Barth, "The Humanity of God," in *Karl Barth: Theologian of Freedom*, ed. Clifford Green（London: Collins, 1979）, 48.

間的明確辯證，以及除了上帝的自我啟示外，人類不可能對上帝有任何認識；諸如此類。在這辯證神學中，上帝和世界形成對立面，正如啟示和宗教。基督教不是代表著一個主張人類能獨立地尋求上帝的宗教；相反，基督教是上帝在耶穌基督裏的自我啟示。這種神學被稱為危機神學，因為它描述了，人類如果沒有上帝在基督裏的至高揀選和救贖，便是完全絕望的。巴特的神學在現代世界兩次主要危機——第一和第二次世界大戰——期間寫成，反映了那些動亂時期的不確定性。

對巴特來說，上帝完全是他者。人類和上帝之間沒有接觸點——除了上帝所創造的接觸點，也就是耶穌基督的位格以外。上帝相對於人類和人類的一切，兩者之間有著無限的質的區別（infinite qualitative distinction），而且祂永遠都不能與我們所稱為神或當為神來敬拜的任何事物等同。巴特把這全然他者的上帝描述為完全的神聖之愛和神聖之自由。上帝愛的自由表示上帝的愛不是必然的，除非祂自由地選擇去愛。我們也可以這樣言說上帝的自由；那是完全自由的。上帝無限的愛和自由在耶穌基督裏相遇；基督確立了愛的約，作為我們得著拯救的基礎。

和布特曼（Rudolf Bultmann）、史懷哲（Albert 113
Schweitzer）、韋斯（Johannes Weiss）和其他人一起，巴特提出理由以支持新約和耶穌的傳道那強烈的終末定向。他認為，基督教如果並非「完全和全然是終末論的，它便完全和全然與基督無關了」。[2]

2 引自 Alister E. McGrath, *The Making of Modern German Christology 1750～1990*, 2nd ed.（Grand Rapids, MI: Zondervan, 1994）, 128。

・三一中的基督・

說巴特的神學完全以基督為中心，這並不是要貶低他那系統中同樣徹底的三一取向。巴特的神學是本真地圍繞著三一的原則來構成的。拯救歷史的整個全貌是從三一的立場來觀看的。因此，他的出發點不是耶穌在道成肉身中的簡短歷史，而是祂以作為三一中第二個位格的先存基督、在永恆中的歷史。

對巴特來說，三一是那令上帝的教義獨特地為基督教的教義。「三一的教義基本上將基督教的上帝教義區別為基督教的，因此，它已將基督教的啟示觀念區別為基督教的，相對於所有其他可能的上帝教義或啟示的觀念而言的。」[3]「聖經中自我啟示的上帝是誰？」對於這個問題，惟一可能的基督教回答便是三一的教義。上帝的啟示就是上帝自己。上帝是啟示自己之所是的那一位。因此，耶穌基督與上帝同等。「耶穌基督的實在就是上帝在位格中自己積極地在肉身中臨在。上帝在位格中的自己就是一個真人和行動的主體。」[4]

古典神學自由地使用**位格**（person）這個詞來指涉三一的三位成員，但巴特卻沒有這樣做。他認為，**位格**這個現代詞語和較早時的用法十分不同，所以會引致混亂。現代對**位格**這個詞的使用，意味著所存在的三一的三個不同成員，各有自己的意志和思想。巴特寧願使用「存有形式」（mode of Being；來自德語"*Seinsweise*"）這個詞。上帝只有一個位格性（personality），因此關於三個位格的言說，是違反這原則的。巴特指出，如果基督是獨特的位格，祂便不可能身為上

3 Karl Barth, *Church Dogmatics*, vol. 1, part 1 (Edinburgh: T & T Clark, 1975), 301.

4 Karl Barth, *Church Dogmatics*, vol. 1, part 2 (Edinburgh: T & T Clark, 1956), 151.

帝的自我啟示來行動。

‧基督人性的含混本質‧

巴特在接受耶穌基督的神性方面沒有困難。對他來說，基督的位格那更富挑戰性的方面是基督人性的意義和價值。巴特指出新約總是假設耶穌有真正的人性，祂在質方面有別 114
於所有其他的人。在祂成為肉身前，耶穌是上帝的兒子，生來就是上帝。不過，由於祂是上帝，祂以一個有別於所有其他人的方式而為人。耶穌基督身為上帝，祂可以以絕對的方式行動，也可以以一個有限的方式行動。祂取得一個屬世的形式，但又沒有放棄祂那神聖的形式。巴特向我們保證，上帝沒有在道成肉身中停止作為上帝。耶穌只有在作為上帝的兒子的情況下，才本真地是人。子並沒有因為成為人而放棄成為上帝，但同時身為人的祂又不是全能和永恆的，而是受限於時空。道成肉身讓我們看到，對上帝來說，被降卑和被高升都同樣是自然的。

而且，耶穌不單一般地取了人類的地位。首先，祂承擔了當時猶太人的血肉，更甚的是祂承擔了有罪的人類的血肉。藉著這樣做，基督令自己成為上帝審判的目標，但那審判本來是屬於我們的。關於路加福音中那個熟悉的浪子故事，巴特談論到子「前往遙遠的外國」的旅程。基督身為順服的兒子，祂成了眾人的奴僕。巴特總是提醒我們，雖然耶穌基督那完全和本真的人性是沒有疑問的，但新約所描述的這位真正人類在質方面是有別於所有其他人的。

在考慮到基督的人性時，巴特大大得益於祁克果（Søren Kierkegaard）這位具有高度原創性的丹麥思想家的思想。祁克果主張，那真正與耶穌同代的人，不是耶穌在歷史上的同代人，而是現代的信徒。對祁克果來說，成為一位見證人，並沒有甚麼特別；畢竟，大部分人都未曾領會到耶穌的重要性，即使他們看見了神蹟，聽見了祂的教導中那非凡的智慧。這就是祁克果所說的「神聖的隱姓埋名」(divine incognito)，即基督的神性徹底地隱藏在人類之中。祁克果也把「真理是主體性」(truth is subjectivity)教導給巴特，他將趨向上帝和耶穌基督的「客體」(objective；編按：或譯「客觀的」)進路與「主體」(subjective；編按：或譯「主觀的」)進路作對比。在客體進路中，上帝和基督被視為客體，是需要人以智性和科學來掌握的事實。在主體進路中，祂們以存在主義的方式(existentially)被看待，知者(knower)和被知者(known)之間的關係是帶有熱誠的，而不是外在觀察者的關係。對祁克果來說，基督教信仰和對基督的知識是關乎內在挪用的問題。「如果基督教是一個教義，那麼人與它的關係便不是信仰的關係，因為與教義只有智性上的關係。」[5]

在某種意義來說，我們需要說，對巴特而言，基督的人
115 性並不是問題，它本身也沒有甚麼重要。他同意其他新正統主義的思想家和布特曼的見解，他認為，關於歷史的耶穌，我們很難找到任何在歷史上有效的資料，而即使我們可以找到這樣的資料，它也不會有多大幫助。對想將信置於基督裏的人來說，基督那地上生命的細節並不重要。畢竟，耶穌的人類生命，祂所做的和所教導的，都不是上帝啟示的主要焦點。相反，對巴特來說，我們透過運用歷史方法所取得的那

5 Søren Kierkegaard, *Concluding Unscientific Postscript to the "Philosophical Fragments,"* ed. and trans. Howard V. Hong and Edna H. Hong (Princeton, NJ: Princeton University Press, 1977), 326.

些關於耶穌的資料，只會隱藏祂的神性而非揭示之。在與其老師哈納克那著名的通信中，巴特甚至提出，探究歷史耶穌所得到那貧乏的結果，可以拆毀一個誘使信仰在其中尋求虛假支持的地方，從而弔詭地達到一個良好的目的。這與巴特的啟示觀相一致：聖經的話語和事件本身不是啟示，除非上帝與閱讀或聆聽道的人於相遇中顯明祂自己。巴特完全不受萊辛（Gotthold E. Lessing）所提出的那「醜陋的鴻溝」——現代與福音故事的時代之間那歷史性和存在性的距離——而困擾。對他來說，發生在基督身上的事情，對人類有長久的、一勞永逸的意義。我們怎知道？我們怎可以肯定一件發生在多個世紀以前的事件有這種意義？再次，巴特顯得是一位信仰主義者（fideist）。他直率地說我們必須從教會的見證，並最終從聖經的見證，而接受基督的死亡和復活的意義。

巴特反對某些護教者的論述，他們嘗試根據耶穌的神蹟和超凡的生命來論證基督是真正神聖的。他認為，即使耶穌的整個傳記可以基於最可靠的歷史資料而被寫成，但那努力也只會隱藏基督的真正神性，而不是令這神性顯明。這在耶穌在生時已經發生：祂行的神蹟愈多，祂遇到的反對便會愈多。「血肉」永遠不能向彼得——基督其中一個最親密的門徒——揭示出祂真正的彌賽亞身分。

・中介・

巴特的神學以基督為中心，他視之為聖經的強調：

> 當聖經談到上帝時，它將我們的注意力和思想集中在一點上……如果我們更仔細地觀看和發問：我們的注意力

> 和思想集中在這一點上，我們要視之為上帝的是誰和是甚麼？……那麼從開始到終結，聖經都將我們指向耶穌基督這個名字。[6]

116 在天主教中詮釋巴特的人巴爾塔薩（Hans Urs von Balthasar），描述巴特的神學為智性的沙漏，「在那裏上帝和人透過耶穌基督在中間相遇。沙漏的頂部和底部沒有其他相遇的點」。[7] 另一個詮釋巴特的人麥格夫（Alister E. McGrath）說：「《教會教義學》中的每個神學命題都可以被視為基督論式的，意指它以耶穌基督為出發點。」[8]

基督身為超越的上帝和人類之間的中介，這個角色在基督身為啟示及復和的踐行者（agent）這雙重角色中成為焦點。藉著道成肉身，上帝和人聯合起來。在祂的神性中，耶穌向人類代表著上帝；在祂的人性中，耶穌向上帝代表著人類。藉著道成肉身，人類可以參與在約之中，這約是上帝答應自己要立的。在這約中，上帝透過基督，並在基督裏代表人類而行動。

啟示只有藉著基督作中介的身分，才成為可能。阿奎那（Thomas Aquinas）和其他中世紀神學家以其「存有的類比」（analogy of being）這個觀念來假設，對上帝的知識是人類經驗或人類本性中固有的能力；換句話說，他們假設，創造和創造主之間是有類比的。巴特拒絕這個觀念，並提出「信仰的類比」（analogy of faith）這個原則：對上帝的知識和相信

6 Karl Barth, *Church Dogmatics*, vol. 2, part 2（Edinburgh: T & T Clark, 1957）, 52～54.

7 Hans Urs von Balthasar, *The Theology of Karl Barth*（New York, NY: Holt, Rinehart & Winston, 1971）, 170.

8 McGrath, *The Making of Modern German Christology*, 131.

之所以可能，只是因為上帝仁慈地在耶穌基督——同時是上帝和人——裏將它賜給他們。我們要不是擁有這些知識和信仰，就是沒有擁有。每次人嘗試要證明對上帝的知識和/或信仰時，那都幾乎是偶像崇拜。這個觀點是「信仰主義」（來自拉丁語，其意思是「信仰」），即在追尋宗教真理上是倚靠信心而不是理性。信仰需要信心盲目的跳躍。

耶穌基督是上帝最終和終極的啟示，也是啟示的焦點。上帝的道以三個相關的形式出現：在基督的位格中；在成文的道中，即在聖經中；在傳講的道中。聖經本身不是上帝的道，而是在上帝和人相遇時上帝使它在某程度上成為上帝的道。上帝的道是一件事件而不是教義的傳達。聖經是一個見證，因為它指向自己以外的另一位，即指向耶穌基督。耶穌基督在人類歷史中的事件，令認識上帝這個神蹟變得可能。在啟示的過程中，耶穌基督啟示祂自己，而不是啟示關於祂自己的資料。因此，聖經最終的權威在於基督的位格。

對巴特來說，耶穌站在上帝和人中間，成為帶來救贖和
拯救的中介。祂成為人而為我們代求。透過祂的受苦和死
亡，祂重新確立上帝和人之間的約，那約已經不單被首對人 117
類破壞了，也被我們所有人破壞了。身為上帝的兒子，祂有
權柄實行這代替的行動，並容許祂的死亡。

・身為揀選的上帝和蒙揀選的人・

> 關於耶穌基督，我們最肯定和確實知道的是：因自由地順服祂的父，祂選擇成為人，而身為人，祂選擇實行上帝的旨意。如果上帝也揀選我們，那揀選便是在對耶穌基督的揀選之中，並且是因著對耶穌基督的揀選而有

> 的。……在祂裏面，永恆的揀選立即地和直接地變成我們自己所得的揀選的應許，正如在時間中所頒佈的。[9]

巴特神學的基督中心性（Christ-centeredness），也在巴特所設想的揀選中變得十分鮮明；這基督中心性是祂一般的神學——尤其是基督論——的一個指導原則。根據改革宗的立場，上帝揀選了一些人得救，另一些人遭毀滅（雙重預定論〔double predestination〕）；與傳統的改革宗立場不同，巴特主張，上帝所有的揀選行動都集中在基督身上，而且只集中在祂身上。上帝的揀選並不適用於個人。巴特把加爾文（John Calvin）那改革宗的揀選教義，視為過分靜態和對聖經的錯誤陳述。聖經中談及揀選的經文（最重要的是羅馬書九章和以弗所書一章），都需要從基督論的角度來閱讀。當這樣做時，我們就是根據上帝啟示和代贖的工作，來闡述揀選和預定的教義。藉著差遣祂的兒子而成為具肉身的神人（God-man），上帝啟示祂那要拯救男人和女人、而不是拒絕他們的旨意。道成肉身證明上帝是為人類的，而不是反對他們。

惟一被上帝揀選的人便是耶穌基督這個人。這是巴特對傳統的揀選觀念所作的主要修改。上帝的永恆旨意是在耶穌基督的永恆揀選中得著實現的。除了在耶穌基督裏和對祂的揀選以外，上帝沒有其他的旨意，也沒有其他不變的「天命」（decree；古典神學的一個專門術語，意思是上帝要揀選的預定旨意）。上帝並不是受制於決定論式的、不變的天命；相反，上帝好像一位有「神聖可變性」（holy mutability）的君王，絕對有自由去實現祂拯救所有人的目的。

9　Barth, *Church Dogmatics*, 2.2:105 ~ 106.

耶穌基督身為上帝揀選的焦點，祂不單作為個人而行
動，也作為人類的代表而行動。在祂裏面，整個人類都已蒙
揀選得拯救。但巴特更進一步。耶穌基督不單是惟一蒙揀
選的人，祂也同時是實行揀選的上帝。這是巴特版本的雙重
預定：耶穌基督在祂身為蒙揀選的人和實行揀選的上帝這雙
重身分中行動。因此，巴特完全改變了雙重預定論的古典觀 118
念——根據後者這個觀念，有些人蒙揀選得救，另一些則蒙
揀選被定罪。

身為整個人類的代表，基督已自由地作選擇，不單成為人，而且為我們成為人；祂選擇了那本應屬於我們的「譴責、地獄和死亡」。[10] 祂自願地選擇被人類拒絕和被釘在十字架上。因此，上帝揀選了基督去完全背負救贖的痛苦和代價。上帝選擇接受十字架和墮落了的人類的命途。而且，上帝揀選基督去將我們的審判取去。基督被拒絕，以致我們不會被拒絕。在預定中那否定的一面，本來應該屬於我們的，但它卻被指向基督。

巴特沒有就個體而言說雙重預定，而是用了「普遍揀選」(universal election)這個詞。所有人類都被包括在上帝對耶穌基督的揀選中。由於基督在十字架上為了我們的罪而被定罪，之後再沒有其他定罪。不過，並非每個人都活著好像蒙了揀選那樣，但蒙揀選的羣體，也就是教會，有責任宣告，個人「永遠屬於耶穌基督，不被拒絕，而是由上帝在耶穌基督裏所揀選的」，而且「他因為自己錯誤的選擇而所應該承受的拒絕，則由耶穌基督來承受和得以取消了；他根據那公義的、神聖的決定而得到與上帝一起的永恆生命」。[11]

10 Barth, *Church Dogmatics*, 2.2:163.

11 Barth, *Church Dogmatics*, 2.2:306.

因此，有些人知道他們是蒙揀選的，而其他人則仍未知道這點。前者已經根據蒙揀選而生活，後者則仍然好像未蒙揀選那樣生活。根據拯救的教義，所要表達的意思在巴特的研究中，是一個富爭議的問題，也是我們不能在這裏辯論的。不過，清楚的是巴特要不是一位普救論者（universalist；認為所有人都會得救），至少也是一位有強烈的普救論傾向的人。另一位新正統主義神學家卜仁納（Emil Brunner）對巴特觀點作出評估，這評估令人對巴特在基督裏蒙揀選的教義所採取的主要定向，再沒有多少疑問：

> 「耶穌是惟一真正被拒絕的人」，這句話對人類的狀況有甚麼意思？很明顯是：定罪已是沒有可能的……那決定已經在耶穌基督裏作出了——是為了所有人類的。無論他們是否知道，是否相信，都不是那麼重要。他們好像那些似乎要在風暴中滅亡的人。但事實上，他們不是在那可能淹死的海中，而是在淺水中，人不可能淹死。只是他們並不知道。[12]

12 Emil Brunner, *The Christian Doctrine of God*（London: Lutterworth Press, 1949）, 348 ~ 349.

12

布特曼
神話基督論
Rudolf Bultmann
Mythological Christology

・研究福音和耶穌的新進路・

令布特曼（Rudolf Bultmann）這個人物和他的思想那麼迷人的原因，是他從多個不同來源提取資源，特別是新正統主義（neo-orthodoxy）、存在主義（existentialism）——尤其是海德格（Martin Heidegger）——和自由主義〔神學〕（liberalism）；雖然他視自己為自由主義〔神學〕的批評者。布特曼和巴特（Karl Barth）是同代人，他既得益於巴特的觀念，也對他的觀念作出批評。還有一點很有趣的，布特曼和這一部分討論的其他基督論學者不同，他並不是一位系統神學家，而是一位新約學者。不過，他的觀念對系統神學而言，已是重要的。他對神學的其中一個主要貢獻是，他拒絕將釋經與建構性神學（constructive theology）分開。

布特曼需要應付自由主義〔神學〕那歷史耶穌的追尋在瓦解後的餘波，但他是按照快速發展的新約方法論而這樣做的。布特曼是其中一位主要學者，締造出一種研究福音書的新進路；這種新進路是形式鑑別學（form criticism）。形式鑑別學的基本觀點是，福音書中故事的框架是作者為了自己特定的目的而創造出來的，因此福音書對歷史探究的幫助，不及對神學詮釋的幫助那麼大。布特曼想詳細分析那些藏在福音書背後、由基督徒羣體所模塑的傳統。他得出的結論是，
120 福音書所講述關於耶穌和祂生平的事情，與初期教會的“*Sitz im Leben*”——生命狀況——的關聯，大於與耶穌的歷史生命的關聯。例如：很多被認為屬於耶穌的話，其實是祂的追隨者的神學詮釋。

布特曼也延續了宗教歷史學派（History of Religious School）的悠久傳統；這學派主張，新約很多主要觀念都可以追溯到非猶太的來源。換句話說，新約的觀念可以歸因於周圍國家同時代的宗教和神話，例如埃及的神祕主義（mysticism）、希臘的哲學、不同的神祕宗教；諸如此類。「主」這個在新約中用於耶穌身上的稱號，便是這種借用材料的一個例子。

根據形式鑑別學，以及因他對歷史耶穌那原來的追尋感到失望，布特曼與客勒爾（Martin Kähler）產生共鳴。客勒爾懷疑，關於耶穌的生平，我們有沒有可能取得在歷史上有效的資料；他更進而宣稱，即使我們能夠取得這些資料，它們也不能在相信基督這方面幫助我們。不過，對布特曼來說，這樣缺乏關於歷史耶穌的知識，對基督教信仰並不是一個損傷。信仰的中心不是耶穌的歷史，而是新約的宣講（*kērygma*）。布特曼認為，這是新約本身的進路：新約所關心的不是耶穌生平的事實，而是信仰的認信。信仰不是關於歷史事實的知識，而是個人對基督的委身。

布特曼也從客勒爾借用了一個在術語上的重要區分，這區分涉及對歷史的兩個觀點，最好用兩個原本為德語的詞語來說明：歷史（*Historie*）和故事（*Geschichte*）。歷史，表示過去事件之所是；故事，指過去事件對我們今天生活的意義和適切性。例如：關於耶穌的復活，根據布特曼，在門徒的思想和心中，從故事這個意義上說，它是具「歷史性的」(historical)，但卻沒有在真實的歷史(*Historie*)中發生。

・透過神話的鏡片看耶穌・

布特曼使用了史特勞斯(David F. Strauss)在一個世紀前所建立的神話觀念，以作為新約詮釋的主要工具。人在明白他的觀點上有困難，是因為布特曼從沒有一致地給**神話**(myth)下定義，並頗為鬆散地使用這個類別。但對於研究新約中的基督，他的整體取向可以頗為可靠地被勾劃出來，即使他的神話概念有點含混。

布特曼的神話概念比史特勞斯的廣闊得多。神話不單是神蹟或關於神蹟的故事(正如史特勞斯那樣)，而是整體實在(reality)被構想的方法。神話是在科學發展以前將實在觀念
化的方法。它是將影響和決定人類存在(existence)的力量客 121
體化的原始方法，因此它傳遞著關於這存在的洞見。把一個故事稱為神話，並非表示那故事不真實，相反，這是用此世的辭彙來描述超越的實在的方式。

當然，神話的這個定義表示現代比聖經文化優越，聖經文化有的是「原始的」(primitive)和「未經發展的」(underdeveloped)世界觀。事實上，布特曼在其經常為人引用的話中清楚表明這點：「我們不可能一方面使用電燈和無

線電，並利用現代醫學和外科發現，但同時又相信新約內鬼魔和諸靈的世界。」[1] 對於古人視宇宙為具有三層的結構，地上和天上之間有不斷的來往交通，布特曼覺得這是古怪的看法。古人傾向將疾病和精神錯亂，歸因於鬼魔的活動，這也屬於原始的看法。

但關於新約的研究，我們要留意的重要事情是，雖然這種神話式的世界觀早已被遺忘了，但在接觸聖經中關於耶穌的敘事時，我們不能也不應該忽視或排除它。和史懷哲（Albert Schweitzer）一樣，布特曼肯定耶穌信息那徹底終末的取向。他批評自由主義〔神學〕那嘗試除去天啟主義和其他神話元素的進路。最重要的神話是終末性的：透過神聖的介入而引向受審判或得獎賞，世界即將終結。

正如鄧恩（James D. G. Dunn）適當地指出的，在布特曼的著作中有一個隱藏的護教主題；除了神話元素外，他想以一個仍然有意義的方式，向現代男女傳遞耶穌的敘事。但在這護教中，布特曼是他自己時代——二十世紀上半部——的產物：

> 很明顯，他〔布特曼〕以不加批判的方式分享了前愛因斯坦物理學（pre-Einsteinian physics）的假設，並且他認為，宇宙是封閉的和連續的因果，早晚會將它所有的秘密屈從於科學探究那要征服一切的進展中。但他稱古代世界觀為神話，這不單反映出現代對原始的輕視；它也是將神話從科學化和客觀的領域中除去的方式。如果福音的神蹟不是關於患病和醫治的科學化描述的話，它們

1 Rudolf Bultmann, "The New Testament and Mythology," in *Kerygma and Myth*, ed. H. W. Bartsch（London: SPCK, 1953）, 5（布特曼的文章最初見於一九四一年）。

> 便是關於其他事情，一些**不是**易受客觀分析或科學簡化所責難的事情。因此，布特曼的努力是要針對闡述這「其他事物」。[2]

這帶領我們來到布特曼那最著名的概念：「去神話化」 122
（demythologization；德語詞“*Entmythologisierung*”的英語化，其意思是「脫去神話」）的企劃。「去神話化」並不表示按自由主義〔神學〕的精神那樣除去福音中的神話表達，彷彿這樣會讓人「純粹」看到發生了甚麼事及耶穌是誰。不，這會令福音再次受到科學化的詳細觀察。更糟的是，這會錯失了神話的本質和功用，對福音的文學特性作不充分的了解。「去神話化是關乎再次經驗福音，並以今天那概念化的做法，重新表達那相遇，但在過程中福音從不成為單單的客體。」[3] 與自由主義〔神學〕不同，布特曼的進路並非表示要除去神話，而是重新詮釋神話。布特曼指出，藉著除去神話，我們往往除去了新約的中心信息。

去神話化的目的是存在主義地再詮釋神話。這裏的一個例子是耶穌所傳講的末時神話。雖然世界沒有來到終結，但那神話仍然是「真」的，因為它指向此時此地的人類存在——事實上，人類必須面對自己會死亡的現實，因而被迫作出存在主義式的決定。同樣，「審判」不是關乎將來的事情，而是關於我們現在自己審判自己的事件。

對布特曼來說，在去神話化的幫助下，現代人可以理解新約的信息。這種去神話化已經在約翰福音中發生；那書中

2　James D. G. Dunn, “Myth,” in *Dictionary of Jesus and the Gospels*, ed. Joel B. Green and Scot McKnight（Downers Grove, IL: InterVarsity, 1992）, 567.

3　Dunn, “Myth,” 567.

教導說末時已經來到，永生已經在這裏，縱使世界繼續按常規發展。我們可以理解的是，布特曼重視約翰和保羅的著作，視之為新約最重要的部分，因為它們對耶穌地上的生活不感興趣，反而對祂生命給我們所帶來的重要性和意義感興趣。基督單在宣講（*kērygma*）中與我們相遇，我們不能超越宣講而取得關於耶穌的歷史知識。

在這個意義上，神話的概念對布特曼來說不是負面的，但對大部分人而言它卻是負面的。大部分人認為，由於歷史和神話之間存在衝突，所以神話表達著一些負面的事情，是一些沒有發生的事情。當然，在布特曼的神話概念中也有「沒有在真實的歷史發生」（not happening in real history）這個元素。例如：耶穌的神蹟沒有照字面地發生，耶穌的復活不是死人照字面般從死裏復蘇。但把布特曼的去神話化方案視為負面的，這仍然是一個很大的誤解。如果作為科學化學科的歷史，根據定義是受限於可觀察和可量度的範圍，那麼
123 我們需要其他東西，以談論那超越可觀察範圍的東西。和布特曼同代的語言哲學家維根斯坦（Ludwig Wittgenstein），在提出我們不能談論的事情（由於它超越科學語言的界限）或許比我們所能夠談論的事情更重要時，也是運用同樣的原則（雖然有著不同的議程）。

在談論那些於歷史和科學觀察的語言限制內不能被處理的事物時，神話是布特曼所使用的類別。因此，神話超越科學和歷史的限制。神話幫助我們聆聽福音和聖經其餘的部分那本來已經過時的、不能明白的語言。例如：言說神蹟，是歷史研究所不能想像的，但福音書的敘事卻包含了很多神蹟。如果除去神蹟，好像自由主義〔神學〕和啟蒙運動的取向那樣做，這對耶穌是誰和祂相信甚麼事情，會造成很大的詮

釋錯誤。神話能夠處理這種材料，而這種材料對福音來說是不可或缺的。

正如鄧恩指出，去神話化的議程雖然本身有很多困難和弱點，但它也包含了合法的「宣教」渴望——要將福音從一種文化傳達給另一種文化：

> 布特曼那去神話化的方案也保留一些有效性，至少在某程度上，它強調了從一個意義的文化和世界翻譯成另一個意義的文化和世界是具有困難的。翻譯福音書不單是關乎找出英語（或任何語言）中一些最接近原來希臘語的詞語和習語。那也是關乎（在講壇、查經小組及課堂中）在將實在觀念化而成當代經驗（包括宗教經驗）的表述這過程中，翻譯那些所表達出來的，以及所經驗到的東西。[4]

・人的存在與相信基督・

身為富創意、獨立的思想家，布特曼為其正在浮現的神學和基督論，借用不同來源的材料。存在主義哲學（existentialist philosophy），特別是由海德格所建立的形式，作出了重要的貢獻；布特曼相信，這哲學會幫助他以現代男女所能夠明白的方式傳遞基督教信仰。不久，他將他的基督教義調節以符合存在主義的精神，他甚至說：存在主義就是要反映新約的核心。布特曼自己清楚表達其與存在主義的聯繫，特別是與海德格的聯繫：「透過與海德格的討論而得知，存在哲學的工作對我已變得具有顯著的重要性。我在它裏面

4　Dunn, "Myth," 568.

找到一種概念思考，是能夠充分地談論人類的存在的，因此它也能夠談論信徒的存在。」[5]

124 存在主義集中分析人類的存在。相對於存在那「客體化」（objectivized）的觀點（它視人類為自然的一部分），存在主義以歷史性（historicity）的角度來看待特定的人類存在，以那些集中在每個作為個體（individual；透過個人的決定來決定其自己的存在）的人身上的概念，來看待特定的人類存在。對海德格來說，存在從不是集中在一般或普遍之上，而總是集中在個體和個人的。它是由個體所作的決定所模塑的。海德格在人類「存在」（具有自選目的、有意義的人類生命）和所有其他存在物的「現存」（extant；只是存在）之間，作出概念上的區分。

根據海德格，存在有兩種：「本真的存在」（authentic existence），在其中人們接受「被拋進」（being thrown）世界裏的挑戰，但要尋找生命的意義；「非本真的存在」（inauthentic existence），包括失去自我和世界之間的區分。對存在主義來說，人類既是主體又是客體，而不單是客體。同時，每個人類都是一個可能性，而不是一個先決的現實性（actuality）。如果一個人把握自己的潛力，結果就是本真的存在。

布特曼富創意地運用存在主義的概念，建構他的基督論和它對現代男女的意義。他認為，新約承認兩種人類存在的模式。第一種是「不信和得不到救贖」（unbelieving and unredeemed），他也稱之為非本真的存在；它的特點是有自足的錯覺，以及對可見和暫時的世界的依附。另一種存在模

5 Rudolf Bultmann, "Autobiographical Reflections," in *Existence and Faith: Short Writings of Rudolf Bultmann*, ed. Schubert M. Ogden (Cleveland, OH: Word, 1960), 288.

式是「相信和得救贖」(believing and redeemed)，換句話說是本真的。在這種模式中，人類知道，要達到人類受造的目標或目的，是不能靠他們自己的努力，而是要靠將他們的生命委身於相信基督。這反映出在海德格的世俗存在主義和布特曼的基督教版本之間的主要分別：對海德格來說，本真的存在是人類努力的結果；但對布特曼來說，那是有賴基督的。

身為信義宗神學家，布特曼為稱義(justification)這個標準信義宗觀念，提供了存在主義式的詮釋。他的目的是消滅那以善行，或以他所稱之為「客體化知識」(objectifying knowledge；據稱是無可爭議或事實的知識)為基礎的「對保障的所有渴望」(every longing for security)，並強調人類是「在真空中」(in a vacuum)的。只有透過完全委身於信仰(faith)，人類才能夠生存，因為信仰是上帝的恩賜和上帝的恩典。人類只能透聆聽新約的宣講，才可以擁有這信仰。[6]

布特曼接受耶穌被釘十字架為歷史事件，這是沒有任何困難，但他並不視之為上帝兒子那為要贖罪的行動。更重要
的是，他不相信耶穌按字面地從死裏復活。不過，對他來 125
說，耶穌基督的死亡和復活在存在上是重要的事件。

我們可以從布特曼怎樣理解上帝於基督裏的啟示而看得到新正統對他的影響。與古典神學不同(那神學主張上帝在基督裏那確定的自我啟示可以在聖經、上帝的道中被找到)，布特曼相信，歷史耶穌自己是上帝啟示的焦點。上帝的啟示在於個人與關於基督的傳道那現時的相遇。好像巴特(Karl Barth)一樣，布特曼認為聖經不是上帝的道，但是它有潛力成為上帝的道——如果在閱讀聖經及聆聽那以聖經為基礎的

6　Rudolf Bultmann, *Jesus Christ and Mythology* (New York, NY: Charles Scribner's Sons, 1958), 84.

講道時，人們與上帝相遇。那具界定性的是上帝在耶穌裏救贖的行動；但至於這是怎樣發生的，以及人們對它知道得有多少，布特曼都不關心，因為人相信基督，並不是倚靠歷史的。正如他說：「耶穌的信息是新約神學的前設，而不是那神學本身的一部分。」[7]

7 Rudolf Bultmann, *Theology of the New Testament*, vol. 1（New York, NY: Charles Scribner's Sons, 1951）, 3.

13

田立克
存在主義基督論

Paul Tillich
Existentialist Christology

・關聯的方法・

田立克（Paul Tillich）視自己為知識分子的使徒：「我整個神學工作是指向宗教符號的詮釋，藉以令世俗的人——而我們都是世俗的——可以明白和受它們感動。」[1] 和巴特（Karl Barth）不同，他致力於現代世俗哲學和基督教神學之間建立關聯（correlation）——如果那不是綜合（synthesis）的話。對田立克來說，神學的任務是「護教的」，意思不是為它的存在或特定任務辯護，而是為基督教信仰提出論點，讓現代男女可以明白它和將它聯繫到他們的需要。

我們不容易將田立克歸類，因為他是一位高度富原創性和創建的思想家。他有新正統的傾向；他曾接受自由主義〔神學〕（liberalisrn）晚期的學者訓練；他深受存在主義哲學

1 引自 D. MacKenzie Brown, ed., *Ultimate Concern: Tillich in Dialogue*（New York, NY: Harper & Row, 1956）, 88～89。

（existential philoscphy）影響。最能充分反映田立克的標籤是「新自由主義〔神學〕」（neo-liberalism）。好像田立克這樣的思想家，和新正統主義（neo-orthodoxy）一樣，都對古典自由主義〔神學〕作出批判，但他們會懷疑巴特和其他人是否太苛刻和一面倒的。或許新正統主義已過分著重上帝的超
127 越性，因為它害怕自由主義〔神學〕將上帝從天上拉低至人類的水平。田立克在二十世紀中期眾思想家中出類拔萃；這羣思想家不想回到新正統主義，更不要說回到正統信仰，他們只想修訂和更新古典自由主義〔神學〕的議程，同時又留意到哲學、社會科學和科學的進展。田立克最終選擇了存在主義作為他主要的對話伙伴，雖然他使自己脫離如沙特（Jean-Paul Sartre）和海德格（Martin Heidegger）等存在主義哲學家的很多基本原則；這些存在主義哲學家要不是無神論者（atheists），便是不可知論者（agnostics）。

我們可以最好把田立克那神學工作的方法描述為「關聯」。基本觀念很簡單：神學與哲學之間應該有相互的工作關係，哲學在這關係中提出適切的問題，而神學從基督教信仰的角度提供答案。田立克以問題和答案之間的關聯，來闡釋關聯的方法。關於他的方法，田立克說明：「哲學建構出那些人類存在所隱含的問題，而神學在那些人類存在所隱含的問題的引導下，建構出神聖自我彰顯所隱含的答案。」[2]他主要的神學著作，即三卷本的《系統神學》（*Systematic Theology*），其結構跟從這條路：首先是關於智性和文化處境的問題，接著是神學答案。我們可以理解的是，對田立克來說，理性（reason）並不抵抗啟示，反而是要求啟示的；啟

2 Paul Tillich, *Systematic Theology*, vol. 1（Chicago, IL: University of Chicago Press, 1951）, 61.

示，表示理性的重新整合。

田立克對基要主義（fundamentalism）和新正統主義的宣道神學（kerygmatic theology）都持十分批判的態度。基要主義想單根據古老教義所隱含的權威，來重新確立古老教義；而宣道神學則拒絕為它的宣稱找尋任何具歷史性或文化性的支持。田立克稱這兩種進路為「超自然主義的」（supernaturalistic），它們都忽略了現代男女的問題。但自由主義〔神學〕自然主義的（naturalistic）或人本主義的（humanistic）進路也並不成功，因為在它們裏面，「一切都由人說的，沒有甚麼是向人說的」。[3] 他自己那進路的護教神學假設了在基督教信息和當代文化之間有共同基礎。哲學在他那神學進路中扮演著重要的角色。田立克提出，亞伯拉罕、以撒和雅各的上帝和哲學家的上帝，都是同一位上帝。

・存有的基礎・

田立克大大得益於存在主義，這一點在他描述那些在進行神學任務時的必須條件中，清楚表明出來：

> 神學在處理我們的終極關懷時，它於每一句話中都假設 128
> 了存有（being）的結構、它的類別、法則和概念。因此，
> 相比於哲學，神學更不能輕易地逃避存有的問題。聖經
> 主義（biblicism）嘗試避免非聖經的、存有論的辭彙，這
> 註定是會失敗的，正如哲學那相應的嘗試都註定是會失
> 敗的一樣。[4]

3　Tillich, *Systematic Theology*, vol. 1, 65.

4　Tillich, *Systematic Theology*, vol. 1, 21.

和存在主義者一樣，田立克想強調人類存在於存有論（ontology；是哲學的分支，是探求存有或存在〔existence〕的本性和可能性）中的特別本性：人類是有別於所有其他生命形式的「小宇宙」（microcosm）。人類存在背後的存有結構，有別於其餘的創造。那通往田立克的上帝教義和耶穌基督教義大門的，便是存有論的問題，也就是說：若說「某東西是（is），也就是它存在（exists）」，這是甚麼意思。

要進入田立克的觀點，我們需要更專注地看他那獨特的術語。田立克不是最有系統的思想家，他的定義並非總是無懈可擊的。從某方面來說，他跟從布特曼（Rudolf Bultmann）的做法，嘗試從新約的基督論和拯救論中抽出有關存在的重要性。田立克沒有像布特曼那樣使用**神話**（myth）這個詞，而是使用了**符號**（symbol）。因此，舉例而言，對田立克來說，墮落是一個符號。可惜，田立克對**符號**的使用並不一致，我們很難更具體地界定這個詞語。

如果關於存有的問題是哲學和神學的基本問題，與它對應便是關於非存有（non-being）的問題。這個問題存在於任何有限的事物之中。對田立克來說，關於非存有的問題會引起關於存有的力量的問題；這力量會克服非存有的威脅，並維持生命。這必須是「存有本身」（Being Itself）或「存有的基礎」（Ground of Being）。沒有這個存有的基礎，一切的有限物都會退回非存有或無有（nothingness）。

對田立克的分析，有兩個詞是絕對重要的：**本質**（essence）和**存在**（existence）。這兩個詞界定著實在（reality）的整個結構，而且它們適用於所有存有。根據田立克，**本質**這個詞意指事物在它仍未存在時所具有那潛在的、未實現的完美。**存在**這個詞指向那從其本質「墮落」的真實存有（actual being），在某意義上這是脫離了完美。在田立克的思想中，存在總是有限和墮落的。由於它脫離了真存有及其本質，因而它是被限制和扭曲的。

因著上帝是存有的基礎，是構成並支持所有他者的存有的，所以祂不能與我們處於同一層面上。從這一點產生出田立克那最具爭議性、也往往被誤解的話：「上帝並不存在。祂是超越本質和存在的存有本身。因此要論證上帝存在，就是否定祂。」[5]

存有的基礎是必須的，它讓存有本身變得可能。但要給 129
某東西存在，就是令它成為有限存有的一種形式 —— 墮落或疏離的狀況。因此，如果上帝存在，我們便需要一位「高於上帝的上帝」（God above God）。對田立克來說，作為存有本身或存有的基礎的神，比基督教傳統的有神論那據稱是有限的上帝更優越。

‧新存有‧

我們很可能可以建立一個關聯，是田立克自己沒有建立的；但對於理解他這區分對他思想所帶來力量，以及對於接觸他的基督論觀念，這關聯都是有幫助的。田立克的**本質**這個詞大致對應著海德格那關於本真的存在的觀念（布特曼也在他那基督教版本的存在主義中使用這觀念），而田立克的**存在**這個詞大體上對應海德格那非本真的存在。但根據田立克，我們惟一認識的存在是非本真的，是從本質的完美狀態墮落的存在。正是在這裏，田立克與海德格的平行關係開始結束。我們怎樣由本質去到存在？田立克回應這個問題的方

5 Tillich, *Systematic Theology*, vol. 1, 205.

式，帶領我們來到他那基督論的核心，來到基督身為「新存有」（New Being）這個觀念，來到田立克神學的「復和原則」（restorative principle）。

他那《系統神學》的第三部分，值得注意地被命名為「存在與基督」（Existence and the Christ）；在這部分中，田立克對人類存在地疏離和追尋拯救的狀況作出分析。他對墮落作重新詮釋：那是由本質到存在的普遍過渡（universal transition）。當然，對田立克來說，這不是按字面的、現實的事件，但它在影響中是「真實的」（real）。在某意義上，田立克使墮落成為幾乎是必須的；一旦有「實現了的創造」，有自由意志的運用，人類便失去「夢般的純真」（dreaming innocence；與上帝聯合的必然存有）的狀態，而進入疏離的存在。

這個困境要求一位能夠突破疏離，克服本質和存在之間區分的人來到。田立克的系統就在這裏引入基督。身為新存有，基督是人類在發覺他們自己處於存在的墮落狀況之下的答案。

對田立克來說，基督教那以之為基礎的事件有兩方面：拿撒勒人耶穌的事實，以及那些接受祂為基督的人對那事實的接受。合乎事實的、歷史的耶穌，不是信仰的基礎，除祂被接受為基督之外。本著存在主義、新正統主義和布特曼的進路的精神，田立克主張，耶穌的歷史和其生平是不重要的；無論鑑別學的學術研究怎樣掃除福音故事的可信性，田立克對新存有的信任都不受影響。關於耶穌，田立克預備好
130 申明的是，祂是「位格性的生命」（personal life）。無論拿撒勒人耶穌的生命有甚麼細節，新存有以前和現在都在這個人裏面活躍著。

對田立克來説，「基督」這個符號是「帶出事物的新狀態的」那一位。耶穌基督的意義在於祂是新存有的彰顯，祂令自己受存在狀態的支配，並藉著這樣做，征服存在的疏離。田立克説：「新存有是基督帶來的，祂將人從舊存有中拯救出來，也就是從存在的疏離和它的破壞性後果中拯救出來。」在拿撒勒人耶穌的位格性生命中，「必須的人性」（essential manhood）自我彰顯了。[6]

因此，對田立克來説，耶穌不是「上帝成為人」，正如古典正統的認信所説那樣；而是「必須的人，在存在的疏離的狀況下，於位格性生命中出現的」。[7] 基督受存在的疏離的支配，這是以十字架作為符號，而祂的征服是以復活為符號的。

耶穌基督不是神聖的，也沒有神性，反而是在祂的人性中，並透過祂的人性，祂彰顯出全新的存有秩序——必須的人性。在耶穌裏面，人性在存在裏「其本質被表達了」（essentialized）。這是很大的弔詭，是人類那必然的墮落的一個逆轉。這個基督論可以恰當地被稱為「程度」基督論（“degree” Christology）：耶穌不是在本質上而是在程度上與我們不同。

毫不令人驚訝的是，田立克主張，基督論是拯救論的作用。換句話説，拯救的問題創造出基督論的問題。這給田立克所需的自由，以處理耶穌生命的細節，甚至藉以堅持身為新存有的耶穌基督不需要是傳統意義上的「神」。

如果耶穌並非好像正統立場所主張那樣是上帝，那麼，在田立克的系統中，拿撒勒人耶穌的啟示角色又是怎樣的？

6　Paul Tillich, *Systematic Theology*, vol. 2 (Chicago, IL: University of Chicago Press, 1957), 150.

7　Tillich, *Systematic Theology*, vol. 2, 95.

按傳統來說，基督論以某種方式被聯繫到上帝的啟示。在他的啟示教義中，田立克拒絕關於已啟示的話語（revealed words）或命題的觀念。他接受了主流新正統主義的觀點，並非把啟示視為資料的傳達，而是一件事件和經驗，可以透過多個不同媒介而發生，包括自然、歷史、人和言語。任何事物都可以成為啟示的載體。因此，聖經不是上帝的道。田立克提出，傳統的觀點將道等同聖經，這令啟示變得更混亂。聖經只是參與啟示之中。田立克區分了「實際啟示」（actual revelation）和「最終啟示」（final revelation）：前者意指所有事件和經驗，它們無論發生在何時何地，都能夠彰顯存有的能力；後者意指終極的、不能超越的啟示，它會在耶穌基督
131 裏被找到。因此，在基督這位新存有裏，有著上帝最終的啟示，但這啟示永遠不能等同聖經的見證。或許，最能描述田立克關於啟示的觀點的方法是指出，拿撒勒人耶穌的角色是要闡明存有的奧祕，並要指向克服疏離狀況的可能性。還有其他闡明的來源。這樣，田立克與古典自由主義〔神學〕的思想產生共鳴，視耶穌為在那些已啟發人類狀況的眾多人士中的其中一位。在相當大的程度上，田立克以限定冠詞“the”來指向基督，這強調**基督**（Christ）不是個人的名字，而是一個功能或角色：那基督（the Christ）。

・墮落是一件必然的事件嗎？・

我們可能會：當人從本質走向存在時，根據定義人便是墮進有限的、疏離的、破裂的存在；這樣田立克是否令墮落變成必然的？有人提出，田立克將「罪存有化」（ontologize sin）。換句話說，他令罪變成存在論上的必然。這個詮釋得

到田立克的主張所支持——他說：「人受困於渴望實現自己的自由和要求保存自己夢般的純真之間。在他有限自由的能力中，他決定要現實化。」[8]

田立克將墮落等同於「現實化的創造」(actualized creation)，等同於潛在本質的存在。這個過渡與自由意志的運用同時發生，並導致從「夢般的純真」——借自祁克果(Søren Kierkegaard)的詞語——的狀態中墮落。夢般純真的狀態是與上帝聯合。離開那狀態——人類存在因自由意志而來的必然結果——表示著焦慮、沮喪、罪疚和張力。

不過，我們需要留意的是，田立克沒有將墮落理解為歷史中的一件事件，無論是人類的還是個人的事件；而是將它理解為人類普遍狀況的一個符號。田立克嘗試軟化墮落那必然的本質，他說墮落有一個非理性跳躍的本質，而人類需要為這跳躍負責。這可能是田立克言說原罪的方式，彷彿在個人的即時責任以外還有一件事件或一個影響。

耶穌身為救主，這角色在針對人類狀況的存有論分析下得到強調。由於上帝自己不能在疏離的存在這些狀況下出現，新存有便需要和有可能來到。新存有必須來自上帝，但毋須是、也不能是上帝。這導致一個無可避免的結論：耶穌是一個人，雖然祂是一個很特別的人，能夠克服本質—存在的二元性；祂能實現與上帝的聯合，而這聯合是向每個其 132
他人類開放的。耶穌身為新存有，祂是給我們「生之勇氣」(courage to be)的那一位。

那麼，拯救對田立克來說是甚麼？他提醒我們，拯救的希臘語和拉丁語(分別是"*sōtēria*"和"*salus*")主要的意思是「醫治」。透過新存有，我們掌握那醫治的力量；那力量在

8　Tillich, *Systematic Theology*, vol. 2, 35.

我們面對非存有的威脅時，給我們生之勇氣。拯救、醫治包括人參與在上帝於本質和存在之間分裂的參與，也參與在上帝對那分裂的得勝中。它也是參與新存有征服人類與上帝、與世界和與自己的疏離中。拯救也表示接受上帝的接納及復和。這有望帶來人格性（personality）和羣體的轉化。古典拯救論三個基礎的詞語——重生、稱義和成聖——都被田立克重新描述為「參與、接納和轉化」。[9]

歸根究底，我們怎樣評價田立克對基督論的貢獻？關於他在討論耶穌上那十分獨特的進路，人們提出幾個問題和批評：

> 田立克可以怎樣避免墮進古典基督論的異端，例如嗣子論（adoptionism）、幻影說（Docetism）、涅斯多留主義（Nestorianism）和基督一性論（Monophysitism）？雖然這些觀點完全不能相容，但田立克將它們結合起來而又沒有超越它們。他關於耶穌的觀點是嗣子論的：耶穌只是有點成就的人。他關於基督的觀點是幻影說的：「基督」並不等同耶穌這個人，甚至完全不需要是耶穌，因為耶穌的人性和獨特性似乎對基督而言並非是必然的。對於身為基督的耶穌，田立克的整體圖畫似乎是涅斯多留派的，這位神學家將兩者分開。但同時它又含有基督一性論的異端的味道，因為田立克令基督變成一些純粹是靈的東西，與耶穌這個人的歷史人格性沒有聯繫。[10]

9 Tillich, *Systematic Theology*, vol. 2, 165.

10 Stanley J. Grenz and Roger E. Olson, *Twentieth-Century Theology: God and World in a Transitional Age* (Downers Grove, IL: InterVarsity, 1992), 129.

很明顯，田立克對基督論那具有特性的進路，邀請人們如此根據正統的基督論建構來作考慮。他神學的特色徹底地是以他在系統神學開始時給自己所置下的張力和挑戰為特色的：「神學在兩極之間來往，那兩極就是它的基礎的永恆真理，以及永恆真理所必須被接受的暫時情況。」[11] 關於上帝和基督的「永恆真理」的意義，在他的思想中是保持開放的，而很多人會認為，他是以辯證中那暫時的一極為主的。

11 Tillich, *Systematic Theology*, vol. 1, 3.

14

薛斯奧拿
相通基督論

John Zizioulas
Communion Christology

‧ 存有作為相通 ‧

薛斯奧拿（John Zizioulas）是希臘佩加蒙（Peregamon）的主教，他是我們這個時代中最重要的東正教神學家。和卡利斯托斯主教（Bishop Kallistos；出於英國的維爾〔Timothy Ware〕）一樣，薛斯奧拿在東西方之間建立起橋梁，並向西方介紹東正教的獨特神學遺產。不過，薛斯奧拿不單忠實地詮釋和教導其自己的傳統，也具建設性地作自我批判，他不害怕根據普世的影響來糾正東方神學。由於他一生的研究工作都在西方進行，所以西方神學家可以接觸到他的觀念。不過，大部分的——若不是全部——神學概論都忽略了薛斯奧拿的神學和東方傳統的貢獻。

薛斯奧拿最獨特的觀念是"*koinōnia*"，即相通（communion）；這觀念遍及他的神學和他對基督的觀點。他主要著作的書名反映了他那思想的基本取向：《存有作為相通》(*Being as Communion*)。[1] 他一般的神學，尤其是他的基督論，建基於一種位格性的存有論(ontology of personhood)，這存有論是來自對三一上帝的存有的考慮。

134 薛斯奧拿反對任何種類的、破壞羣體的個人主義(individualism)。沒有相通，便沒有真存有(true being)；沒有東西是以「個體」在其自身(“individual” in itself)而存在的。連上帝也是在相通中存在的。除了相通、關係外，人沒有方法認識上帝：「上帝的存有只能夠透過位格的關係和位格的愛，才能讓人認識得到。存有表示生命的意思，生命表示相通的意思。」[2]

薛斯奧拿對古代希臘的存有論作出批判；在古代希臘的存有論中，上帝首先是上帝(祂的實體〔substance〕)，然後以三一，即以三個位格存在。薛斯奧拿的觀念反而是希臘教父的觀念，他們宣稱，上帝的位格性包含著三個位格的羣體。在三一以外沒有上帝。換句話說，上帝的存有與上帝的位格性是相同的。

薛斯奧拿的主要觀念是「位格」(person；他主要著作的副題便是《位格性及教會的研究》〔*Studies in Personhood and the Church*〕)。沒有脫離他者的個體，是可以成為位格的，連基督也不能。另一方面，「位格不再是存有的附屬物，不是我們加到」一個位格的「範疇」(category)；[3] 位格本身反而是存有的本質。(在這裏，薛斯奧拿使用**本質**〔essence〕這個詞；這使用取了“*hypostasis*”〔本質〕這個古代三一和基督論語言——“*hypostasis*”來自希臘語，意思是「本質」或「實體」。)

1 John Zizioulas, *Being as Communion: Studies in Personhood and the Church* (Crestwood, NY: St. Vladimir’s Seminary Press, 1985).

2 Zizioulas, *Being as Communion*, 16.

3 Zizioulas, *Being as Communion*, 39.

薛斯奧拿在上帝的存有和人類的存有之間作類比。上帝最特別的是祂那關係中的存有（being in relation）。身為三一，神格的三個位格彼此關連。祂們在三一之內有愛的關係（intra-trinitarian love relationship）。以這同一種愛，三一上帝與人和世界建立關係，並在神性—人性相通（divine-human *koinōnia*）中擁抱他們。因此，薛斯奧拿的基本論證是這樣的：

> 人是教會的一位成員，從這個事實來看，他成了「上帝的形象」，他存在，就好像上帝自己存在一樣，他呈現出上帝「存有的方式」（way of being）。這存有的方式……是一種與世界、與其他人和與上帝之間的**關係**方式，是一件相通的事件；正因為這樣，它不能作為**個體**的成就來得以實現，只能作為**教會**的事實。[4]

事實上，薛斯奧拿強調，相通不單是另一種描述存有的方式，無論是個體的還是教會的；它也屬於存有的**存有論**。因此，我們應該言說一個實際的「相通的存有論」。有趣的是，這個觀念與羅馬天主教在梵蒂岡第二次會議（Second Vatican Council；1962～1965年；編按：下文簡稱「梵二」）中對羣體的觀點所作的解釋相似。梵二的《教會憲章》（*Lumen Gentium*；#9）——主要的教會論文件——表明，上帝「但決意令人成為聖潔和拯救他們，不是令他們作為與他者沒有 135
連結或聯繫的個人，而是成為一羣百姓，在聖潔中承認祂和服事祂」。

薛斯奧拿首要地是教會的神學家。即使在他處理其他課

4　Zizioulas, *Being as Communion*, 15；強調為引者所加。

題時，他仍然總是包含關於教會的元素。當我們考慮到他以相通為焦點，這便是可以理解的。他從沒有對基督論產生個別的研究，雖然基督論的主題特別在他《存有作為相通》一書中可以看見。因此，要分析薛斯奧拿的基督論，我們需要主要以他關於教會的著作為基礎。

·「位格」和「個體」·

薛斯奧拿區分了「生物性」(biological)和「教會性」(ecclesial)存有：前者指那脫離了與上帝和其他人那相通的人，而後者意指那活在相通(*koinōnia*)中的人。由於墮落，人類「生物性地」存在，以個人主義，以反常的方式存在。身為個體的人，肯定自己是與上帝和其他人類對抗的。這樣的終極後果是死亡。對薛斯奧拿來說，罪意味著人離開與上帝和其他人的位格相通，只與受造物的世界相通。這種「個體」永遠都不能成為真正意義上的「位格」。

不過，個體可以藉著加入教會的相通(透過水禮和信仰)，由生物性存有趨向教會性存有，即與上帝和其他人相通的存有。在生物性的存在中，人身為沒有聯繫的個體而存在；相對於單單生物性式的存在(existence)，在教會裏，人成了位格，是相通中的位格。透過水禮和信仰，生物性存在讓位給相通中的存在。

位格和個體之間的這種區別，是薛斯奧拿所有神學和基督論背後的基礎原則。在基督和在祂的教會中，作為個體的存在方式被克服了。要成為一個位格，意味著人是「出神的」(ecstatic；來自兩個希臘詞語，分別的意思是「出」〔out〕和「站」〔stand〕)，有「朝向相通的行動」。換句話說，沒有人在自己個體性（individuality）中是一個位格，而只有在指向自己以外的某些東西時，人才是一個位格。對薛斯奧拿來說，這參照點是相通。朝向相通的行動給予真正的人類自由，因為人類能夠超越自己。只有在與別人（包括上帝）相通中，個體才成為位格，才可以實現自己的命途。

不過，相通中的存有並不表示貶低每個個體那獨特的位格性。「沒有相通，位格便不能存在；但每種否定或壓抑位格的相通形式，都是不容許的。」[5]

·基督：位格和相通·

對於薛斯奧拿的基督論，那基礎的命題是：一方面，上 136
帝只作為在三一位格中那相通的位格（person in communion within trinitarian persons）而存在；另一方面，基督是卓越的位格。基督不單是個體，而是位格，因為祂的身分是由兩重關係構成的：身為子的祂與父的關係，以及身為頭的祂與身體的關係。

薛斯奧拿是東正教神學家，因此他與古代信經和教父的基督論傳統一樣，肯定基督兩性（two nature of Christ）的教義。但他對兩性的挪用，聯繫到他關於相通和位格性的基本信念。基督兩性的重要性是，在基督中，人的位格性成了歷史實在（historical reality）。根據薛斯奧拿，教父反對涅斯多留主義（Nestorianism）的兩性觀，是因為他們想確保拿撒勒人耶穌的存有與上帝兒子的位格性是等同的。同樣，耶穌由童女所生，這是重要的，因為它確保基督的位格是一的（one），而且與三一中子的本質——真正的相通——是等同的。

5　Zizioulas, *Being as Communion*, 18.

基督的神聖本性包括祂的存有：身為神聖的子、三一的第二個位格。神性不是外在的，被加到祂人性上的附加性質。正如神聖的子不單獨存在，而是在三一內那愛的關係中存在的；耶穌基督，成肉身的兒子，也不獨自存在；祂不是一個「個體」。在耶穌自己的自我理解和在初期教會的基督論中，基督都是一個集體的位格，將很多人歸到自己裏面。

根據薛斯奧拿的詮釋，教父的基督論「朝向純粹具存在意義的單一目標，一個給人們保證的目標，也就是追求……本真的位格……不是神祕或懷舊的，而是**歷史的實在**」。耶穌基督不是因為盛載著上帝的啟示而成為世界的救主，而是因為「祂在歷史中實現**位格的實在**」，令它給所有男女成為位格性的基礎。[6]

如果人類的基本需要是脫離個人主義和去位格主義（depersonalism），拯救就必須「包括存有論地非個體化，實現他們的位格性」。這也可以表達為：「拯救的恩典只包括在將扭曲的受造物存在——只要它將人類個體化，它便是被扭曲的——轉化，使之成為那表達著他們身為位格的存有和他們相通的本性的受造物存在。」[7] 這在上帝兒子的道成肉身中
137 作為範例地發生；在基督的位格性中，這疏離的個人主義被克服。基督論是向人類宣告，他們個體化的本性可以「被穿上」基督的位格性，因此可以以真正的位格性和相通來脫離個人主義。

換句話說，這是「教會性」存有。在教會中，在存有的教會模式中，位格能夠超越排他主義（exclusivism），正如基督

6 Zizioulas, *Being as Communion*, 54；強調為原文所有。

7 Miroslav Volf, *After Our Likeness: The Church as the Image of the Trinity*（Grand Rapids, MI: Eerdmans, 1998）, 83.

的位格性一樣——祂本身就是相通。當人類活在生物性的層面，排他主義便是必然的：家庭比愛陌生人更優先，丈夫要求太太那排他的愛；諸如此類。這對「自然的」、生物性存在是真實的。在教會性存有中，這些生物性的限制被超越了。連基督作為真正的位格，祂也是以教會性來被構成的，因為祂只在與父和教會的相通中存在。

在東方拯救論的傳統中，人自由地把神聖化（divinization）或神化（deification）言說為拯救的目標；薛斯奧拿主張，每個人類都根據那構成基督為父之兒子的同一親屬關係，而成為「基督」，藉此被構成在基督裏的位格。在基督裏，人類與上帝聯合。

・基督作為真理・

薛斯奧拿接受約翰福音十四章6節的字面意思，那裏稱耶穌為真理。基督論是基督徒理解真理的惟一出發點。但神學應該怎樣把基督理解為真理？再一次，薛斯奧拿以其關於位格和相通的觀念為基礎。基督作為道路、真理和生命的方式是相通。基督，成肉身的基督，是真理，「因為祂代表上帝那出神的愛其終極、不止息的旨意；上帝想要帶領受造存有進入與祂自己生命的相通中；在這相通事件中受造存有認識祂和受造物本身」。[8] 因此對薛斯奧拿來說，由於耶穌基督是真理，所以，與真理（基督）相通就是拯救。拯救不是關乎認識基督，而是關乎那與基督相通的存有。

結果，真理主要不是認知的行動，而是位格之間愛的事件；真理中的存有，意指相通中的存在。真理的問題主要是

8 Zizioulas, *Being as Communion*, 97～98.

關乎位格性生命，較少關乎認知的理解。說「我認識基督」並不足夠，除非身為位格的我，活在與基督的相通中，活在與基督的相愛中。

這與薛斯奧拿把基督理解為上帝的啟示有關。基督不是傳統意義上作為來自上帝啟示的真理，而是作為示範上帝對
138 相通和愛的旨意的位格。祂並不告訴我們關於上帝的事，而是吸引我們與祂相通。因此，對薛斯奧拿來說，上帝的道不是認知陳述意義上的真理，而是生命和相通意義上的真理。我們不是要在智性上接近上帝的道，彷彿我們可以「理解」它。我們倒要相通地把上帝的道經驗「為對上帝生命的聖禮式提示」。[9] 這個觀點不一定排除認知的面向，但它確實強調著相通性、位格性和愛的經驗的優先性。

·基督和聖靈·

東方和西方神學存在著一個顯著的區別。其中一個最明顯的分別是東方那強烈的聖靈論取向。基督受到高度的尊崇，但聖靈的角色以獨特的方式而得到強調。東方神學有時被稱為「對聖靈敏感」(Spirit-sensitive)的神學，因為所有神學性的焦點都受聖靈影響，包括基督論。

對身為東方神學家的薛斯奧拿來說，重要的是致力恰當地綜合基督論和聖靈論，以之作為教會論的基礎。他提醒我們一個明顯的事實：在新約，復活節(基督的工作)和五旬節(聖靈的傾出)是彼此相屬的。我們看見子和聖靈之間那相互的關係，那就好像子來到地上，透過聖靈來實現祂的工作；聖靈也由子差派，來到世上(約十五26)。聖靈的工

9 Zizioulas, *Being as Communion*, 114.

作不是從屬於子的工作，五旬節也不是道成肉身的添附物（continuation），而是它的後果，它的結果。

薛斯奧拿正確地指出，新約顯示著子和聖靈之間有一相互性，而不是任何一位更有優先性。一方面，聖靈由基督賜下（約七39）；另一方面，在基督受洗（馬可福音）或出生（馬太和路加福音）中，於聖靈工作之前是沒有基督的。這兩個觀點可以在同一個正典中並存。在東方禮儀，子和聖靈這種相互性，藉著兩件重要的拯救論式事件被放在一起的方式而得到展示：象徵個人在基督的死亡和復活中與基督認同的洗禮，以及用聖靈膏抹的堅振禮，兩者同時發生。對比起來，它們在西方是分開的。事實上，在某些教會，堅振禮在洗禮多年後才發生。

換句話說，運用薛斯奧拿的獨特辭彙而言，基督只有在聖靈中才成為具歷史性的位格（太一18～20；路一35）。薛斯奧拿甚至預備說：「基督**只會聖靈論地存在**。」（"Christ exists only pneumatologically."）與東方對三一的敏感一致，他補充說，言說基督，意味著同時言說父和聖靈。這同一原 139
則也適用於教會的相通，薛斯奧拿的神學的主要焦點：「因此，教會的奧祕源於三一的整個經世，以及源於聖靈論地被構成的基督論。」[10]

與他的相通神學（communion theology）一致，薛斯奧拿主張，有兩種基督論存在。首先，我們可以把基督理解為一個個體；第二，我們可以在祂與祂的身體——即教會——的關係中把祂理解為「集體的位格性」。[11] 以他的術語來表達，在前者我們言說基督為「個體」，在後者則為「位格」。聖靈

10 Zizioulas, *Being as Communion*, 112.

11 Zizioulas, *Being as Communion*, 130.

的角色在這裏就被顯明出來：「在這裏，聖靈不是要**幫助**我們縮短基督和我們之間距離的那一位，祂是三一的位格，祂實際地在歷史中實現我們所稱為基督的⋯⋯既然這樣，我們的基督論**實際上**是由聖靈論調節的，不像第一個情況那樣是從屬的；事實上它是聖靈論地被**構成的**。」[12] 我們也可以藉著這說法來表達此觀念：基督的集體位格性是聖靈論地成形的。因此，重要的是自從保羅時代開始，聖靈便已被聯繫到相通的觀念。聖靈論為基督論創造出相通的面向。

雖然薛斯奧拿自己在發展恰當地綜合基督論和聖靈論、綜合基督和聖靈中已是屬前線的，但他也是第一個承認，不單西方，東方也仍然有大量工作要做，而恰當的平衡是很難找到的。

12 Zizioulas, *Being as Communion*, 110 ~ 111；強調為原文所有。

15

拉納
超越的基督論

Karl Rahner
Transcendental Christology

・超驗經驗和人對神聖奧祕的開放・

如果薛斯奧拿(John Zizioulas)是現時東正教主要的神學家，已故的拉納(Karl Rahner)便是近年羅馬天主教神學的主要人物。沒有其他二十世紀的天主教神學家有這種普遍的影響力，不單在世界最大的教會中——大約一半基督徒屬於羅馬天主教的——也在普世教會中。拉納對梵蒂岡第二次會議(Second Vatican Council；1962 ~ 1965 年；編按：下文簡稱「梵二」)——這個具形塑性的會議決然地令羅馬天主教走上"*aggiornamento*"(更新和現代化)的路——的貢獻已是無與倫比的。

拉納給自己一個野心勃勃的任務，就是要將兩個似乎是矛盾的領域聯繫在一起。這兩個領域是：上帝普遍的拯救行動，以及關於超自然啟示和相信基督的必然性。要把這兩個領域聯繫在一起，啟示和信仰必須在一個普遍的、超越的層面上發生。拉納的基本命題是，在每個人自己對超越性（transcendence）那有限但絕對開放的經驗中，上帝啟示祂自己（Godself）。上帝是那神聖的奧祕（Holy Mystery）；只有在指涉上帝中，人類的主體性才找到恰當的基礎。

拉納的神學是不容易閱讀和理解的。他的專門用語頗
141 為獨特，他並不是為廣大的讀者而寫作的。他的主要神學關注是要回應現代西方文化因猶疑是否要相信超越的上帝而帶來的挑戰，也要回應因它傾向——至少自從啟蒙運動時期和自由主義〔神學〕開始——主要以內蘊的詞語來言說上帝而帶來的挑戰。拉納想找一個平衡，以作為這病徵的解毒劑。為了這樣做，他引入**超越**（transcendental）這個詞語。

拉納在幾個相關的表達中使用**超越**這個詞，例如「超越方法」和「超越經驗」。超越方法是一種哲學工具，用來顯示人類根據定義是「靈」（spirit），是開放地接受來自上帝的啟示的。人類超越「自然」的限制，朝向基督教神學所稱為上帝的神聖奧祕。超越經驗（每當人承認人生不單是個人在日常生活中所看到的事情）反映出這種向啟示開放的證據，以及上帝在基督裏的恩典，對人類的結構來說並不是陌生的，而是屬於其核心的。在拉納的辭彙中，人類那自然的超越本性被稱為服從能力（*potentia oboedientalis*）。對他來說：

> 人不單按本性總是向上帝開放的（服從能力），他們也總是超自然地讓上帝在那超越的開放性中提升他們，以致這樣的提升變成人在每個人生中對上帝的實際經驗。上帝實際上在仁慈地白白給予的恩典中，將自己傳達給每個人，以致上帝的臨在成了每個人的人性中那存在的、

> 基本的元素。[1]

因此，人類是「上帝白白賜下的、人所不配得的、赦免的和絕對的自我傳達（self-communication）事件」。[2] 上帝的自我傳達意味著上帝令自己成為人類最內在的構成元素；對拉納來說，這是聖靈的奧祕：「上帝在聖靈中向每一個人傳達自己，作為那人的存在（existence）那最內在的中心。」[3] 換句話說，在日常的平常事件中，人類與神聖的奧祕——即上帝——「相遇」，作為認識世界的一部分。

在拉納神學中，對特殊啟示的需要又是怎樣的呢？他的答案是：「明確的啟示」（categorical revelation），即透過事件、言語和象徵而在歷史中發生的特別啟示，是有需要的，以用來實現關於上帝那「超越」、隱含、非主題的啟示。這兩者是有區別但又相互倚賴的。明確的啟示揭示上帝的內在實在（inner reality）——上帝的位格品性和祂與靈的受造物（spiritual creatures）的自由關係——是不能單透過超越啟示 142
而得以發現的。因此，在聖靈中人對上帝那普遍的、超越的經驗，並不除去具歷史性的、特殊的啟示的必然性。

> 這聖靈經常是、在各處是，並從開始便是啟示的和拯救的歷史的圓滿實現、決定性原則；根據它的本質，它的傳達和接受永遠不單在抽象的、超越的形式中發生。它

1 Stanley J. Grenz and Roger E. Olson, *Twentieth-Century Theology: God and the World in a Transitional Age*（Downers Grove, IL: InterVarsity, 1992）, 245.

2 Karl Rahner, *Foundations of Christian Faith*（New York, NY: Seabury, 1978）, 116.

3 Rahner, *Foundations of Christian Faith*, 139；也參 John R. Sachs, "'Do Not Stifle the Spirit': Karl Rahner, the Legacy of Vatican II, and Its Urgency for Theology Today," *Catholic Theological Society Proceedings* 51（1996）: 21。

> 總是透過歷史的中介而來到的。[4]

對拉納來說，上帝是絕對的奧祕，絕對的位格。上帝在日常事件和事情中臨在於人類經驗之中，但同時上帝又不能被人識別為其他東西，除了那不能確定的、神聖的奧祕外。上帝不能被視為人類知識的客體，但祂是我們認識上帝的視域。

‧絕對救主‧

考慮到拉納關於人類和上帝的觀點，他稱他的基督論為「超越」，這也不足為怪。他主要的基督論任務是探究絕對的神人（absolute God-man）、絕對的救主的可能性。事實上，根據他對人類接受上帝啟示的開放性所作的超越反思，歷史中的神人這個觀念並不是陌生的觀念。

對拉納來說，基督論的核心是耶穌的角色：向人傳遞「上帝那新和不可超越的親密」。[5] 在祂的位格中，基督是上帝向人類揭示的歷史性臨在。對拉納來說，這在基督的復活中得到證實。在十字架和復活前，耶穌宣稱自己盛載著這揭示；祂從死人中復活，這便證實了祂的宣稱。正是在這個意義上，基督是絕對的救主。

如果基督是絕對的救主，那麼祂便必定是神聖的。只有神聖的救主，才能夠在自己的位格中傳遞出上帝的自我揭示。拉納那更大的拯救論視角使基督的神性更突出。他主

4 Karl Rahner, "Jesus Christ in the Non-Christian Religions," *Theological Investigations* 17 (New York, NY: Crossroad, 1981), 46.

5 Rahner, *Foundations of Christian Faith*, 279.

張，拯救不單包括我們的「神聖化」(divinization)，也包括整個世界神聖化過程的開始。要這事情發生，就必須要有神聖的救主，因為非全然神聖的人物怎能夠向我們和世界傳達出上帝的拯救恩典？

我們言說上帝的自我傳達或甚至上帝的恩典時，我們需要緊記，拉納所思考的總是根據上帝所傳遞的祂的真正臨 143
在，而不單是關於祂的資料。恩典是上帝在人類和世界中的真實臨在。

身為天主教神學家，拉納也肯定基督的完全人性。事實上，雖然這肯定似乎與他對於絕對救主的完全神性的堅持有衝突，但關於基督人性的觀念是他系統的主要原則。拉納堅決地反對任何幻影說(Docetism)的觀念——這種觀念認為耶穌並非真正的人，只是似乎是人。耶穌的完全人性在如這樣的事實中變得清晰：祂並非完全沒有錯誤的。祂的神性意識永遠沒有取代了那不夠完美的人類意識。拉納哀歎，古典的正統思想往往錯誤地理解基督的兩性觀，以致損害了祂的真人性，令它變成「祕密的基督一性論者」(crypto-monophysite)，幾乎是一性觀。耶穌的人類理智和人類自由特別被貶低，以致對耶穌產生出一種神話觀念，視祂為半神半人。拉納以耶穌的人性為焦點，這也是可以理解的，因為他批評布特曼對耶穌採取那神話式的和非歷史性的(nonhistorical)進路，忽略了耶穌的歷史，而單從信仰的角度來看基督。拉納基督論的主要進路是從下而上，雖然那不是惟一的進路。他這樣是想要糾正古典正統那一面倒地從上而下的進路。不過，拉納的基督論仍然是「高階的」(high)，因為他強烈肯定基督的完全神性。

但拉納怎能夠具體化他對神性和人性的完全聯合的堅

持？關於他對人性的超越分析，他提出了新視角，藉以嘗試克服信經中古典的二性基督論那固有的困難。

人類雖然是有限的，但也能夠超越自己而為「靈」。對拉納來說，這也是在基督論上一個重要的肯定。這是上帝的旨意，要人性有這種超越的本性，以致在人性的形式中，讓路給上帝那真正的自我表達。如果上帝是人性的目的，除非人性能夠參與上帝之中，否則人性仍然算不上是完美的。對拉納來說，拯救是參與神聖生命；人類的整個結構都自然地朝向這神聖生命，除了人性可以自行提升到那裏外。用拉納自己的話說，人性藉著被上帝所創造，有潛力參與上帝之中，從而是「上帝的密碼」。

> 在神學上說，根據道成肉身，我們必須說，我們人類對上帝的開放性是上帝所想要的，以作為神聖的自我表達的潛力。換句話說，人類是受造物，如果沒有道成肉身，人類是不完整的。上帝是人性的奧祕，而人性是上帝的密碼。人性是問題；上帝是答案。正如問題參與著
> 144 (participate in)答案，答案在超越問題時參與著問題，所以上帝和人性也必然是彼此相屬的。上帝已決定了事情將要這樣。[6]

從這裏，我們清楚看到，道成肉身也意味著將部分創造，即人性，帶進上帝的內在生命中。我們可以說，對拉納來說，道成肉身本身是具拯救性的。在這裏，拉納從東方基督教借用了核心的基督論和拯救論觀念，雖然他甚少，甚至完全沒有明確提出這聯繫。

6 Grenz and Olson, *Twentieth-Century Theology*, 252.

在某意義上，即使罪從沒有進入世界，道成肉身也是一件必然的事件。上帝給予恩典，這自然引致一位神人出現，因為拯救不單來自基督的工作，也來自祂的位格；在祂那位格裏的是上帝臨在於人性的自我傳達，以及人類參與神性的機會。道成肉身可以被視為創造本身的傾向的終極目標。上帝漸漸抓住世界，將世界帶到自己那裏。耶穌基督是這會合的高峯時刻——受造物和創造主走在一起。

・匿名基督徒與基督的規範・

從其神學事業之始，拉納便著手處理一個挑戰：怎樣理解提摩太前書二章4節所提出上帝的普遍旨意（上帝「願意萬人得救，明白真道」）；這與一個同樣具基礎性的聖經視角是有關的——基督是真理（約十四6），人不能靠著別的名得救（徒四12）。身為一位天主教神學家，以及身為梵二最後構想表述的主要工程師之一，拉納堅定地相信，一方面，所有真誠跟從良心的誡律，以及跟從良心和宗教所給予他們的光照的人都可以得救；另一方面，拯救總是來自基督的，無論是給那些在教會以內的還是以外的人。即使在教會以外的、卻被包括在上帝於基督裏的拯救旨意以內的人，也不是靠自己的功績，而是靠上帝在基督裏的恩典延及至他們而得救。為了令這些基本的天主教信念在神學上可以得以理解，拉納肯定「匿名基督徒」（anonymous Christians）這個觀念；這個觀念往往被人誤解，因為人們討論它時脫離了拉納的神學系統。

對各種宗教中關於拯救的問題，近年的神學稱它們為關
於諸宗教神學（theology of religions）的問題；拉納對這個 145
問題所採取的進路是基於基督論和聖靈論的基礎。是上帝

的靈令人能夠接受神聖恩典，以及接受自我對存在的超越經驗。對聖靈的超越經驗，是以明確地意識到某些超越的東西作為導向的。對拉納來說，這取向在世界各宗教傳統中得到表達，並在上帝於基督裏的最終自我揭示中達到頂峯。其他宗教有這種「個別的時刻」，令它們成為通往上帝奧祕的窗口——雖然是以非最終的方式。由於罪和人類的墮落，每個如此的啟示事件仍是不完全和混有錯誤的。宗教的價值在於傳遞這些具啟示性的經驗，即使它們包括了不完美的特點。

在這意義上，所有宗教傳統都有潛力去表達出上帝透過聖靈在基督裏作自我傳達的這個真理，因此它們也是啟示歷史的一部分。當然，這並非意味著，對於神聖的自我啟示，所有宗教都有同樣有效的表述：任何宗教都有錯誤。透過基督的死和復活，上帝在聖靈裏仁慈的自我傳達得以在歷史中顯明：「世界藉著上帝的靈被吸引到它屬靈的實現；上帝的靈指示著世界的整個歷史，向它的四面八方走向它恰當的目標。」[7]

富影響力的天主教神學家孔加爾（Yves Congar）提出「基督的神祕身體」這個觀點，他認為有一個存在狀態（自然的，仍未是基督徒的狀態），而人在其中甚至可以在聽到福音前便積極回應上帝的恩典；拉納所根據的就是孔加爾的這觀點。在這種狀態下的人可以被稱為「匿名基督徒」，只要這種對恩典的接受是「以隱含的形式臨在，那人從而在忍耐的安靜真誠中，接受和活出每天的責任，獻身於其自己的物質責任，以及由被他照顧的人所給他的要求」。[8] 根據拉納，基督

7 Karl Rahner, "The One Christ and the Universality of Salvation," *Theological Investigations* 16 (New York, NY: Crossroad, 1983), 203.

8 Karl Rahner, "Anonymous Christians," *Theological Investigations* 6 (Baltimore, MD: Helicon, 1969), 394.

透過祂的靈，在非基督徒的信徒（因此也在非基督教的宗教）中臨在和產生功效。而且，匿名基督徒藉上帝的恩典而稱義和擁有聖靈。

黃克鑣（Joseph Wong）充分地總結了拉納對宗教的聖靈論神學：

> 無論在哪裏，只要人們降服在上帝或終極實在面前——
> 無論祂有甚麼名字——並獻身於公義、和平、友愛及
> 與其他人休戚與共的理想，他們便含蓄地接受了基督，
> 並在某程度上進入了這基督的存在。正如基督是透過
> 聖靈建立了存在這個新領域，同樣，任何人進入愛和 146
> 自由這基督式存在中，他或她都是在基督的靈的引導下
> 行動的。[9]

與天主教的立足點一致，拉納不相信匿名基督徒的命題削弱了教會或其使命的有效性，他認為，個體應該在教會順服地執行它傳福音的命令時，被教會帶到圓滿的信仰之中。

9　Joseph H. Wong, "Anonymous Christians: Karl Rahner's Pneuma-Christocentrism and an East-West Dialogue," *Theological Studies* 55（1994）: 630。黃克鑣參照拉納以下這篇文：Karl Rahner, "Observations on the Problem of the 'Anonymous Christian'," *Theological Investigations* 10（New York, NY: Seabury, 1976）, 291。

16

莫特曼
彌賽亞基督論

Jürgen Moltmann
Messianic Christology

・未來的實在論式神學・

在莫特曼（Jürgen Moltmann）的眾多著作中，有兩本書明確是以基督論為焦點的：《被釘十字架的上帝》（*The Crucified God*）和他主要的基督論著作《耶穌基督的道路》（*The Way of Jesus Christ*）。不過，關於基督論的討論並不限於這兩本書。例如：在其《盼望神學》（*Theology of Hope*）這本最先為他贏得國際聲譽的主要著作中，在基督復活中所給定的終末應許，創造了一種「辯證的盼望」（dialectical hope），這盼望是由基督的死亡，也由基督及我們的復活所模塑和作為條件的。在他主要的教會論著作《聖靈能力中的教會》（*The Church in the Power of the Spirit*）中，在關於教會的主題上，基督論作為三一觀點的一部分，它也扮演著重要的角色；他在第三章稱教會為「耶穌基督的教會」。[1]

莫特曼的神學那遍及所有課題的主題是終末論的顯著。
148 莫特曼和曾經與他共事的潘寧博（Wolfhart Pannenberg）在一九六〇年代開始成名，成了正在浮現的「盼望神學」那最有能力的提倡者。這個盼望神學視上帝為將來的能力（the power of the future），從終末來到，與教會和世界相遇。

莫特曼的終末論固有地是與基督論有關的，因為基督教信仰是建基於對將來的盼望，而這盼望是基於耶穌基督的十字架和復活。這樣，它是建基於歷史和經驗的實在論式盼望（realistic hope）。莫特曼指出，在過去，終末論是神學那沒有用的附錄。在處理了所有神學的課題後，關於最後事物的教義才被加上，以完成工作。在莫特曼的著作中，終末論是主要的主題：他的神學以終末的榮耀國度為中心，在這榮耀國度裏上帝將會是「在一切中的一切」（all in all）。不過，莫特曼的終末論和他的基督論一樣不是要逃避現實，而是要牢牢地固定於這個世界的更新和恢復中。他經常提醒我們，關於解放的觀念，即上帝給將來的應許，不單是為了另一個世界，也是為了這個世界的新創造（new creation）。

莫特曼形容他的神學是建立在聖經之上，以終末為取向，向政治負責的。他那三一的和——近來——聖靈論的取向，也應該被加入這清單裏，藉以展示一幅成熟的莫特曼那更全面的圖畫。

---

1 Jürgen Moltmann, *The Crucified God: The Cross of Christ as the Foundation and Criticism of Christian Theology*（1972; reprint, New York, NY: Harper & Row, 1974）; Jürgen Moltmann, *The Way of Jesus Christ: Christology in Messianic Dimensions*（London: SCM, 1990）; Jürgen Moltmann, *Theology of Hope: On the Ground and the Implications of a Christian Eschatology*（1964: reprint, London: SCM, 1967）; 以及 Jürgen Moltmann, *The Church in the Power of the Spirit: A Contribution to Messianic Ecclesiology*, trans. Margaret Kohl（New York, NY: Harper & Row, 1977）。

莫特曼那具創意的神學取材自不同的來源：他廣闊的普世接觸、東正教靈性和神學的影響、在第三世界的廣泛旅行——這旅行令他特別接觸到拉丁美洲和亞洲的解放神學——等。莫特曼的聲音在西方學術界以外也讓人聽到，而且愈來愈多於三分二世界（two-thirds world）的神學家已和他的建議進行互動。

・上帝那基於基督的十字架的三一歷史・

莫特曼是位徹底三一的神學家。不過，他的三一教義有獨特的形式，這是由於它的基督論觀點集中在基督的十字架上。莫特曼其中一句最著名的宣稱是：在十字架上所發生的事是上帝與上帝之間的事件。十字架不單對人類有影響，對上帝和祂的身分也有影響。在十字架後，上帝不再一樣。換句話說，三一是具歷史性的，在歷史中有不同的形式。

很明顯，莫特曼將自己與古典正統（classical orthodoxy）區分出來；古典正統傾向從上帝的不可變性（immutability）這個角度來看上帝：世界沒有任何東西，甚至包括基督在十字架上的死亡，能夠以任何方式改變上帝。

要明白莫特曼的這觀念——基督的十字架為上帝帶來改 149
變——究竟是甚麼意思，我們需要借助他關於神聖的「自我限制」（divine “self-limitation”）這個觀念。這個觀念的背景是上帝和世界的相互關係（reciprocal relationship）：上帝倚靠世界，世界也倚靠上帝（雖然後者在更絕對的意義上是有效的）。好像十字架、復活和差派聖靈等歷史事件，實際上構成上帝的存有。

根據莫特曼的創造觀，為了讓上帝創造一個有別於祂自己的世界，無限的上帝需要預先在祂自己裏面給有限（the finitude）容許空間。要救贖那個背棄了上帝的世界，上帝需要進入罪和死亡的無神狀態（godlessness）中。「藉著進入罪和死亡那個被上帝遺棄的狀態（Godforsakenness；也就是虛無〔Nothingness〕）中，上帝克服了它，並令它成為祂永恆生命的一部分：『我若在陰間下榻，你也在那裏』（詩一三九8下）。」[2] 藉著祂自己自由的選擇，上帝在祂無限的存有中包含著有限。祂選擇令自己脆弱，但這種選擇並非出自必然性，因而令上帝成為非全能的。另一方面，它也沒有令上帝不受影響。

莫特曼所建立的三一的教義，是牢牢地固定於世界事件之中，並以基督的十字架為高峯的。這不是三一那憶測的、抽象的神學，而是在構想的神聖奧祕中那具歷史基礎的具體形式：「如果我們視三一為在耶穌的受苦和死亡中的愛的事件——而這是信仰必須做的事情——那麼三一便不是天上自足的羣體，而是向地上的人開放的、源自基督十字架的終末過程。」[3]

・耶穌基督的道路・

在他主要的基督論著作《耶穌基督的道路》中，莫特曼回到那個從他事業開始便佔據著他思想的主題。在這本書中，基督論的特徵是，他顯示出他對基督教的基督教義那舊約背景，感到興趣。他主張，為了讓基督教神學對耶穌基督

2 Jürgen Moltmann, *God in Creation: A New Theology of Creation and the Spirit of God* (San Francisco, CA: Harper & Row, 1985), 91.

3 Moltmann, *The Crucified God*, 249.

有正確的看法，神學家必須考慮到猶太框架。這個觀點對於現時基督教會的事奉和宣教是有含義的：它應該積極地繼續建立與猶太教的聯繫，而且繼續與舊約信仰的彌賽亞主義（messianism）進行對話。

《耶穌基督的道路》最獨特的貢獻是，它描述耶穌基督那 150
從地上職事到祂再來（*parousia*）的旅程。在這著作中，耶穌的終末視角是更普遍的：耶穌基督正「走向」（on his way）彌賽亞的將來。莫特曼考慮到那在祂的變成中的基督（Christ-in-his-becoming）。這個主要的基督論著作被分割，不是根據耶穌的神性—人性模式來區分，而是把它分為五個階段：祂地上的使命、十字架、復活、現在宇宙性的統治和再來。同時，這本書也十分強調耶穌地上的生活。

在《耶穌基督的道路》中，莫特曼的基督論正朝一個可以被稱為聖靈基督論（Spirit Christology）的方向發展，而他更近期的著作《生命的聖靈》（*The Spirit of Life*）[4] 也繼續這個方向。正如這個名稱所顯示的，聖靈基督論是從聖靈的角度來研究耶穌基督的位格和職事。

為嘗試給自己的基督論進路尋找一個恰當的歷史先例，也為了向好像政治不公義和環境威脅等現時的問題說話，莫特曼批評和重新挪用古教父對基督的觀點，特別是東方對基督的觀點。

莫特曼發覺，教父時期那「宇宙論的」（cosmological）基督論雖然有它的缺點（例如兩性觀的困難，令基督的神性成了無感覺的），但在生態學方面它卻是富有成果的：它強調人性和創造於物質方面的重要性，這可以帶來生態學上的

4　Jürgen Moltmann, *The Spirit of Life: A Universal Affirmation*（Minneapolis, MN: Fortress, 1992）.

詮釋。它對應以宇宙為中心的世界觀，並給基督論開啟視域——這視域超越了個別基督徒生命和教會的限制，也就是這些基督論的典型焦點的限制。教父的基本問題也是神學仍與之搏鬥的問題，也就是在有限的短暫和神性的永恆之間的對比。教父的基督論所嘗試解決困難的方法是：要言說上帝成為人，藉以將人性和創造神聖化（divinize）。

莫特曼嚴厲地批判啟蒙運動的基督論那背道而馳的議程，特別是它以人為中心的世界觀。它帶來一連串耶穌論（Jesusology）——將它們那經文化所調節的、關於創造者的理想投射出來。它創造出一種鼓勵宰制自然的態度，因為它缺乏一個關於拯救的宇宙論取向。它也集中在人類歷史的耶穌，這耶穌卻是排除形而上學的。

·十架神學·

自從馬丁·路德（Martin Luther）和他那具奠基性的十架
神學（theology of the cross）——相對於榮耀神學（theology
151 of glory）——之後，沒有人好像莫特曼那樣如此強烈和富創
意地集中在這個主題之上。因著他在第二次世界大戰後成了
戰犯，他對基督的受苦的關注便得以增強。但在他第一本主
要著作《盼望神學》後，很多人認為，莫特曼主要是復活的
神學家（theologian of the resurrection）。事實上，我們不能
否認，以前在他的神學中，復活扮演著重要的角色，而且繼
續扮演著重要的角色，因為那是基督教信仰那「徹底的盼望」
（radical hope）的基礎。莫特曼在復活那宇宙終末論的框架
內，設想復活的意義。很多近期的神學都傾向化約復活的意
義；與之相比，莫特曼不懈地強調，只有基督的復活會給新

天新地的終末盼望立下基礎。

因為復活的盼望回溯到上帝那具決定性的得勝——在基督裏戰勝死亡——它圍繞及包括了上帝在歷史中的公義的盼望，但它也超越了歷史。有趣的是，與潘寧博相比，莫特曼拒絕讓復活事件接受歷史性—批判性研究的檢視，雖然他明確視它為時空中的事件。他這樣做是因為復活事件對在現代科學進路的限制內的歷史觀念，提出質疑。正確著手探討復活的方法是，將它聯繫到將來的終末盼望；要相信復活的實在，我們就必須讓自己被投進積極的盼望中。

復活對莫特曼的重要性，源於他以十字架為焦點，並沒有否定十字架。對他來說，十架神學只是基督教盼望神學的反面，如果這神學的出發點在於被釘十架的那一位的復活。這裏最具主導性的觀念是十字架和復活的辯證詮釋：在死亡和生命之間，在上帝有和沒有於耶穌裏臨在之間，存在著張力。雖然在被釘十架的耶穌和復活的耶穌之間存在著完全的衝突，但在被釘十架的基督和復活的基督之間也有完全的認同，這認同也給將來賦予盼望。復活的盼望總是建基於終末的應許，指向將來，並最終指向上帝關於新的創造的應許。

根據馬丁．路德的精神，莫特曼主張，人認識上帝的惟一方法是認識那位隱藏在十字架和羞辱中的上帝。莫特曼惟獨稱被釘十架的基督為「人類的真神學和對上帝的真知識」。[5] 這樣是作了一個前設：雖然人可能透過上帝的工作間接認識上帝，但只有在基督的十字架中，人才可以直接看到和認識上帝的存有。在這個意義上，十字架是所有神學的準則和標準。

5　Moltmann, *The Spirit of Life*, 212.

・受苦的基督和我們的受苦・

152 在傳統上，神學在言說完全的上帝的受苦時，都經歷了一段艱難時期。十三世紀坎特伯雷的安瑟倫（Anselm of Canterbury）提出，完全的、無限的上帝是不能夠受苦或感到痛苦的。對傳統神學來說，把上帝假設為動情的（passible），這似乎損害了祂那無限和完全的本性。很多近代的神學家，特別是在兩次世界大戰後，已懷疑這樣不願意言說受苦的上帝，是否源於希臘哲學多於聖經。舊約清楚從上帝被捲入祂百姓的生命這個角度來言說上帝，祂會歡欣和哀傷，甚至會後悔和改變主意。

莫特曼提出，神學應該言說神聖的受苦，其原因有數個。如果我們視耶穌的受苦為真實的，我們便要說上帝自己參與在基督於十架上的受苦中。如果上帝不能受苦，基督教信仰怎能把基督的受苦理解為上帝的啟示？上帝決定地和確定地在十字架的羞辱和受苦中被啟示出來。莫特曼批評傳統對基督二性的理解，這種理解區分了不動情的（impassible）神性和動情的人性，並只將耶穌的受苦歸於後者，而將受苦排除在神性以外。這只會導致關於受苦的基督、神人（God-man）的弔詭說法。「在基督教關於基督的十架的信息裏，一些新的和奇怪的東西進入了形而上的世界。因為這信仰必須從上帝兒子的受苦和死亡事件來理解上帝的神性，因此這為形而上學思想的存有次序，以及宗教感受的價值表帶來基本的改變。」[6]

愛的本質也要求我們認真看待關於上帝受苦的觀念。受苦沒有令上帝成為不完全的上帝，而是令上帝成為一個真正

6 Moltmann, *The Spirit of Life*, 215.

愛的、憐憫的、參與的位格。莫特曼這樣表達他對神聖的愛的理解：

> 不能受苦的上帝比任何人類都更可憐。因為不能夠受苦的上帝，是不能參與的存有。苦難和不公義並不能影響祂。由於祂完全不敏感，祂不能受任何事情影響或動搖。祂不能哭，因為祂沒有眼淚。但不能受苦的那一位，也不能愛。因此祂也是沒有愛的存有。[7]

因此，對莫特曼來說，被上帝遺棄（God-forsakenness）是神學的中心。每一種基督教神學和每一個基督徒存在（existence），基本上都是回應垂死的耶穌向上帝所提出的問
題：「我的上帝，我的上帝，祢為甚麼離棄我？」那位能夠感 153
受和經驗世界痛苦的上帝，是十字架和受苦的一部分。這就是在基督裏上帝與世界休戚與共的慈愛。基督教會應邀參與這慈愛的休戚與共之中。

·基督和祂的教會·

在莫特曼的基督論中，其中一個特點是它不可少地聯繫到教會，即基督的身體。教會是耶穌基督的教會。莫特曼把他的教會教義形容為彌賽亞式的和關係性的教會論。「彌賽亞式的」，本質上意味著是「基督論的」，而基督論的基礎總是指向終末的。因此，他的觀點是「建基於基督論的，並以終末論為指向的教會教義」。[8] 教會是耶穌基督的教會，單

7　Moltmann, *The Spirit of Life*, 222.

8　Moltmann, *The Church in the Power of the Spirit*, 31.

受祂的主權控制。因此，對莫特曼來説，教會論只能夠從基督論發展出來。但重要的是，我們要留意，關於基督的話也是指向在教會以外的國度，即基督——彌賽亞——將來的統治。因此，基督的教會必要成為「彌賽亞式的團契」（messianic fellowship）。作為基督的教會，她活在「記念祂的歷史和盼望祂的國度之間」；教會不是那國度，而是國度的預視（anticipation）。[9]

作為耶穌基督的教會，教會與它的主的歷史和命途連結在一起。受苦和喜樂的辯證是教會存在的特點；十字架和復活是它生命的基調。教會參與基督的受苦，直到上帝那喜樂及和平的國度來到。上帝令祂自己易於受世界的痛苦所傷害，而教會則被吸引：「上帝在世界中的痛苦，是通向上帝對世界感到快樂的路。」[10] 受苦和喜樂的辯證也在教會的雙重本性中變得明顯。教會既是「十字架下的教會」，也是「慶賀自由和喜樂的教會」（church of the festival of freedom and joy）。[11]

教會其中一個為世界和為別人而活的方法，是參與基督的職事（offices）。依從傳統的改革宗教義學，莫特曼談論基督身為先知（職事）、祭司（死亡）和君王（復活／統治）這三個職事。教會參與這些職事，以回應上帝的邀請，即成為拯救的工具。在它的先知任務中，教會參與著耶穌那彌賽亞式
154 的宣告和祂使人得自由的行動。這是教會的解放職事。教會參與耶穌的受苦，就是在十字架下生活和事奉，與軟弱的人受苦地休戚與共。作為耶穌高升的一部分，教會便作為自由和平等的團契而生活。在這些傳統的職事以外，莫特曼還加

9 Moltmann, *The Church in the Power of the Spirit*, 75.

10 Moltmann, *The Church in the Power of the Spirit*, 93.

11 Moltmann, *The Church in the Power of the Spirit*, 76～78, 97～98.

上另外兩個：首先是基督的變像，它強調了崇拜和「自由的節慶」的美學面向（aesthetic dimension；關於舊約禧年的傳統，教會參與和歡慶社會性、政治性和其他囚犯的自由）；第二是基督的友誼——教會開放自己，邀請人進入團契；正如基督在地上時邀請罪人和被驅趕的人進入飯桌的團契一樣。

17

潘寧博
普遍基督論

Wolfhart Pannenberg
Universal Christology

・追尋普遍真理的神學・

為潘寧博（Wolfhart Pannenberg）贏得國際聲譽的兩本著作，是原本在一九六一年以德語寫成，名為《啟示作為歷史》（*Revelation as History*）的文集，以及他那主要的基督論著作，在一九六四年以德語出版，其後命名為《耶穌、上帝和人》（*Jesus, God and Man*）而以英語出版。[1] 因此，從神學事業之始，潘寧博這位被很多人視為第三個千禧年開始之際最有影響力的，也是引起最激烈辯論的系統神學家，便著手處理基督論的基本問題。《耶穌、上帝和人》的主要焦點是方法論，而潘寧博所支持的是從下而上的進路。在他的巨著中，

1 Wolfhart Pannenberg, Rolf Rendtorff, and Ulrich Wilkens, eds., *Revelation as History*, trans. David Granskou（New York, NY: Macmillan, 1968）; Wolfhart Pannenberg, *Jesus, God and Man*, trans. Lewis L. Wilkins and Duane A. Priebe（Philadelphia, PA: Westminster, 1977）.

即三卷本《系統神學》（*Systematic Theology*）[2]——全部在一九九七年以英語出版——他繼續那在較早期著作中的主要取向，雖然他是以自我批判的方式進行，但他也超越了方法論問題，進而處理基督論的主要論題。自從巴特（Karl Barth）
156 出版了其龐大的《教會教義學》（*Church Dogmatics*）以來，只有潘寧博這位神學家嘗試建構全面的、綜合的神學體系。

對潘寧博來說，神學是公共學科而不是敬虔的操練，他十分反對這種將信仰和神學私人化的普遍做法。神學需要言說共同關注，因為沒有特殊的「宗教真理」存在。正如潘寧博不懈地堅持，如果某些事情是真的，它必須對每個人而言都是真的，而不是對某人為真而已。對他來說，真理問題是神學的主要問題。對現代神學不利的是，現代神學大體上不理會真理問題，但潘寧博不願意放棄追求一個真理（one truth）。因此，潘寧博的神學專注於理性和推論；神學陳述——以假設（hypotheses）的形式——需要受到嚴格的批判質問。信仰不是盲目的行動，信心的跳躍，而是建基於公共的、具歷史性的知識的。潘寧博關於真理的觀念最接近連貫模式（coherence model）；在這模式中，基督教教義學的目的是要顯示出它的真理，這真理既關乎它的內在邏輯，也特別關乎其餘的人類知識，包括科學。用潘寧博自己的話說，正如在他事業開始時所提到的，「關於基督教信息的真理，這個問題必是關乎到它今天能否仍向我們揭示我們所活在其中的實在（reality）的統一性」。[3] 在他的神學中，上帝是所有神學的客體和那具決定性的實在。上帝是決定一切的能力。

2 Wolfhart Pannenberg, *Systematic Theology*, 3 vols.（Grand Rapids, MI: Eerdmans, 1991, 1994, 1997）.

3 Wolfhart Pannenberg, "What Is Truth?" in *Basic Questions in Theology*, vol. 2（Philadelphia, PA: Fortress, 1971）, 1.

如果上帝的實在必須能夠不單照亮人的生命，也照亮世界的經驗；那麼基督論也應該能夠這樣。

對潘寧博來說，基督論的任務是為相信耶穌的神性而提供理性的支持；這神性是不能被假設的，而是需要根據歷史證明來被論證的。如果我們將信仰單建基於宣講（*kērygma*）而不是歷史事實，我們的信仰就可能是被誤置的。雖然潘寧博相信，人需要對耶穌事件的歷史基礎進行批判性─歷史性研究，但他也提出我們應該給歷史研究帶來開放性，不要藉著否定神蹟和其他超自然事件而加以限制它。歷史來源談及那些與耶穌生命有關的神蹟，而最大的神蹟當然是關於復活的宣稱。根據潘寧博，對基督論的來源和歷史基礎作批判研究，不能事先決定哪些事件在歷史上是不可能的。

潘寧博相信，單憑歷史研究是不能夠帶領人們最終委身於相信耶穌基督位格的神性。同時，在個人預備好作出認信之前，如認信耶穌關於復活的宣稱是有效的或至少是有可能的，人需要進行仔細的研究。這表示，相信基督的神性（人 157
性對他的進路來說不是挑戰）是歷史研究的結果，而不是它的前設。

・終末的新人・

在《系統神學》卷二中，潘寧博以三部分來建立他的基督論，這與基督論在系統性論述中最常的做法平行：首先，他考慮到耶穌與人類的關係（第九章），然後是關於祂神性的宣稱的支持（第十章），最後是在復和這個標題下耶穌在拯救中的角色（第十一章）。但他對這些傳統基督論中心所作的論述是獨特的，也顯示了他對神學所採取的獨特進路。

雖然潘寧博的神學是以上帝為中心，並專注於顯示基督教對上帝的相信是有能力照亮人類對世界的經驗；但他的神學也牢牢地建基於人類學（anthropology）——關於人類的教義。潘寧博的進路其中一個基本目的是要顯示出，相信上帝不是與人類的結構格格不入的。宗教性（religiosity）不是——正如宗教的無神論批評者所主張那樣——外來的東西，被強加給人類的；而是身為人類所必不可少的部分。根據定義，人類開放自己，以接受來自上帝/諸神的啟示。當然，這並不證明基督教那獨特的上帝的存在，但它卻顯示出，言說上帝是理性的，也是可以在人類存在（human existence）的本性以內推進的。

這個理解提供了通往基督論的重要橋梁。基督的人性對神學而言並不陌生，它反而是一個嘗試，以把耶穌的出現理解為人類命途的啟示和實現。十分重要的是，潘寧博將他系統神學中的這一章稱為「人類學和基督論」（"Anthropology and Christology"）。潘寧博在保羅關於耶穌作為新人或新亞當（new Adam）的觀念的幫助下，把耶穌的人性理解為人類命途的實現。聚焦於作為**終末**新人的耶穌身上，這焦點也聯繫到他極重要的復活觀念，而這復活觀念是耶穌宣稱有完全人性和神性的確認。

對保羅來說，所有人都要帶有新亞當的形象。潘寧博由此而總結說，身為新亞當，耶穌是新人類的原型，使人類的命途得以實現。但耶穌不單是個別人類生命的命途。根據潘寧博，保羅也強調在基督作為新亞當的形象中的集體面向。換句話說，關於人類之間相互的關係，耶穌是人類命途的實現。作為一個必然的結果，沒有個別的人能夠實現人類的命途；那只可能在羣體中實現。

當我們考慮到耶穌作為新亞當這個觀念時，潘寧博也討
論了祂彌賽亞身分的本性。首先，人們期望彌賽亞實現以色 158
列的盼望。在耶穌的生命和復活中，這盼望被擴展到整個人類。耶穌作為新人，祂是人與上帝和人與人之間團契的建立者。上帝一般對創造的計劃，特別是對創造人類的計劃，就是相通（communion）。彌賽亞使這神聖計劃得以實現，最終將所有人聯合在一位上帝之下，以敬拜那位獨一的、真正的上帝。

・復活和耶穌的神性・

成肉身的基督宣稱自己是由祂父所差派的子，來傳講關於將來的國度。潘寧博在這裏開始他對基督神性的考慮。潘寧博沒有訴諸從上而下的基督論——這種做法以它所論證的事作為前設——他反而以耶穌的宣稱的歷史基礎，以及以這些宣稱透過耶穌從死裏復活而得到父的確認來開始。耶穌宣告上帝的國近了，這明顯表示個人宣稱有權威，這是超過一個人可以為自己所取得的任何東西；事實上，耶穌表明自己是上帝將來的主權的中介（mediator），而這主權現在已經在運作。為了確認祂的宣稱，耶穌望向將來的肯定，即是復活。對潘寧博來說，復活事件是維護耶穌的神性——祂與上帝的聯合——的**那個**出發點（*the* starting point）。

以復活為基礎來維護耶穌的神性，這聯繫到在猶太背景下人怎樣理解復活。在這裏，天啟主義（apocalypticism）的普遍影響力是理解復活意義的關鍵。新約學術研究都同意，相比起幾篇天啟信息——以災難性宇宙事件和神聖的介入來談論將來世界終結的經文——的存在，那更重要的事實是整

本新約都在天啟主義的泥土中發展出來。天啟的世界觀提供了那鑰匙，以理解耶穌和祂的復活在新約的重要性和意義。在這裏，天啟主義的三個特點有特別含義：首先，上帝全面的啟示只會在歷史終結時才發生。第二，歷史的終結有普遍的含義：它包括猶太人和外邦人。在終結時，上帝會顯明自己是所有人和所有創造的上帝。第三，歷史的終結包括死人的普遍復活。

如果耶穌的復活可以被證明是一件歷史事件——潘寧博相信是可以的，所根據的是空墳墓傳統和所存在的大量目擊證人，他們的見證的有效性沒有受到同代人的質疑——那麼那復活表示著它是在終結時會發生的、一切人的復活的開端。對潘寧博來說，耶穌的復活是鑰匙，讓人明白這洞見：
159 人類耶穌是與上帝合而為一的。藉著使耶穌從死裏復活，父肯定了耶穌在復活節前的宣稱，就是關於將來的國度和父的統治的宣稱；耶穌被顯明是但以理書七章13至14節所預言的終末人子，以及時間的天啟期望（apocalyptic expection）。耶穌死在十字架上後，如果沒有神聖的肯定，人們便不能證成（justify）他們對耶穌和對祂的宣稱的相信。如果沒有復活，祂的敵人便是正確的：祂宣稱有權威，這就是褻瀆的。

根據潘寧博，我們現在可以將好像人子、主和上帝的兒子等基督論稱號，應用在祂身上。而且，世界的終結已經隨著耶穌的復活而開始了。祂的復活是「預期」（prolepsis），預視了在終結時那會應用在我們所有人身上的事情。在耶穌這個作為縮影的生命中所發生的事情，將會應用在其餘的人和創造身上。上帝透過耶穌復活而提出的確定啟示發生了，雖然它最終的實現要等待末時的啟示——那時，聖經的上帝會顯明自己為一切的上帝。但現在我們已經可以說，如果耶穌被升到上帝那裏，而世界的終結已經開始，那麼上帝便終極地在耶穌裏得以顯明。

但基督的十字架又怎樣呢？十字架對基督的位格性和我們的拯救又有甚麼意義？人們經常指出，潘寧博那麼專注於復活，以致十字架在他的基督論中不是扮演足夠重要的角色。潘寧博的確強調復活，因而沒有那麼強調十字架。他對十字架所採取的進路是透過「包含性替代」(inclusive substitution)這個觀念，這是相對於「排他性替代」(exclusive substitution)的。對潘寧博來說，在祂的十字架和復活中，耶穌成為我們的替代者。耶穌死，不是如排他性觀點所主張的那樣，是為了讓我們可以避免死亡；相反，在為我們嘗死的滋味時，祂徹底地改變死亡。我們不再需要害怕死亡。因為我們透過信而參與由基督所帶來的新生命，所以我們可以預期參與上帝那超越死亡的生命。

・三一中的基督・

對一位尋求以照亮所有人類經驗和世界為神學的中心任務的神學家來說，三一上帝的教義是他系統地描述基督教信仰的焦點和基礎，這是毫不令人感到奇怪的。潘寧博的神學是徹底三一的，而基督論是他揭示這教義的大門。

潘寧博當然不是第一個將三一教義置於前沿的基督徒神學家。例如對巴特來說，所有基督教教義都固定於和倚靠三一。但潘寧博對這教義所採取的進路卻是獨特的，其原因至少有兩個。第一，三一教義先於關於上帝的統一(unity of 160
God)的教義。[4] 神學的規範是先言說上帝的一性(oneness)，

4　Pannenberg, *Systematic Theology*, 2:280 ~ 299.

然後才闡釋三一的視角。潘寧博先闡釋三一，然後才闡釋上帝的一性。這個逆轉是重要的，因它考慮到三一不是加給上帝的統一的東西；上帝實際上是以三一存在的。這與薛斯奧拿（John Zizioulas）的觀點相平行；薛斯奧拿認為，上帝不是首先以存有（being）存在，然後加上位格性（personhood），而是上帝就是位格、相通。第二，潘寧博沒有以臆測來建立他的三一上帝的教義，正如人們經常做的那樣，他反而將他所說關於三一的一切事，都建基於啟示，也就是父、子和聖靈在啟示事件中出現的方式。因此，潘寧博的三一教義的出發點，是耶穌對上帝好像父一般的關心和對上帝國——祂對所有創造的統治權——所發出的信息。[5] 在這方面，潘寧博接近莫特曼（Jürgen Moltmann）所採取的進路。兩者的分別是對莫特曼來說，那出發點是基督的十字架，而對潘寧博來說，那焦點則是耶穌與父那父子的關係，以及耶穌對父旨意的順從。

在潘寧博的教義中，其核心是他那「自我區分」（self-differentiation；與黑格爾一致）的觀念，也就是，位格的本質在於將自己給予那與自己對應的一方，從而從他者取得自己的身分。這糾正了傳統關於三一的自我區分的觀念——傳統觀念指透過父生出三一中第二和第三個位格，因而暗示了父的優先性。根據潘寧博，將自己從別人區分出來的那一位，把自己的身分依賴於別人。在這個意義上，父的父親身分便有賴子和聖靈的活動；反過來亦然。根據這個理解，潘寧博依從了亞他那修（Athanasius）那古老的觀點：沒有子，父就不會是父；反過來亦然。這再一次顯明，三一對上帝那存有論式的存有（ontological being）是必不可少的。耶穌將自己

5 Pannenberg, *Systematic Theology*, 2:259 ~ 280.

從上帝區分出來，主動地服從去服事上帝和祂的國，讓位於父那作為上帝的宣稱（腓二 6～8）。反過來，父將主的身分交給子，而子在末時將這身分交回（林前十五 24～25；腓二 9～11）。父的國度有賴子和祂的順從。

這個範式也解釋了聖靈與父和子的區分。潘寧博訴諸約
翰關於子因聖靈得榮耀的話（約十四 26，十五 26，十六 13～
15）。他指出，聖靈的三一觀念同樣由耶穌的來臨而發展出
來；初期教會視上帝的聖靈為耶穌的羣體與父之間的中介，
以及信徒參與基督之中的中介。這個行動把聖靈構成在父和
子以外的獨特位格；正如耶穌榮耀父而不是自己，從而與父 161
為一；聖靈也榮耀子而與子和父為一。[6]

現在我們應該明顯看到，潘寧博拒絕「和子」（*filioque*）的觀點（聖靈源自父和子）。他相信這觀點是錯的，因為它假設了父—子在來源上是首要關係，在此之上加上聖靈的活動。這令聖靈成為次要的，意指聖靈的次位論（subordinationism of the Spirit）。

在他的三一基督論中，潘寧博也強調基督和聖靈之間那相互和互相倚靠的關係。這首先在他關於創造的三一教義中成為焦點。要理解創造，其關鍵是：子是與父不同的「他性」（otherness）的模範。創造、世界有別於創造主，這事實全靠子與父自我區分、但又沒有完全與父分離。換句話說，子與父的自我區分，是世界獨立於父而存在的基礎。在這意義上，子是創造的中介。聖靈是上帝在創造中內蘊性（immanence）的原則，以及是創造參與神聖生命的原則。這裏有一個有趣的弔詭：創造的目標是建基於子的獨立性，但參與上帝——神聖的生命——也同樣是需要的；後者是聖

6 Pannenberg, *Systematic Theology*，尤參頁 314～316；也參頁 304～305。

靈的角色。

根據潘寧博，「基督論的構造和聖靈論的構造並不互相排斥，而是彼此相屬的，因為聖靈和子作為三一的位格是彼此寓居的」。[7] 聖靈在各處的工作都與子的工作緊密相連，從創造到拯救、到創造在終末所達到的高峯。相互性（reciprocity）——而非對稱性（asymmetry；通常以基督論優先的這個形式出現）——得到強調，因為在新約，耶穌基督自己被視為聖靈的接受者，以及聖靈在其出生（路加福音）、受洗（馬可福音）和復活（羅一 4，八 11）中的工作。根據約翰福音，聖靈「沒有限制地」被賜給耶穌基督（約三 34）。由於復活的主全然被生命的神聖聖靈所充滿，所以祂可以將聖靈賜給其他人，只要他們與主有團契。

· 基督和諸宗教 ·

潘寧博那繫於歷史和徹底三一的基督論，對一般的基督教神學——特別是基督論——所面對的最迫切問題，
162 也就是關於基督與其他宗教之關係的問題，有具決定性的話要說。用神學的術語來說，這是諸宗教神學（theology of religious）的問題。主要的問題是：對於其他宗教和它們對拯救的觀點，基督扮演了甚麼角色？

根據他對三一相互內在之關係的理解，聖靈的任務是榮耀子，並透過子而榮耀父對獨一主權的宣稱；潘寧博基於這理解而能夠主張，但凡神聖的奧祕在工作的地方，子也是在工作的。雖然宗教可能存在扭曲和誤解，但子身為所有受造

7 Pannenberg, *Systematic Theology*, 3:16～17；在他於第三卷較早部分所討論關於教會的基礎中，這強調都十分明顯。

存在的中介，祂仍然在這種對意義和真理的追尋的「背後」。那位成為人類參與上帝和神聖生命之原則的上帝之靈，也是那位在世界和宗教中與子一起工作的上帝之靈。

聖靈論代表普遍性（universality），而基督論在某意義上是在歷史的獨特性和終末的普遍性之間的張力點，它不是以排他的方式，而是以開放基督教的方式來與其他宗教進行對話。「耶穌在自己的生命、死亡和復活中所宣告的和作為先驅而實行的上帝之統治，可以根據使徒的信息而被視為在人類所有宗教中工作的能力。」[8]

潘寧博怎樣理解非信徒的結局？他讓這個問題懸而未決。對他來說，耶穌是「審判或拯救的普遍準則，但不是拯救那必不可少的歷史方法」。[9] 這個理解與潘寧博對揀選（election）的理解相一致；根據他對揀選的理解，揀選並不表示確定了某些個體其永恆的結局，而是透過令人參與世界而帶來神聖的目標。「這個觀點將宗教間對話的焦點，由誰最終屬於上帝的百姓，轉為在世界中尋找神聖實在，並令所有人都參與關於促進神聖計劃的命令。」[10]

對潘寧博來說，基督代表了上帝最終的啟示，儘管不是以排他的方式。雖然這種態度對我們這個時代大部分的多元論者來說，都顯得是沒有好結果的，但潘寧博的宗教神學事實上有很大的潛力以進行持續的對話。雖然他相信基督代表

8　Carl E. Braaten, "The Place of Christianity among the World Religions; Wolfhart Pannenberg's Theology of Religion and the History of Religions," in *The Theology of Wolfhart Pannenberg: Twelve American Critiques with an Autobiographical Response*, ed. Carl E. Braaten and Philip Clayton (Minneapolis, MN: Augsburg, 1988), 305.

9　Wolfhart Pannenberg, "Constructive and Critical Functions of Christian Eschatology," *Harvard Theological Review* 77 (April 1984): 136.

10　Stanley J. Grenz, "Commitment and Dialogue: Pannenberg on Christianity and the Religions," *Journal of Ecumenical Studies* 26, no. 1 (1989): 206.

上帝在宗教的歷史上的獨特啟示，但他的基督論絕對不是具
163 規限性的。在耶穌的復活中——那是父對拿撒勒人耶穌的
宣稱之肯定——一個對終末的復活和新創造所預期的、確定的洞見被給定了。在回顧中，我們可以見到，終末國度的來臨，以及父對具有統治所有創造和所有人之權力所作的宣稱，都已經存在於其他宗教對真理將來的圓滿所作的見證中。

對於以潘寧博的計劃為基礎的宗教神學和宗教間對話而言，將來存在著一些挑戰。正如潘寧博似乎相信的那樣，如果耶穌基督在宗教歷史中的獨特位置，可以大致上被客觀地肯定——基於祂的復活在歷史上是可被驗證的事實（這證實祂在地上的宣稱）——而毋須人委身於任何確定的信念，那麼宗教神學便有潛力變成為真正宗教間的努力。即使那些來自不同背景的神學家持守他們的個人信念，他們仍然可以把其神學工作理想地建基於「事實」和對它們的價值所作的評估之上。雖然這種系統性工作不容易被人想像，但我們不應太急於拋棄視象和烏托邦。因此，宗教對話不應該只是兩個或更多羣體之間的相遇，而是可以成為真正「普世的交換禮物／恩賜」（ecumenical exchange of gifts）的場合。

18

克勞斯
門徒的基督論
C. Norman Kraus
Disciples' Christology

・從門徒到門徒的基督論・

對於那些被主流神學家視為「邊緣」的人，教會歷史和基督教神學的作者都習慣不理會或淡化來自他們的貢獻。即使在十九世紀末，大部分教會歷史學家仍然只是將西方基督教分為新教和天主教兩種。大量合法的基督教會和羣體被遺漏了，他們主要是來自徹底宗教改革運動（Radical Reformation）的，如重洗派（Anabaptism）和較後期的自由教會運動（Free Church movements）。鑒於天主教徒和權威的改革者（Magisterial Reformers）視徹底改革者，即「左翼分子」，為持異議者，所以徹底改革者便視自己為上帝在地上的真教會，是守護使徒的教義和實踐的人。

克勞斯（C. Norman Kraus）在《耶穌基督我們的主》（*Jesus Christ Our Lord*）這本書中，提供一種從門徒角度出發的基督論。[1] 克勞斯是一位曾經在亞洲和非洲任教的神學家，他在其著作中與非西方的關注作交流；他代表著那可以追溯到徹底宗教改革運動時期的重洗派傳統。他的焦點是耶穌基督給門徒所帶來的意義和重要性，而這是重洗派的主要強調。對
165 重洗派來說，人單有信仰或正統的信條，並不足夠；一種以順服主命令作為實踐的基督徒生活方式，必須是可見的。除了與他的重洗派傳統作交流外，克勞斯也挑戰西方對基督所作的標準詮釋——這種詮釋使用了罪和懲罰這些範疇——並根據亞洲那些關於羞恥的觀念來看基督的工作。因克勞斯站在重洗派的傳統之中，所以他也打算從基督論的角度撰寫「和平神學」(peace theology)。其出發點是聖經上的肯定，即「他是我們的和睦」(弗二 14)。

克勞斯發覺，對於他的基督論，關於自我認同和自我啟示的觀念是最有幫助的。耶穌是上帝向我們的自我啟示，祂是將自己賜給我們的上帝(God-giving-himself-to-us)。自我啟示只會以真正位格性的、歷史性的關係這個形式，來到我們這裏。

為了撰寫出一個從門徒角度出發的基督論，克勞斯以聆聽聖經中基督首批門徒的見證作為開始。從此，他創造了一種基督論，是牢牢地內嵌於全球的現存文化中的。事實上，克勞斯不單撰寫了一個全面的重洗派基督論，也撰寫了一個緒論，即整體的基督教神學的導言。基督論是通往研究上帝的大門。

1 C. Norman Kraus, *Jesus Christ Our Lord: Christology from a Disciple's Perspective* (Waterloo, Ontario: Herald Press, 1987).

・基督論還是耶穌論？・

十九世紀和其後關於歷史耶穌的追尋都提出一個問題：我們應該言說基督論還是耶穌論（Jesusology）？畢竟，那個追尋的焦點是探究那位來自拿撒勒城的，被稱為耶穌的人的歷史來源和心理來源。雖然克勞斯承認從下而上的進路是有價值的，但在他閱讀新約的過程中，他看到一個綜合了從下而上和從上而下進路的綜合體。這被概括在以弗所書四章20至21節中；那裏談到基督和「在耶穌裏的真理」。換句話說，這段經文結合了地上的耶穌和信仰的基督（Christ of faith）。從這裏克勞斯得出一個導論式結論，一個適合他那基督論其餘部分的框架：

> 基督論始於那個信仰的確信：耶穌這個人只有在聖經的彌賽亞主義的獨特類別中，才能夠被正確地理解。並且基督論嘗試解釋怎樣和為甚麼是這樣。但它也始於這個堅定的確信：這彌賽亞形象必須根據「基督只是拿撒勒人耶穌」這事實來被理解。基督論超越歷史耶穌的傳記類別，它嘗試評估祂的重要性，但它必定永遠不會放棄它的歷史指涉。在耶穌裏具歷史性的啟示，仍然是界定本真的基督形象和基督徒經驗上帝的規範。[2]

勞斯提醒我們，以弗所書的基督不是一個神祕的人物、神祕 166
的象徵，或者哲學的原理，而正是與耶穌等同，並在耶穌裏為人認識的那一位，是使徒傳統中的歷史人物。

在嘗試理解首批門徒眼中的耶穌，好嘗試為現時的門徒

2　Kraus, *Jesus Christ Our Lord*, 25.

提供一種基督論時，克勞斯提問：為甚麼我們不應單閱讀新約的福音書，以得出一個關於歷史耶穌的論述？為甚麼我們必須要把耶穌神學化？明顯的原因是福音書包含多過一幅的神學圖畫，對基督作了多過一個的詮釋。為了我們現在的需要，我們應該選擇哪一幅圖畫，哪一個詮釋？祝福孩子的慈愛救主？醫治者和行神蹟者？帶著權威來作教導的拉比—先知？不抵抗的受苦僕人？還是所有受造物的先存原型（preexistent prototype）？

對克勞斯來說，在同一正典中存在著耶穌的歷史及對這歷史意義的神學詮釋，這是要指向基督論的方法論：關於從下而上的進路和從上而下的進路，兩者不是非此即彼（either / or），而是兩者兼有的（both / and）。人需要對基督作多重的、獨特的神學詮釋，這明顯才能對我們這個時代中那些多元的文化和宗教需要，作充分的了解：

> 這位基督可以是以一個美國救主的外貌來到，祂的形象溶入自由神像的形象之中，歡迎世上那些苦惱的人進入自由和機會的土地。祂也可以是羅伯斯（Oral Roberts）宣稱在異象中所看見那位處於九百尺高的神蹟施行者。[3]

祂也可以是標準福音派神學（evangelical theologies）的基督，為罪的罪疚而被獻上的替代性祭品。祂也可以是南美洲革命和解放神學的解放者。

對於追尋這種有意義的處境化基督論（contextual Christologies），其背景是教會在世界不同文化中的宣教工作。門徒的基督論（disciples' Christology）那假設的目的是

3 Kraus, *Jesus Christ Our Lord*, 27.

要幫助教會明白，它的信息對其作門徒的生命和它向列國所作的福音宣告，具有甚麼的含義。在福音書和新約其餘部分中，人原本見證基督的處境和目的是宣教中的宣講。這種基督論的任務是運用現存文化的形象和語言，以不同文化所挪用的方式來表達它的信息。例如：道成肉身的觀念在古代世界是頗為常見的。多神論的神話包含了很多關於神聖英雄由人類母親所生的例子。印度教傳統（Hindu tradition）的化身（*avatara*；神成肉身）也廣為人所知，而且往往被正面地與基督教道成肉身的觀念作比較。在很多文化中，國王或皇帝 167
都已被視為神聖化身。

不過克勞斯提出，有一個準則是需要的，那就是新約，即對原本的門徒關於基督的觀點所作的見證。「我們需要一種神學描述，它會提供一個規範，讓人使用新約形象，為世界的眾多文化而模塑福音的信息。它也必須給我們提示，好讓我們自我理解為基督的追隨者，並引導我們進入恰當的門徒身分。」[4]

・耶穌，關於人性的道・

耶穌的完全人性是門徒基督論的一個關鍵點，這並不會令人感到驚訝的。十六世紀的重洗派者——他們十分強調以忠心的順服來跟隨基督——清楚明白這一點。他們將注意力集中在耶穌那無罪的和非暴力的人性，以它作為順服和純潔的新人的原型。十七和十八世紀一些重洗派者的資料來源談及基督「聖潔的人性」（holy Manhood）。耶穌這個人是通向人類道德更新的大門。關於祂的神性，形而上學的解釋不是

4　Kraus, *Jesus Christ Our Lord*, 29～30.

焦點，雖然所有重洗派者都強烈肯定信經的古典正統。

重洗派的資料來源把基督的謙卑、在十字架上的受死，及其後降入陰間視為拯救的過程。拯救並不是藉能力來到，而是藉上帝的僕人謙卑地順服至死而來到。「耶穌基督這個人（只有祂在信徒中才會實現祂父的良善意願）……是主、統治者、領袖和祂聖徒的指導。」這人子是上帝給我們「已人性化」（hominized）之道。[5]

根據克勞斯，重洗派堅持基督完全的人性，其中隱含了兩個基本的信念：第一，上帝是捨己的創造主，祂完全認同我們的需要；第二，我們的人性在這位是上帝原型形象的基督身上得到圓滿的實現。道成了肉身，這不是另一種「處境化的」傳達，而是上帝的愛以成為我們一分子這個身分而來到我們這裏。道成肉身同時也肯定了人類的創造。上帝那已人性化的道是上帝的形象，因此指向上帝想人類成為的那模樣。要像上帝，這命途是人類存在的真意義和真命途。在這方面，克勞斯基本上與潘寧博（Wolfhart Pannenberg）提出同一觀點（雖然他沒有提及潘寧博）。

168 對克勞斯來說，基督教信息的核心是確信耶穌是上帝對人類生命所懷的意圖的實現，因而也是它的啟示。所有削弱耶穌的人性的幻影說式（Docetic）嘗試，都偏離了基督教神學的主要原則。約翰一書的作者在一世紀末寫作此書，他將幻影說等同敵基督的靈（約壹二 22 ～ 23，四 1 ～ 3）。

在過去，為耶穌的無罪性作辯護的方式，在要明白祂全面的人性上製造了一個困難。奧古斯丁將罪理解為縱欲和遺傳的罪疚，這尤其推動了神學家為基督作辯護，聲稱祂沒有瑕疵，也不受罪影響。對克勞斯來說，耶穌無罪性的焦點，

5 Kraus, *Jesus Christ Our Lord*, 63.

在於祂拒絕堅持自己的意志，拒絕違反上帝的意志；這就是基督身為上帝完美的形象的核心，「從聖經的角度看⋯⋯這就是成為完全的人的意思」！[6] 在祂的人性中，耶穌完全把自己與人性認同。祂與人類休戚與共地生活。對克勞斯來說，十字架代表了上帝與世界休戚與共的高峯。

如果**道成肉身**是關於人性的詞語，它同時也是關於上帝的話。道成肉身言說上帝在神人（God-man）——耶穌基督——中的自我揭示。耶穌關於祂與上帝為一的宣稱，是藉著祂從死裏復活而得確立和支持的。在這裏，克勞斯再次依從潘寧博的路；對這兩位神學家來說，復活是上帝對耶穌的宣稱的肯定——祂是神聖生命和上帝將來國度的中介。對克勞斯來說，復活是指向基督神性的實在（reality）的**那個**記號（*the* sign）。耶穌的復活也肯定了我們的拯救。拯救表示克勝死亡，而如果耶穌沒有從死裏復活，我們對超越死亡的盼望便會是徒然的。

・十字架、羞辱和罪疚・

在追尋恰當的拯救形象時，克勞斯考慮到一些在標準基督論中沒有那麼為人熟悉的形象。有一個形象似乎大量掌握了聖愛的大愛（*agapē* love），而這形象就是父母—孩子的類比。對於真正的道德回應，我們最好從最親密的人類關係來看它的真正本性，這就是為甚麼父母—孩子的隱喻有潛力照亮上帝對待祂孩子的方法。在新約，耶穌給上帝的獨特名字是亞蘭語的亞爸（*abba*）。按照這點——事實上初期教會代表耶穌基督而使用「父親」這個稱號——對於人們那麼少用

6 Kraus, *Jesus Christ Our Lord*, 72.

這個隱喻，這似乎是有點奇怪的。這個進路可以顯明，天上的父對祂那些任性的和犯錯的孩子具有熱情又成熟的愛。罪表示拒絕愛；因此，父親的愛，表示那為罪所作的補償，並表示祂張開手臂以迎接悔改的兒女。

169 克勞斯從新約和基督教傳統中使用了很多其他隱喻，以強調基督和我們之間慈愛的休戚與共。在聖經，特別是在新約，其中一個主要的形象是立約關係的修復。上帝與以色列所立的約，以及祂後來在基督裏與我們所立的約，都是拯救的給予，是基於上帝的信實。那是關於關係、信任、愛。另一個形象特別在西方文化以外的地方受到廣泛使用，它提出拯救是要脫離外來的權威。從罪的勢力和魔鬼的捆綁中得解脫，都是這形象的一部分。

關於拯救作為重新得到上帝的形象，這個東方的觀念是克勞斯在他的基督論和拯救論中喜歡使用的一個形象。當我們考慮到他對基督人性作為人類命途的實現的重視，這便是可以理解的。初期基督教傳統把形象的修復言説為神聖化（divinization）或神化（deification）：基督成為人，以致我們可得以神化。衞斯理（John Wesley）和聖潔運動（Holiness movement）的道德更新，是這個形象較後期的挪用。

在克勞斯的《耶穌基督我們的主》中，對基督的工作所採取最獨特的進路是與亞洲文化有關的，特別是與日本的處境有關。在西方關於罪疚的觀念和亞洲關於羞恥的觀念——作為人類困境的主要類別——之間有很大分別。罪疚專注於行動；羞恥專注於自我。在羞恥文化中，錯誤的本質在於人不能達到對自我的期望。罪疚源自我們對合法的期望作出違抗。內在的反應也不同。在罪疚的文化中，痛悔、自我指控和害怕懲罰都會存在。在羞恥的文化中，普遍存在的是尷尬、丟臉、自我貶抑和害怕被遺棄。罪疚的解決方法往往是要求報復或刑罰，而羞恥的解決方法則是認同和溝通；愛驅走羞恥，而稱義驅走罪疚。從這兩個範式中出現了關於基督十字架的不同觀點。對亞洲人來說，十字架代表羞恥的工具，以及上帝最終在我們有罪的羞恥中與我們認同；這就是上帝的愛的表達。在標準的西方拯救論中，十字架往往是刑罰的工具，以及上帝最終代替我們那邪惡的罪疚；十字架表達了上帝的公義。

當然，這兩種進路並非互相排斥的。基督的十字架同時與羞恥和罪疚有關。復和，表示克服羞恥和脫離罪。在祂的自我犧牲中，耶穌以兩種方式來代替我們行動。祂背負我們的罪的後果，藉以成為我們的僕人（可十45）。耶穌也代替了所有人類的位置，因為祂的啟示是普遍的。身為完全與人類認同，並完全代表人類的那一位，祂在十字架上面對死亡的命途。而且，被釘十字架的基督不單令羞恥的焦慮得以解決，也揭示出羞恥那個標準的倫理—社會面向（ethical-social dimensions）：「十字架揭露虛假的羞恥為人類偶像崇拜的 170
自我稱義；並在揭露它時，十字架打破了那帶來恐懼的能力。」[7] 羞恥在社會的禁忌和模範中得以表現出來。根據克勞斯，以神學術語來說，這表示，羞恥的表達是負面的標示，以指出社會對在人類身上所反映出來的上帝形象的概念。它們界定了人們視甚麼為真正的人性。因此，當基督教神學說十字架揭露虛假的羞恥，並反映人類羞恥的真本性時，這表示，被釘十字架的基督反映了上帝給人類的本真形象。換句話說，克勞斯總結說，被釘十字架的耶穌顯示了上帝對正確人類關係的標準，而這也成了給人類的真正普遍規範。

7　Kraus, *Jesus Christ Our Lord*, 220.

19

葛倫斯
福音派基督論

Stanley Grenz
Evangelical Christology

・給上帝羣體的神學・

福音派(evangelical)這個詞在現時的用法中，特別是在英語世界的用法中，是含混的。在宗教改革運動之後，這個詞本來意指新教神學(Protestant theology)，作為對天主教神學(Catholic theology)的反抗。在二十世紀，它被加上另一個意思；那時，它被用來指那些持守更正統的基督教版本的人，作為對自由派左翼人士的反抗。因此，「聖經的福音派教義」(evangelical doctrine of Scripture)便出現了，它認為上帝的道本質上是神聖的，而且在各方面都是值得信賴的。福音派運動(evangelical movement)是跨宗派的和全球的運動，它不單代表各種新教徒，由信義宗(Lutherans)到長老宗(Presbyterians)到浸信宗(Baptists)到五旬宗(Pentecostals)，也包括聖公宗(Anglicans)；更在近幾十年，福音派運動將自己與更反動的基要主義(fundamentalism)分別開來，雖然大部分基要主義者都視自己為真福音派。

這裏對「福音派神學」的指涉，是跟隨英語世界的主要用法，也就是說用它來指涉不同的新教傳統，它們開放地與其他基督徒進行對話，並珍惜古典的基督教——正如在信經和主流認信中所闡述的——但它也向神學和其他學術圈子中的新發展持開放的態度。

正如書名所暗示的，葛倫斯（Stanley Grenz）的《給上帝羣體的神學》（*Theology for the Community of God*）[1] 是從上帝的羣體——即教會——的角度，來看系統神學的本性和
172 任務。一般的神學，特別是基督論，往往為了個人對拯救的需要，也從這需要的角度而書寫的。這著作嘗試克服這種簡化論（reductionism），並反映神學和基督論的羣體含義。對葛倫斯來説，基督論是思考拿撒勒人耶穌——基督徒承認祂是基督——「在三一上帝那復和的、建立羣體的工作」中的角色。[2]

葛倫斯的基督論跟隨傳統的路，他首先考慮基督的神性、祂的人性和神人兩性的聯合，然後才討論基督在十字架和復活的工作。同時，葛倫斯的論述是最新的、具創建的，又向現時這方面的大部分發展持開放態度，並固定於基本的福音派信念之中。潘寧博（Wolfhart Pannenberg）在背後的影響是明顯的；這是可以理解的，因為潘寧博是葛倫斯的博士論文導師（雖然葛倫斯很少提到潘寧博）。

葛倫斯所採取的進路的特點是，他努力在從下而上的和從上而下的基督論之間，取得平衡。有時他似乎一面倒地支

1 Stanley Grenz, *Theology for the Community of God* (Grand Rapids, MI: Eerdmans, 1994).

2 Grenz, *Theology for the Community of God*, 244.

持從下而上的進路，但在他最終的結論中，從上而下的進路也是明顯的。

‧耶穌基督與上帝的團契‧

如果葛倫斯是過去典型的福音派神學家，他便會只提到聖經中關於耶穌的宣稱、神蹟和其他職事的經文，藉以肯定耶穌與上帝的聯合和祂的神性。但這不是葛倫斯的進路。跟隨潘寧博的做法，他給自己一個繁重的任務：根據歷史的探究來確立基督的神性。葛倫斯提出，我們不能將信仰的基督（Christ of faith）和歷史的耶穌（Jesus of history）分開，雖然這做法是誘惑人的，因為這樣可以使我們免除歷史研究。

對於耶穌生命的哪一方面可以給祂的神性提供基礎，葛倫斯考慮了幾個建議。在傳統上，耶穌的無罪性（sinlessness）是一個很好的考慮。不過這方面缺乏了客觀的歷史基礎，即使在耶穌在生時，它也受到質疑。對這建議一個更重大的反對是，即使我們可以確立關於耶穌無罪性的宣稱，那也不能保證祂的神性：無罪不等如是神聖的。至多，無罪性可以令一個人成為非凡的個體。以耶穌的教導作為祂的神性的基礎，其所帶來的問題，與祂的無罪性所帶來的問題是一樣的。祂的教導於祂在生時已經備受爭議；但即使當時沒有引起爭論，權威的教導也不能令人成為神聖的。

一個更有分量的建議是彌賽亞的死，這往往被視為祂神 173
性的**那**基礎（*the* foundation）。祂的死反映出祂的身分。正如那位十字架下的士兵所指出的：「這真是上帝的兒子了！」（太二十七 54）不過，單獨地看，耶穌的死是含混的。耶穌的死是政治受害人的死，還是犧牲的殉道者的死？惟按照先有的信仰委身（肯定祂是神聖的），基督的死才可以作為基礎。

關於祂自己對神性的宣稱，那又怎樣呢？福音鑑別學（gospel criticism）質疑了大部分——若非所有——包含這種宣稱的經文。學術上的共識是耶穌察覺到祂自己的神性，但這察覺並不保證祂的神性；祂可能是錯的。而且，其他宗教的領袖也有類似的宣稱。不過，令耶穌的宣稱成為獨特的，是他期待一個將來的辯護，藉以確立祂的宣稱的真確性；那辯護就是復活。

事實上，人們視復活為耶穌神性的另一個基礎。單單復活，不會令一個人成為神；拉撒路從死裏復活，但沒有人視他為神聖的。那令耶穌的復活成為有效的基礎的，是它與耶穌對神性所作的宣稱的關係。葛倫斯斷定，耶穌的宣稱和祂的復活一起為祂的神性提供證據。透過祂的教導和行動，耶穌宣稱祂自己具有獨特性；這個宣稱要求將來的確定。如果復活真的發生，它便構成所需要的確定。還有一個更大的背景存在，那就是由復活所展開的終末國度的來臨：「復活是上帝的宣告：透過祂的職事，耶穌實際上開展了神聖的統治。在祂裏面，上帝真的在工作，實行祂的終末目的，就是建立上帝的羣體。」[3] 從此我們可以回溯其他建議。身為神聖的，基督是無罪的，祂的教導具有神聖權威，而在祂的死亡中，祂為我們的拯救而行動。

對葛倫斯來說，為了令他的論證成立，他需要確立復活的歷史本性。再一次，葛倫斯依從潘寧博的做法而主張，空墳墓傳統和獨立見證人的存在，提供了歷史證據，以證明福音書的宣稱的實在性（factuality）。不過，在以復活來確立基

3 Grenz, *Theology for the Community of God*, 260.

督的神性時，葛倫斯也想避免嗣子論式的解釋（adoptionistic interpretation）；根據這種解釋，耶穌是因為復活才成為上帝的兒子。耶穌已經是神聖的；復活只是給這事實提供歷史證據。

這樣，葛倫斯根據歷史探究，肯定了耶穌基督與上帝的
團契。不過，除了歷史證據外，信仰的誕生也要求個人對活
著的主有親身的經驗。但即使如此，這也是基於對歷史基 174
礎的確信，而不是反過來的。在哥林多前書十五章17至19
節，復活的歷史真實性（historicity）是保羅考慮基督教信息
的可靠性的準則。

那麼，耶穌與上帝的聯合有甚麼含義？在神學歷史上，在兩種進路之間存在著一個二元論，就是功能性的和存有性的進路。功能性進路根據那給予基督的任務來論證，而存有性進路則根據祂的存有（being；存有論〔ontology〕是哲學中探究關於「存有」的問題的分支）。對葛倫斯來說，這兩個選擇不是互相排斥的，而是互相補充的。聖經中，關於耶穌作為上帝的啟示者的這個概念（約十四9～10），具有潛力以超越「功能相對存有論」的區分。對耶穌所作的基督論式理解是功能性的，因為祂顯明上帝；這理解也是存有性的，因為祂是上帝的自我啟示。要顯明上帝，耶穌基督必須是上帝，在存有論上祂是與上帝為一的。

在與父的團契中，耶穌向我們顯明上帝那憐憫、慈愛的心，以及耶穌與祂父那特別的阿爸關係（*abba* relationship）。作為上帝的自我啟示，祂能夠帶我們進入與父最親密的關係中。同時，基督也顯明上帝的主權。再一次，這個稱號既是功能性的又是存有性的：由於耶穌與上帝為一，祂在世界中起了作為上帝臨在的作用。祂是宇宙的主（腓二9～11），是歷史的主，以及是我們個人的主。

・耶穌基督與人的團契・

根據葛倫斯，耶穌不單在本質上完全是神，也完全是人，是「為我們的人」(man for us)。耶穌分有我們的真人性。葛倫斯藉著考慮耶穌地上的生命，來建立這個思路。耶穌明顯參與正常人類生命的狀況，經歷成長，在特定的時間裏活出特定的猶太人生活。聖經也肯定，祂在各方面都完全與我們認同(來二 14、17)。

要肯定耶穌的真人性，那基礎是甚麼？葛倫斯並非單考慮耶穌地上的生活，從而尋找那基礎。單獨地看，復活分享著含混性，無論那是關於耶穌的人性還是關於祂的神性，情況都是一樣；但若與耶穌關於真人性的宣稱結合起來，復活便顯示了上帝對這宣稱的認可。因此，耶穌關於真人性的宣稱，加上祂的復活，便成為耶穌與人類團契所需的歷史基礎。如果在十字架之後沒有復活，上帝與人類永恆團契的計劃便會落空。但耶穌的復活也顯示出，我們在生命的嶄新(newness)中可以有甚麼路可走。在這個處境下，葛倫斯談
175 及「耶穌的人性在存有論意義上的典範式本性」：耶穌顯示著那個已轉化的存有論式實在(ontological reality)——我們有天將會變成那樣的實在。[4]

耶穌基督與人類的團契不單指向對超越死亡的盼望，也指向上帝對我們將來的生命的意欲；這將來的生命超越個體的生命。它指向羣體。耶穌是給人類團契的典範。耶穌身為新人類(New Human)，祂表達了我們應有的真人性。這樣，祂向我們顯示了關於邊緣人士、婦女和個人的「普遍人類」(Universal Human)的本性。耶穌的人性包含女性和男性、

4 Grenz, *Theology for the Community of God*, 283.

年青和年長的人、富人和窮人，並給予他們空間。

・神和人在耶穌裏的團契・

把耶穌基督的神性和人性分別作肯定是一回事，考慮這兩種本性的統一（unity）則是另一回事。對葛倫斯來說，對統一的肯定，其基礎在於新約的兩個稱號：道和子。**道**（word）這個詞，即邏各斯（*Logos*），在聖經大約出現了三百三十次，它植根於希臘文化和相應的希伯來詞語"*davar*"——這個希伯來詞語有「話語」（word）和「事件」（event）這雙重意義。在約翰福音一章，道被指派了兩個角色。一方面，道有具創造力的角色（「萬物是藉著他造的」〔約一3〕）；另一方面，祂有具啟示性的角色（「我們也見過他的榮光」〔一14〕）。另一段聖經經文，歌羅西書一章15至16節，運用了同一個觀念。對葛倫斯來說，關於「耶穌是道」的宣告：

> 因此構成了一句關於這歷史生命的重要性的神學陳述。在祂裏面，上帝的啟示被揭露，上帝的能力在運行。結果，這個稱號主張，在拿撒勒人耶穌裏面，上帝的能力在工作，揭示了整個實在的意義——甚至是上帝的本性。把耶穌稱為道，是要肯定，身為這個人類的祂是上帝的啟示。[5]

新約中提到耶穌為子的相關經文，當然是基於聖經中關於「上帝的兒子」的觀念；這觀念植根於舊約和古代近東。在古代近東，人把「兒子」的稱號給予那些被認為是諸神後裔的

5　Grenz, *Theology for the Community of God*, 301 ~ 302.

人，如君王或那些超凡的、具「神聖」能力的人。對希伯來人來說，「兒子」顯示關於參與上帝工作的揀選，即一個特別的踐行者（agent），被揀選來順服地執行上帝在世上的使命。在福音書，「上帝的兒子」這個稱號被用來指涉耶穌，這顯示祂獨特地順從上帝的旨意和使命。根據耶穌那獨特的兒子身
176 分和順從的在世生命，祂被視為神聖的，正如書信中所傳達的那樣。因此，「兒子」這個稱號帶有崇高的方面，與道相似。事實上，希伯來書一章3至4節顯示兩者有聯繫：那裏描述上帝透過兒子創造宇宙，而兒子也是上帝本質的啟示。

道和兒子這兩個稱號一起，給解釋耶穌兩性的統一提供了基礎。這個基礎是它們與關於啟示的觀念之間的共同聯繫。身為道和兒子，耶穌既在本質上是上帝，也在本質上是人，並且耶穌顯示出這兩種本性。因此，兩性的統一是具啟示性的統一。身為這啟示，耶穌在一個位格內將這兩性連合起來。根據葛倫斯，這樣訴諸啟示作為兩性統一的焦點，不單是功能性的，正如有些批評者所提出那樣。內在於啟示中的是參與。耶穌不單啟示，也參與神聖的和人性的生命。因此，祂那具啟示性的統一引向祂與上帝和人類那存有性的統一。

・道成肉身・

從早期信經的時代開始，教會便一致地承認，耶穌基督的位格包含了人性和神性的聯合；祂是真正的人和真正的上帝。但基督教神學家難以用一個令人滿意的神學形式來表達這個認信。迦克墩信經（Chalcedonian creed）體現出葛倫斯那稱為道成肉身基督論（incarnational Christology）的中心

特點；在考慮要建構福音派的基督論時，葛倫斯對這信經所體現的方式，表示不滿。道成肉身基督論聚焦於那取了人性的神聖邏各斯——兒子——的降卑和自我卑微之上。它也包括人性因那行動而被高升，以致與神聖邏各斯不能分開地（用神學語言是位格性〔hypostatic〕）聯合。因此，在道成肉身中：

> 兒子並不與人的位格聯合，而是與人性聯合，這本性因與邏各斯的聯繫（*enhypostasis*）而取得存在。由於道成肉身，耶穌基督在一個位格中享有兩種本性的特點（*communicatio idiomatum*）。[6]

對道成肉身所採取的這個傳統進路，有幾個共同的特點。耶穌在一個位格中結合了神性和人性，而道成肉身就是達成這兩種本性聯合的方法。這個行動是三一中第二個位格——即邏各斯——的工作，結果是神性和人性在耶穌中的「位格聯合」（hypostatic union）。換句話說，在這聯合中，在地上生命中那位格性的中心就是永恆的兒子，而且人性只
透過與邏各斯聯合才會存在。道成肉身的歷史行動在耶穌於 177
馬利亞腹中成形時便發生。葛倫斯認為，雖然這後迦克墩的基督論（post-Chalcedonian Christology）有良好的意圖，嘗試為基督的完全人性和完全神性、及它們的並存作辯護，但它充滿問題，因此需要被修改。

最典型針對道成肉身基督論的批評是：與當代宗教的其他神話故事相似；具有幻影說（Docetism；損害基督的完全人性）或亞波里拿留主義（Apollinarianism；把基督的人性視

6　Grenz, *Theology for the Community of God*, 306.

為非位格的）的危險；最嚴重的是，邏各斯和耶穌被分別開來。邏各斯在道成肉身前做甚麼？

在建構更令人滿意的道成肉身教義時，葛倫斯回到神學家建立道成肉身這概念時所使用的主要聖經經文：約翰福音一章 1 至 4 節和腓立比書二章 5 至 11 節。根據葛倫斯對這兩段經文的閱讀，對於一個先存的神聖邏各斯作歷史性下降，這是並不存在的。事實上，保羅甚至沒有提到邏各斯；他反而是寫耶穌基督。耶穌這位歷史人物拒絕緊抓自己的神聖權利，祂反成為上帝那謙卑、順服的僕人，甚至順服至死；結果，祂得到最高的名字。因此，保羅從耶穌的歷史汲取那道成肉身的觀念。同樣，葛倫斯主張，雖然約翰提到邏各斯，但他也是建基於耶穌的歷史生命上的。約翰沒有把耶穌的出生說成是促成永恆的邏各斯成肉身狀況的方法。約翰訴諸那些觀察耶穌地上生活的見證人，他們證明他們「曾見過他的榮耀」，就是成肉身的那一位的榮耀。約翰的序言沒有聚焦於耶穌怎樣存在。更重要的是，那是對耶穌地上生活的重要性所作的神學宣告。在承認耶穌是成肉身的道時，約翰正是宣告著：這個作為人的耶穌就是神聖的；祂是上帝的啟示。

作為解決方法，葛倫斯再次提出從下而上的基督論。他藉著檢視耶穌的歷史生命，從而尋找關於耶穌身分的答案。對道成肉身的認信，不是作為基督論的前設，而是從檢視耶穌基督地上生命所得出的結果；耶穌基督的地上生命，就是基督論的前設和開端。

・先存性・

如果一個人宣稱採用從下而上的進路來研究基督論，但又不願意放棄基督先存這個古典的肯定，那人怎樣將兩者連結起來？稱耶穌基督為邏各斯，是上帝的道，這必定暗示祂的先存性（preexistence）；從一世紀開始，人們便是這樣理解的。現在我們應該清楚看到，對葛倫斯來說，先存性應該被連接到耶穌而不是直接地連接到邏各斯。葛倫斯不同意傳 178
統的方法，就是將先存性理解為邏各斯於道成肉身中取得人類形式之前的先存性。那麼，問題是兩重的：除了拿撒勒人耶穌這個歷史人物外，永恆的子在甚麼意義上說是活躍於以前和現在？邏各斯在甚麼意義上是活躍在耶穌的行動以外？一個必然的問題是除了耶穌基督外，還有沒有其他的宗教人物、救主？

葛倫斯那基本的指導性原則是：在新約中，先存性是形容拿撒勒人耶穌的一種屬性，而不是耶穌以外那傳說的永恆存有 —— 無論那是邏各斯還是子。人不能將子和拿撒勒人耶穌分開。這樣做會破壞邏各斯這個稱號的重要性 —— 新約眾作者都是藉著這稱號，來對耶穌這個歷史人物的意義作出認信的。葛倫斯也提醒我們道成肉身的教義在初期教會的原來意圖。它是一個反對嗣子論的論辯；嗣子論問：耶穌甚麼時候成為子？是在升天、復活、受洗還是在成孕時成為子？還是祂會在再來時成為子？初期神學發覺所有這些選擇都可以變成嗣子論，所以它得出的結論是耶穌從永恆便是子。因此祂的先存性是因著那些選擇。當然，現在我們有另一個問題：我們怎樣將一個歷史人物斷定為先存的？根據葛倫斯，我們應該從三個意義來理解這個主張。

首先，耶穌屬於上帝的永恆。耶穌的先存性言說出祂與上帝的關係。藉著承認祂的先存性，我們宣告這個人是永恆的神。雖然祂地上的生命十分短暫，但那是永恆上帝的啟示。根據歌羅西書一章 19 節：「因為父喜歡叫一切的豐盛在他裏面居住。」

> 藉著承認耶穌的先存性 —— 即耶穌屬於上帝的永恆 —— 我們肯定祂那地上生命的獨特性和決定性。由此，我們對先存性的肯定，對人類信仰和宗教帶有深遠的含義。我們透過我們的認信而宣告，耶穌是真理的體現。祂的生命是真正的宗教生命。祂的教導是真正的教導，顯示出上帝自己的永恆真理。結果，耶穌是衡量所有宗教真理的標準。所有其他的真理宣稱，都必須根據祂這個歷史人物來被衡量。[7]

第二，耶穌的歷史生命帶有那超越祂那短暫生命的界限的意義。祂給所有歷史賦予意義。耶穌是創造的神聖原則（約一 3；西一 16）。第三，耶穌的生命是歷史本身的故事：祂的生命敘事所包括的，不只是祂那三十三年的地上生命。葛倫斯總結說，所有歷史 —— 無論那準備工作是為了祂的來到還是為了祂的再來 —— 都是祂的故事。

---

7 Grenz, *Theology for the Community of God*, 313.

希克
普救論基督論

John Hick
Universalist Christology

・宗教的哥白尼式革命・

希克（John Hick）是宗教多元主義（religious pluralism）中最觸目、也是最受爭議的辯護人；他透過多次在印度（India；1974，1975～1976年）、斯里蘭卡（Sri Lanka；1974年）和其他地方旅行和短期教學，從而收集了很多來自亞洲的洞見。希克開始發展其神學事業時是位保守分子，幾乎是基要主義者（fundamentalist）；他在戲劇性的歸信經驗後成為信徒，但在神學範圍內從事教導和研究的數年間，他成了普救論的（universalist）、神話基督論（mythical Christology）和極端多元的宗教神學（extremely pluralistc theology of religions）的主要發言人。

一九七○年，希克和他的同事出版了一份個具批判性的宣言，名為〈為今天和明天重建基督教信仰〉；[1] 在這份宣言

1 John Hick, "The Reconstruction of Christian Belief for Today and Tomorrow,"

中，他們對大部分傳統基督教信仰的字面意義提出質疑。這個宣言也表示著一種基督論的新進路，因為其中大部分信條都與基督有關：

1. 神聖啟示；
2. 從無創造；
180 3. 基督那代贖性的死亡；
4. 由童女所生；
5. 基督的神蹟；
6. 復活；
7. 為得救所需要的新生；
8. 死後再沒有機會；
9. 地獄和天堂。

根據古老的範式，教會以外沒有拯救，因此宣教的工作是需要的；希克也對這古老範式提出質疑。他自己所浮現出的多元主義式觀點認為有多過一種的拯救方法；他這個觀念是藉著考慮到一些挑戰排他主義（exclusivism）的因素而得到啟發的，這些因素包括：宗教的多樣性（diversity；在世界很多地方，基督徒都是少數派），種族和宗教的聯繫，缺乏在宣教上成功的事件，非基督宗教中宗教生命的質素，以及宗教在現象上的相似。他得出的結論是：宗教是人類對實在（reality）的詮釋，不是絕對的事實陳述，因此所有宗教都接觸和描述同一個實在。

希克出版了好些書籍，論證多元基督論（pluralistic Christology）和神學，其中最著名的是《上帝和眾信仰的宇宙》

Theology 73 (1970): 339.

（*God and the Universe of Faiths*）。[2] 希克將他那多元的宗教神學和哥白尼（Copernicus）的天文模式作比較。他認為，上帝，即終極的真理（Ultimate Truth），才是所有宗教的中心，而非傳統觀點中的耶穌基督——所有宗教都圍繞祂，就好像行星一樣：

> 神學所需要的哥白尼式革命，涉及我們對關於信仰的宇宙和關於我們宗教在這宇宙中的地位的觀念，作同樣徹底的轉化。它涉及從以基督教為中心的教條，轉向那領悟：上帝在中心，而人類的所有宗教，包括我們自己的宗教，都服事祂和圍繞祂。[3]

根據希克的觀點，多元主義的本質表示，「既有獨一、無限、超越的神聖實在（divine Reality），也有人類對那實在所產生各種各樣的觀念、形象和經驗及回應的多元性」。[4]

對基督教神學和對如印度教（Hindu）或佛教（Buddhist）神學的挑戰是，要離開「托勒密的」（Ptolemaic）觀點；在「托勒密」的觀點中，基督教或任何其他宗教處於中心位置，而其他宗教都受那中心的準則所判斷。希克主張，要實現這 181
個任務，人不能按表面意思來接受那些宗教信徒的觀點；反而，每個宗教都需要降低它本身那些絕對和排他的宣稱的重要性。

為了說明他的論點，希克使用了一個來自佛教來源的比

2　John Hick, *God and the Universe of Faiths: Essays in the Philosophy of Religion*（London: Macmillan, 1973）.

3　John Hick, *The Second Christianity*, 3rd ed. of *Christianity at the Centre*（London: SCM, 1983）, 82.

4　Hick, *The Second Christianity*, 83.

喻：有十個盲人摸一隻大象，而每個人都根據自己那有限的經驗來描述大象是怎樣的。對上帝/(諸)神/神聖的不同觀念，如耶和華、阿拉(Allah)、黑天(Krishna；編按：印度語，或譯「克里希納」)、超靈(Param Atma；編按：梵文，或譯作「全宇宙之靈性」)或聖三一(Holy Trinity)等，都只是神性(the Divine)的不同方面。他們好像地圖或彩虹的顏色。根據這個估計，所有宗教都有相同的基本取向，也分享著拯救的盼望。主要支持多元主義的聖經—神學理由是上帝的愛，它在耶穌基督的位格中最能被表達出來。聖靈的任務是讓不同宗教的追隨者易於接受關於開放性(openness)的觀念。根據這些考慮，希克要求人們明白，「世界基本的共同基礎是來自經驗、現象學式觀察的結果」。根據希克，多元主義者並不宣稱擁有關於宗教的決定性話語。[5]

在他事業的晚期，為了使他對宗教語言性質的理解得到充分的發揮，希克由言說「上帝」轉為言說「(終極)實在」——後者比**上帝**(God)這個位格性詞語更有彈性。對希克來說，世界那些偉大的宗教都是接觸這實在的不同方式——我們也可以說是互補的方式；這實在是存在於人類認識的能力以外的。梵文的真(*sat*)和伊斯蘭教的真理(*al-Haqq*)，都是對這實在的表達，正如**耶和華**(Yahweh)和**上帝**一樣。

・神話和宗教語言的本質・

要更明白希克的神學和基督論，我們便需要知道他怎樣

5 John Hick, *Problems of Religious Pluralism* (London: Macmillan, 1988), 37; Matti T. Amnell, *Uskontojen Universumi: John Hickin uskonnollisen pluralismin haste ja siitä käyty keskustelu*, Suomalaisen Teologisen Kirjallisuusseuran Julkaisuja 217 (Helsinki: STK, 1999), 49.

理解關於宗教和神性的言說的本性和功能。雖然很多其他當代的多元主義者都否認宗教語言的認知功能，但希克並沒有完全這樣做。相反，他採用了兩種進路來處理那些互相競爭的真理宣稱的存在。

在他的第一種進路中，希克將不同宗教那些似乎互相矛盾的宣稱分為三個層面。第一個層面和歷史概念有關，例如基督教相信耶穌在十字架上死去，但相對於可蘭經的觀點，耶穌被認為只是似乎是這樣死去。對於這個層面的衝突，惟一的解決方法是訴諸歷史證據；但這當然是我們沒有的。第二個層面是超歷史的宣稱，或者好像希克所稱之為「準歷史的」（quasihistorical）宣稱，例如關於輪迴的教義。很明 182
顯，在支持這個觀念的宗教（佛教、印度教）和不支持這個觀念的宗教（伊斯蘭教〔Islam〕、猶太教和基督教）之間，那分歧是不能調和的。因此，要處理這個層面的衝突，惟一的方法是互相尊重和接納。第三個層面是關於終極實在的觀念。關於位格性（諸）神的觀念，例如耶和華、濕婆（Siva；編按：印度教的神）、毗瑟挐（Vishnu；編按：印度教三大神之一）和阿拉；以及關於非位格性概念，例如梵天（Brahma）、道（Tao）、涅槃（nirvana）、空（Sunyata）和法身（Dharmakaya）等，兩者不能容易調和。因此，根據希克，對於神性這些似乎是矛盾的描述，我們應該將它們視為互相補充。

對於減輕互相矛盾的真理宣稱之間的衝突，希克的第二個進路是訴諸宗教語言的神話本質。「神話」（myth）是建基於「隱喻」（metaphor），後者表示我們的說話「暗示另外一種東西」。換句話說，隱喻並非要傳達字面意思，但它仍然傳達著意義，縱使那是就引發感情和聯想起某個有共同意義背景的相熟羣體而言的。在一個重要的意義上，神話是已擴展的隱喻。雖然它不是字面上為真的，但「它傾向引發一個在素質上恰當的態度」。[6] 它的目的是要改變態度，並從而以真實的方式來影響思想。關於佛陀（Buddha）逃到斯里蘭卡的故事，舊約的創世故事，或濕婆跳舞的傳說，都是這樣發揮功能的。[7] 如果我們按字面來理解神話，衝突便產生；但如果我們將它們當為神話來處理的話，它們便在「各自的神話式空間」（separate mythic spaces）中發揮功能，並不互相衝突。我們不應該探究神話的真相，而應該問它在生命處境和環境中——它為此而被創造的——是否發揮功能。

根據他對語言的理解，希克將宗教的基本元素分為兩個類別，就是那些必不可少的和那些並非必不可少的。雖然宗教在表面上似乎是十分不同的，但在深處它們有著一個共同的基礎。對希克來說，表面的差異，即使在某程度上它們本質是屬認知方面的，也不會製造出那些不能超越的衝突，而在這裏，上面所描述的兩個策略便有幫助了。

・神話基督論・

希克的基督論源自他對神話和宗教語言的理解。它說明
183 了他怎樣理解那些似乎是互相衝突的真理宣稱之間的關係，並強調了他那關於語言的觀念的重要性。希克主張，關於道成肉身的傳統言說需要被去神話化（demythologized），並與

6　John Hick, *The Metaphor of God Incarnate: Christology in a Pluralistic Age* (London: SCM, 1993), 105；也參 John Hick, *An Interpretation of Religion: Human Responses to the Transcendent* (London: Macmillan, 1989), 99 ～ 104, 348；以及 Amnell, *Uskontojen Universumi*, 79 ～ 81。

7　Hick, *A Interpretation of Religion*, 103, 347 ～ 372.

其他主要宗教作出協調。道成肉身是關於令神性的臨在對所有人而言都是真實的。它不是關於神成為人——這個觀念會令當代人反感的。

在傳統的基督教，人們視道成肉身的語言為理所當然的，但它包含排他主義：上帝以特定、獨特的方式存在於基督裏。另一方面，神話的詮釋在宗教之間所看到的是延續而非對比。根據希克，去神話化的基督教具有可以與真正的宗教多元主義兼容的優勢。教義是受時間和環境所限的；神話和隱喻是動態的，易於改變的。因此關於道成肉身的言說不是具指示性的（indicative），而是表達性的（expressive）。希克參考了兩個愛人互相向對方作自我表達的方式。雖然好像「我比其他人更愛你」這樣的話似乎是絕對的，但卻不是排他的。其他愛人也可以自由地使用這些話；但對他們本身的處境，以及他們想表達的目的來說，這些話都是真實的。

針對傳統的觀點，希克指出，耶穌或最初的門徒非常不可能會認為，祂是成肉身的上帝。耶穌會認為這樣的宣稱是褻瀆的。好像「我與父原為一」（約十30）這樣的話不是耶穌說的，而是初期教會說的。耶穌視自己為末時的先知，被差派來宣告國度即將來臨，或者可以說，是一個已得到真正知識、能夠接觸純粹實在的佛陀；祂察覺到上帝臨在於祂的生命中。上帝在祂生命中的這種臨在，透過如「醫治」的場合——是與身心相關並具醫治作用的影響——而被傳遞給別人。

而且，關於耶穌無罪性的傳統觀點，需要重新受評估。雖然耶穌因著祂對上帝有特別的意識而比其他人更優越，但祂在道德上卻不是完美的。例如，祂對迦南婦人就表現出種族歧視的態度（太十五21～28）；祂在聖殿裏以暴力驅趕商人；諸如此類。

耶穌的神性需要按隱喻來被理解。希克提出，對基督論作神話式的詮釋，有潛力供宗教的多元式神學所使用。根據這個觀點，基督被描述為神聖之愛的體現，它補充了佛教那要脫離痛苦的強烈經驗，或者印度教那生命和目的之源。對希克來說，邏各斯（*Logos*）超越了任何特定的宗教，並臨在於所有宗教中。

・程度基督論・

根據希克，道成肉身教義的發展與耶穌或祂初期的門徒
184 沒有多大關係。希克呼應著古典自由主義〔神學〕（classical liberalism）和歷史耶穌的追尋（quest of the historical Jesus）的意見而主張，耶穌和祂的門徒並不視耶穌為成肉身的上帝。初期教會後來因著基督事件的力量而將耶穌提升到上帝的地位。在過程中，教會利用了舊約關於神聖兒子和受苦僕人的概念。初期基督徒已以特定的方式遇見上帝，而且隨著這信息被傳到希羅世界（Greco-Roman world）後，那文化的語言和哲學便被用來給那經驗賦予意義。在這意義上，基督論的發展是歷史上的意外事情。如果它傳到東方，它可能會沿著另一條路發展。對於東方的基督所帶有的遠象，希克的描述是這樣的：

> 耶穌不會被視為神聖的邏各斯或神聖兒子，而會被視為菩薩，好像四個世紀之前的喬達摩（Gotama）一樣，已得到了佛陀的身分，或者與實在有完美的關係，但因為對受苦的人充滿憐憫，所以祂自願地活出祂的人類生

> 命，藉以向其他人指出拯救之路。[8]

希克偏愛對基督作多元式的理解，這是相對於「實體基督論」（substance Christology；它認為耶穌是獨特的）的「程度基督論」（degree Christology）。根據程度基督論，基督只是在程度上與其他人有分別。希克宣稱，實體基督論必須被拒絕，因為神學不再視道成肉身為事實。隱喻或神話的理解是與程度基督論相一致的：

> 在體現觀念、價值和對人類生活的洞見這個意義上，道成肉身是一個基本的隱喻。例如：我們可以說，一九四○年英國人對抗納粹德國的精神，在邱吉爾（Winston Churchill）身上成了肉身。我們現在會說，耶穌是那麼鮮明地意識到上帝是慈愛的天父，並且是那麼驚人地向上帝開放，而且完全地成為祂的僕人和工具，以致神聖的愛在耶穌的生命中得到表達，並在那意義上在祂生命中成了肉身。這不是關乎（正如在官方基督教教義那樣）耶穌有兩種完全的本性，即一個是人性，另一個是神性。祂完全是人；但每當人為回應上帝的愛，而在人類的生命中活出那捨己的愛時，在某程度上神聖的愛便在地上成了肉身。[9]

古典信經以本體相同（*homoousios*）這個詞來建立基督的神性及祂與上帝之間的等同，但希克則喜歡聖愛相同（*homoagapē*）這個詞。聖靈的工作是要傳遞上帝的愛，而聖

8　Hick, *God and the Universe of Faiths*, 117.

9　John Hick, *God Has Many Names*（Philadelphia, PA: Westminster, 1982）, 58 ~ 59.

靈的這工作可以在任何地方被找到，而不單是在成肉身的耶穌身上。它也體現在其他的世界宗教中。從這個角度看，道成肉身是上帝的靈或上帝的恩典在人生命中的活動，以致神聖的旨意得以行在地上。

185 對程度基督論來說，三一教義是沒有需要的。三一只是用來表達人在思想中對作為創造主、救贖主和淨化者的上帝所具有的三重經驗。傳統意義上的基督二性也是沒有需要的。基督的「神性」表示祂有特別的上帝意識（God-consciousness），但這並不表示其他的宗教領袖不能分享這一樣的意識。

因此，我們不會詫異地聽到，對希克來說，不同宗教都會通往拯救；即使信仰不同，但它們最終的目的都是相同的：所有人都得救。他斷定，所有宗教都有一個統一的拯救論式的結構。他稱這是由自我中心（self-centeredness）轉向以實在為中心（reality-centeredness）。

當然，不同宗教對墮落——個人需要從中得拯救——都有其本身獨特的觀念。大乘佛教（Mahayana Buddhism）要求覺醒，以明白通往得救之路就是靠那使個人脫離自我，轉化而入法身的顯現。在印度教的一元論傳統中，拯救被描述為將個人靈魂（*atman*；永恆的自我）從經驗的自我中釋放出來，那方法是透過一個具啟蒙力的洞見：明白它與婆羅門（Brahman）等同。在基督教中，墮落就是人錯過關於要成為一個更有愛和接納他人的人的呼召，以及不能反映耶穌那增強了的上帝意識。

希克對墮落和基督的詮釋，好像他對宗教所採取的整個神話進路一樣，不單引起傳統基督教神學家的批評，也引起其他主要宗教——它們同樣宣稱真的能夠接觸到神性——

提出批評。在這本介紹基督論的書籍中，對這些批評作出研究，已超出了本書的範圍。現在我們可以指出，在或大或小的程度上，在這部分中的每位神學家都因著不同的原因而批評其他的神學家。

第四部

當代世界中的基督：處境化基督論

Christ in the Contemporary World: Contextual Christologies

或許在神學研究中，沒有任何範疇比基督論更不可少地聯繫到文化和世界觀。近期在一本研究跨文化基督論的書籍中，其前言便很好地概括了文化處境在不同處境和全球環境中對基督論有甚麼意義：

> 如果神學有某個方面特別被預備好，以對文化適應〔inculturation；文化對神學的影響，以及神學對文化的影響〕的本質和實踐提出問題，那方面便肯定是基督論了。道成肉身這事實本身便將我們置於一系列的界限之上：在神性和人性之間，在特殊和普遍之間，在永恆和時間之間。對文化所提出的問題，遍及基督論論述的整

> 個範圍，從耶穌在特定時間和地點出生所可能帶有的意義，到那些影響著四、五世紀基督論爭論的文化和語言差別。[1]

因此，我們可以理解到，當非洲（Africa）、亞洲（Asia）和拉丁美洲（Latin America）的教會和神學家敢於脫去他們
188 從西方宣教士和神學研究院所繼承過來福音的那件西方外衣
時，他們便開始建立一些在文化上恰當和適切的基督論。

處境化（contextual）這個詞表示，這一部分要研究的基督論是牢牢地植根於特定的處境，無論是在文化上還是在智性上的處境，或是與特定的世界觀有關的。稱這些基督論為處境化的，並不表示我們之前已經研究過的基督論是沒有受處境影響的。連在西方的古典基督論，包括古典的基督論信經，都不免受周圍的哲學、宗教、社會和政治所影響。但諷刺的是，西方神學家愈研究西方以外的神學，他們便愈明白，在那產生早期信經和基督論詮釋的處境中，他們是受惠於其中的一些因素的。不過，我們往往用**處境化**這個詞來描述那些大致上不是建基於古典西方神學的神學。這些源自新處境和問題的神學詮釋，大部分都是在基本的基督論構想被建立時不為人所知的，但它們對目前的神學卻是重要的課題。

處境化基督論不單在西方以外的地方被找到，即非洲、亞洲和拉丁美洲；在北美（North America）和歐洲（Europe）中也可找到對基督所作的處境化詮釋。它們包括女性主義基督論（feminist Christology）、進程基督論（process Christology）、黑人基督論（black Christology）和後現代基

1. Robert J. Schreiter, foreword to Volker Küster, *The Many Faces of Jesus Christ: An Intercultural Christology* (Maryknoll, NY: Orbis, 2001), xi.

督論（postmodern Christology）。以下我們會先討論這些北美和歐洲的處境化基督論，然後才研究拉丁美洲、非洲和亞洲的詮釋。關於這三個主要的地理區域，我會用一章來對它那主要基督論觀念和取向作出概述。然後，為了令研究更具體，我會用另一章來檢視一位特殊的基督論神學家，以強調那處境的獨特之處。當然，在每個地區只選擇一位神學家，這明顯是一個高度選擇性的做法。為了補救這必然的限制，那用來介紹每個地區的一章，都會提到幾位主要的基督論神學家和神學運動。

21

進程基督論

Process Christology

·進程中的世界·

古代哲學家赫拉克利特（Heraclitus；公元前540～475年）那句經常被人引用的格言，表達了二十世紀那被稱為進程思想（process thought）的世界觀：「你不能踏進同一條河兩次；因為新鮮的水會不斷在你腳下流過。」現代幾位哲學家和科學家已闡述了這思想。他們包括愛因斯坦（Albert Einstein）——他建立了相對論（principle of relativity），而這理論最終使靜態的牛頓物理學（static Newtonian physics）受到懷疑；還有哲學家柏格森（Henri Bergson）——他對實在（reality）提出出了有機觀念（organic view）；以及哲學家詹姆斯（William James）——他視人類意識為一條河流，這河流裏較後期的時刻能夠掌握它們先前的時刻。數學家懷特海（Alfred Whitehead）寫了《進程與實在》（*Process and Reality*），[1] 此書

1 Alfred Whitehead, *Process and Reality* (New York, NY: Free Press, 1957).

描述了在一九五七年進程思想的主要進路。

進程思想其中一個主要的觀念是萬物的偶發性（contingency）。我們活在一個互相依賴的世界中，每件事件在這世界中都是一連串無盡的前因和後果的一部分。沒有東西是孤立地存在的。一切事物在某程度上都是相關的。進程思想將愛因斯坦的相對論應用到作為整體的實在之上。宇宙中沒有東西是靜止的——無論是在無機的還是有機的層面。我們發覺自己在一個生成（becoming）的世界中——其中的事物、事件、社會，特別是人物，出現了又離開。與較古老的靜
190 態觀點相反，進程哲學視實在為那展示新奇和自我創造（self-creation）的東西。因此，進程思想挑戰傳統對因果關係的理解。

進程神學建基於進程哲學的分析，它的目的是要確定基督教信仰對一個愈來愈深受生成意識所滲透的文化有多少適切性。在這樣做時，它也借用了東方哲學和宗教的概念和進路。

進程神學建基於懷特海和其他人的哲學，而建立了本身的語言。最重要的觀念是「真實的東西」（actual entity；編按：或譯「真實的存在物」）或「經驗的緣現」（occasion of experience）。宇宙中的一切，從上帝到存在（existence）那最細小的小塊，都是東西。每個東西都有兩面：精神（mental）和物質（physical）。根據進程神學，甚至上帝也是兩極的，並包含「原始的」（primordial）和「隨後的」（consequent）面向。原始的面向（非時間性或精神）指上帝對所有可能性的掌握。上帝的這個面向是帶有無限可能性的世界的進程原則。在上帝裏，那隨後（物質或具體）的一極是「上帝對世界的感覺」，是「物質感覺的圓滿」：上帝是能夠明白、一同受苦的那一位。每個緣現消失後，上帝便是它的儲

存庫。每個東西不單變成下一個緣現的先輩，也加入上帝的經驗中。因此，上帝存在於與世界那真實、動態的互動中。上帝是世界經驗的一部分，或許是比其他東西「更大」的東西，但仍然是東西。上帝給每個緣現提供開始的目標。上帝並不以強迫的手段來工作，而是作為一個來自將來的「吸引」（lure），以説服其他東西加入那朝向它們所意欲的目標前進的進程中。

當然，進程神學的根源在於古典有神論（classical theism；在其中，上帝是世界的一部分，但祂是全然掌權和超越的），但它也批評古典有神論。根據進程進路的提倡者，古典觀點的主要問題是它否定了上帝和世界之間的相互性（reciprocity）。傳統基督教神學把相互性限制到一個地步，令它幾乎是沒有意義的。好像上帝的自我存在（aseity）、不可變性（immutability）和不動情性（impassibility）等古典神學的主張，已削弱了相互性的觀念。

懷特海不惜任何代價而要尋求避免二元論（dualism；或者正如他所説的分支主義〔bifurcationalism〕）：「宇宙被假設為是不斷改變的，它是惟一的實在。」[2] 在神學上説，這個觀念排除了上帝和世界之間那傳統的二元論。雖然上帝和世界之間有區別，但兩者也有親密、雙向的關係。懷特海主張，除非關於上帝的觀念被置於統一的形而上圖式內，否則它所取得的意義都是那麼不確定和不明確的，以致是不能被理解的。上帝和世界需要對方，好使雙方都能夠互相被理解。

2　引自Blair Reynolds, *Toward a Process Pneumatology*（Selingrove, PA: Susquehanna University Press, 1990）, 13。

・世界經驗中的上帝・

191 在進程神學，上帝是臨在於人類經驗之中的。上帝是可以接近的，近在咫尺：「上帝寓居（indwell）在宇宙內，在我們中間，而不是在遙遠、非時間性的領域之內，在世界以上或以外的。」[3] 如果這個原則成立的話，我們經驗世界時，在某程度上我們也經驗上帝——在我們的經驗中與上帝相遇。

有些進程神學家在基督教密契主義（mysticism）中找到共同的元素。在兩個傳統中，上帝的觸摸都是溫柔地被行使。甜蜜、溫柔和親切的感覺是密契生命的特點。進程神學也聚焦於上帝那敏感、溫柔的元素。密契主義者傾向將上帝比喻為藝術家，正如進程神學所傾向的那樣。密契主義者和很多進程思想家都以女性的形式來比喻上帝。另一個值得留意的特點是，在密契傳統中，出神（ecstasy）是一個進程，而不是靜止的歇息。雷諾茲（Blair Reynolds）提出，關於密契主義，「對分散於宇宙中的上帝作基本密契式的直觀（intuition），這提供了一種靈性的基礎，在這基礎中，純粹（purity）不是在與時間—物質世界分開的地方裏被找到，而是更深地滲透宇宙中而被形成的」。[4]

進程神學家也求助於東方基督教傳統，希望找到與主流基督教神學交匯的地方。例如，在二世紀教父愛任紐（Irenaeus）的思想中，某些方面反映了一個神聖內蘊性（divine immanence）的概念，而這概念已被稱為「進程拯救論」（process soteriology）。愛任紐對諾斯底主義（Gnosticism）所作的反駁暗示著，愛任紐嘗試超越任何靈魂—物質的二元

3 Reynolds, *Toward a Process Pneumatology*, 35.

4 Reynolds, *Toward a Process Pneumatology*, 103.

論（spirit-matter dualism）。在這努力下，他致力對本性和靈、身體和靈魂、創造和救贖作出綜合或統一。愛任紐的重演理論（recapitulation；根據這理論，基督在祂的道成肉身中「重演了」人類生命的所有階段，從而醫治它）對世界和創造提出了一種動態的而不是靜態的觀點。而且，他把拯救視為成熟和實現（而不是西方標準觀念那樣視之為罪疚和滿足），他這觀念為自己「對上帝和世界之間那同情的聯繫，以及對聖靈作為具創建性轉化力量的愛」提供了「一個進程的觀念」。[5]

·進程基督·

在進程神學中，三一教義提出了「在本來簡單、不可變和自足的神中，有相對性、複雜性或多樣性及改變的元素」。[6]
三一中一個位格的道成肉身顯示出，上帝可以有物質形式， 192
可以克服那在有神論中相當普遍的二元論。在進程神學中，道成肉身和代贖的教義聚焦在身為時間性存有的耶穌的受苦之上。

在過去大約三十年，人們建立了幾種進程基督論。進程神學尋求依然忠於傳統，但其意思不是在於重複古老的信條，而是藉著延續它們的教義目的——這些目的可以帶出新的觀念。這樣做時，現時的科學化處境便可以作為重要的對話伙伴。

進程神學強調耶穌的人性。因此，那些關於歷史耶穌的問題是重要的，它們有助人將祂置於特定的地方和處境

5　Reynolds, *Toward a Process Pneumatology*, 111.

6　Reynolds, *Toward a Process Pneumatology*, 132.

中。格里芬（David Griffin）的主要著作《進程基督論》（*A Process Christology*）[7] 便是進程基督論的一個好例子，它以傳統（包括耶穌的歷史）為出發點，但卻超越傳統。他的目的是將幾個傳統聯繫起來：對歷史耶穌的新追尋（new quest of the historical Jesus）、新正統主義（neo-orthodoxy；巴特〔Karl Barth〕）、田立克（Paul Tillich）和布特曼（Rudolf Bultmann）的存在主義（existentialism），以及懷特海和其他人——如哈茲霍恩（Charles Hartshorne）——的進程哲學（process philosophy）。

關於基督的角色，我們可以察覺出兩組進程神學家。一方面，有些進程神學家認為，基督只是一個非凡的人，卻不是古典意義上的特殊啟示。因此，基督與上帝其他的啟示只是程度上的不同，而不是類別上的不同。好像皮滕傑（Norman Pittenger）、奧格登（Schubert Ogden）和彼得．漢密爾頓（Peter Hamilton）等進程作者都屬於這種取向。皮滕傑在《再思基督論》（*Christology Reconsidered*）這本書中的評論，便清楚表明這點：

> 耶穌在屬於祂的動態存在中，實現了那些也是屬祂的潛力，那些潛力令一些和祂一起的人感到祂是非凡的，但又沒有違反作為人的普通條件……祂實現的程度與祂同伴所認識的其他人不同；那是無限地不同，但不是全然脫離人在別處所看見的人類經驗。[8]

皮滕傑運用了英國新約學者慕爾（C. F. D. Moule）那在

7 David Griffin, *A Process Christology* (Philadelphia, PA: Westminster, 1973).

8 Norman Pittenger, *Christology Reconsidered* (London: SCM, 1970), 119～120.

排他的獨特性（uniqueness of exclusion）和包含的獨特性（uniqueness of inclusion）之間所作的區別：前者指沒有人與耶穌相等；後者指除了耶穌外還有其他人擁有這種獨特性。任何關於耶穌的觀念，若否定了那些不接受祂的人都可以得到拯救或是本真地存在的，皮滕傑都會拒絕它們。皮滕傑反對「虛假的基督中心論」（false Christocentrism；上帝將祂的愛限於那些認識基督的人），因為它似乎與「上帝是愛」這個觀念有抵觸。基督獨特之處是在於祂所分享的、上帝那非凡地強烈和最大量的啟示。

另一方面，好像科布（John Cobb Jr.）和格里芬這樣的 193
作者則承認，耶穌在其位格中是特別的，也可以被稱為獨特的，雖然祂不是傳統正統意義上的「絕對救主」。他們也代表著多元基督論（pluralistic Christologies），正如科布那主要著作的題目所顯示的：《多元時代中的基督》（*Christ in a Pluralistic Age*）。[9]

‧進程耶穌論‧

科布利用二十世紀晚期的世界觀作為他那多元、進程基督論的出發點，他喜歡稱自己的進路為「耶穌論」（Jesusology）。科布認同一些當代的取向，例如：委身於世俗和多元主義的現代思想、向其他宗教傳統所持的開放、生態關注，以及一起在地球生活的需要。他其中的兩個興趣是進程神學與生態學的關係，以及進程神學與政治之間的關係。換句話說，科布想將基督置於當代經驗之中。他沒有跟從傳統正統的指引，以聖經為出發點；他反而是以基督現時

9 John Cobb, *Christ in a Pluralistic Age*（Philadelphia, PA: Westminster, 1975）.

的經驗開始，向後追溯至歷史和聖經。

科布考慮到古典基督論中關於邏各斯（*Logos*）的觀念，但給它一個獨特的意義。上帝的原始本性就是邏各斯，所有最初的目的都是從中浮現的。他運用了「創建性的轉化」（creative transformation）這個觀念，從而提出：邏各斯把它最初的目的、它的潛力，供應給每件事件或真實東西，並吸引它在不單重複其慣性下的存在。邏各斯誘使每件事件去實現它全面的潛力。這轉化那終極中介是成肉身的邏各斯，即基督。基督中的邏各斯是秩序（order）的宇宙性原則，是目的和成長的來源。在它的超越性中，它是無限和永恆的，但因內蘊於創造中，它給進程中每一個改變的狀況，都提供了恰當的創建性吸引力。

科布這個關於邏各斯在基督裏得以實現的觀念，並沒有否定耶穌那完全的人性。在進程神學中，人性不是存有的固定模式。因此，當上帝臨在於拿撒勒人耶穌裏面時，祂沒有取代了那人的一部分。一個人是一套動態的、改變的關係。根據科布，「獨一的上帝因此獨特地臨在於祂裏面。同時，耶穌是完全的人，祂的人性沒有任何一方面被上帝所取代。那是徹底人性的『我』，是由上帝在祂裏面的臨在所構成的」。[10]
194 基督的人性表示，基督臨在於所有人裏面，甚至臨在於所有實在裏面。因此，如果耶穌不能完全成為人，我們也不能。基督的人性，正如我們的人性一樣，都是動態的。

科布對道成肉身的觀點，是其他的多元基督論所獨有的。若說邏各斯只在耶穌裏成肉身，這是太受限了；邏各斯也在萬物中成肉身。基督的道成肉身之所以是獨特的，是因

10 John Cobb, "A Whiteheadian Christology," in *Process Philosophy and Christian Thought*, ed. Delwin Brown et al. (Indianapolis, IN: Bobbs-Merrill, 1971), 394.

為那吸引或目的並非來自外面的(from without)——正如在其他人類的情況那樣——而是來自裏面(from within)。耶穌是基督，因為耶穌將獨特的存在結構帶進歷史之中：

> 耶穌的獨特性可以就基督這方面來被談論的。基督是成內身的邏各斯。這樣，基督臨在於萬物中。基督臨在的程度和類別是多變的。那臨在最圓滿的形式是祂與個人的過去所一同構成的個人的自我性(selfhood)。那是道成肉身的範式。這樣，基督不單臨在於一個人裏面，更是那個人。耶穌的存在那具區別性結構的特點是具有內蘊的邏各斯的個人身分⋯⋯基督臨在於萬物之中。耶穌就是基督。[11]

科布的神學理論闡述的其中一個推動力是要找出平衡，既容許宗教的多元主義，同時又避免完全的相對主義。基督不應該被等同為任何在受歷史調節的環境下出現的信仰系統，而應該被等同為整個神學事業那具創建性的轉化，是超越每一個宗派的建制形式的。耶穌身為邏各斯的「盛載者」，祂吸引每一個人不斷成長，直至全面發揮潛力，祂的特別意義就是祂那具典範性的愛。耶穌的生命充滿愛，並反映著祂對別人的關心，特別是對被遺棄和壓迫的人。另一位重要的進程神學家哈茲霍恩也強調，在基督教關於愛的觀念上，身為那獨特象徵的耶穌是具有重要性的。耶穌邀請祂的追隨者參與這無條件的愛，但這表示完全的信任和順服。基督的傳道聚焦在國度的來臨，號召人們現在決定悔改和改變內心。

對於拯救和我們與基督的關係，最重要的形象是保羅那

11 Cobb, "A Whiteheadian Christology," 142.

「在基督裏」的概念。透過祂的生命、職事、死亡和復活，耶穌創造了「一個力場」(a force field)，讓信徒可以進入其中。對科布來説，「在基督裏」表示，個人明白基督是個人存在的中心，並與上帝一同參與在恩典、和平、喜樂之中。

・將來的前景・

進程神學的一個主要主題是向將來開放——將來包括
195 了無限的潛能。由於整個存在都是在進程中，我們的將來也
在生成的過程中。上帝沒有預定將來的路；將來的路是在世界進程的過程中呈現的。基督和祂的轉化給正浮現的新可能性，開啟了前景。這包括盼望和威脅。一方面，所有經驗都有些內在價值。那些有更大和諧、多樣性和強度的經驗，本身比那些擁有較小的更好。上帝那主體的目的是要世界的東西不斷經歷更大的價值。在這個意義上，完全向將來開放，便給那對出現進步的盼望，提供了基礎。

但另一方面，這樣對將來開放也是冒險的。人類可能選擇自我毀滅，例如由人類的行動或核子戰爭所引發的生態大災難。根據進程神學，甚至連上帝也不能對人類的將來作出保證，雖然對上帝國的盼望是給將來的視象。

耶穌所傳講的上帝國那終末的盼望是甚麼？進程神學和進程基督論對此是模糊的。或許根據定義，進程就是永遠沒有終結的，因此「生成」(becoming)永不會變成「存有」(being)。來生又怎樣？懷特海關於「客觀的不朽」(objective immortality)的概念，就是標準的答案。它表示，經驗的緣現，雖然不斷來而又去，卻沒有在最終分析中消失，而是保留在上帝的「記憶」中，為新的緣現的出現而形成基礎。人類

並不按傳統正統的意義享有不朽或經驗復活，而是增加上帝的樂趣，並被上帝「記念」。

對於此世的盼望，進程神學是更具體的。在考慮到基督作為盼望的象徵和來源時，科布提到十九世紀自由神學（liberal theology）之父士來馬赫（Friedrich E. D. Schleiermacher）。士來馬赫是其中一個最早的神學家，將基督教信仰描述為我們的潛能在今生的全面實現，而不是對超越死亡的存在的預視。現在對基督的忠誠，號召著基督徒更深地參與世俗世界的轉化；因為正是在那裏，基督那具轉化影響的力量才能夠被找到。

22

女性主義基督論

Feminist Christology

・男性救主可以成為所有人的救主嗎？・

> 我總覺得很難離開教會，但我也覺得很難與教會同行……很多男女都感到這種疏離，他們因教會生活的矛盾而感到痛苦和憤怒，以致對於教會的女性主義式詮釋所作的言說，他們提出挑戰。這疏離也因著知道神學家和教會職員——他們視好像我這樣的女性為問題而不視我為教會本身——的輕蔑和憤怒而被增強起來。[1]

這段引文來自美國一位主要的女性主義思想家盧瑟（Letty M. Russell），它反映了很多女性——和男性——對於基督教會和神學對待女性的方式所感到的痛苦。女性主義者（feminist）和其他解放主義者（liberationist）對於基督教信息的

1 Letty M. Russell, *Church in the Round: Feminist Interpretation of the Church* (Louisville, KY: Westminster John Knox, 1993), 11.

焦點也有共同的關注，那就是在耶穌基督的位格裏關於解放和愛的信息：「但我和很多感到疏離的男女都不可能離開教會，因為它盛載著耶穌基督的故事和關於上帝的愛的好消息。」[2]

正因我們這樣生活在「懷疑的詮釋學」(hermeneutics of suspicion)的世代中，我們發覺很多談論宗教的傳統方法都
197 是具威脅性的。很多女性主義思想家堅持主張，把上帝位格化為父，這是父權制(patriarchy)的形式，它令壓迫女性的機制顯得合理，從此產生出男性的支配。我們不能否認，宗教中大部分的上帝形象，都是以社會中的統治階層作為原型(prototpye)的。[3] 雖然一般來説，把神聖父親的象徵視為引致權力誤用的來源，以致帶來暴力、強暴和戰爭，這可能是言過其實的；但視語言不單反映實在(reality)，也建構實在，這卻是真實的。

雖然基督教神學在改變它傳統的男性語言方面十分緩慢，但這個問題其實並不新鮮。拿先斯的貴格利(Gregory of Nazianzus)的對手認為上帝是男性，因為上帝被稱為父，或者認為某神是女性，因為這個詞的性別是女性，或者認為聖靈是中性，因為祂沒有位格性的名字；貴格利嘲笑他們的看法。貴格利堅持主張，上帝的父親身分與婚姻、懷孕、助產術或性沒有關係。上帝不是男性，雖然我們稱上帝為「他」(him)。這只是語言使用上的約定俗成。基督教神學相信，神聖位格中的每一位都沒有性別，但祂們在人類和世界中行動時，每一個位格都因那從性別借來的名字而得以顯明。

麥菲(Sallie McFague)嘗試借助隱喻性言説(metaphorical talk)來避免因關於上帝的性別言説而帶來的問題。為了嘗

2 Russell, *Church in the Round*, 11.

3 Rosemary Radford Ruether, *Sexism and God-Talk* (Boston, MA: Beacon, 1983).

試避免那在我們這個時代中很普遍的字面論（literalism），她提議藉著堆砌隱喻來將父的象徵相對化，以製造空間給那些互補的象徵，例如上帝作為母親、愛人或朋友。約翰遜（Elizabeth Johnson）所採取的進路與麥菲有很多相似之處。約翰遜在其《她的所是：女性主義神學論述中上帝的奧祕》（*She Who Is: The Mystery of God in Feminist Theological Discourse*）一書中提出，我們需要以女性的形象和隱喻來設想和言說上帝的奧祕，藉以將女性從因被強加上帝的父權形象而產生的從屬關係中，釋放出來。她自己喜歡的是「她的所是」（She Who Is）。[4]

女性主義神學家就基督論所提出的問題是尖銳的：上帝的兒子怎能夠成為上帝眾兒子**和**女兒的救主和代表？耶穌的「男性身分」（maleness）怎樣與另一半人類交往？子上帝是男性、女性還是超越兩者？基督的形象對很多當代婦女來說是含混的，因為它既是生命的來源，又是令壓迫合法化的。女性透過相信基督而找到安慰和力量，但同時她們也經驗到，基督論的詮釋和實踐是由男性所支配和壓迫女性主義的。有些極端的聲音質疑，基督教神學能否克服這種固有的張力。根據戈登堡（Naomi Goldenberg）：

> 耶穌基督不能象徵女性的解放。一個維持以男性形象來
> 代表至高神性的文化，不能容許女性經驗到自己與男性 198
> 是平等的。為了建立一種關於女性解放的神學，女性主
> 義者需要放棄基督和聖經。[5]

4　Elizabeth Johnson, *She Who Is: The Mystery of God in Feminist Theological Discourse* (New York, NY: Crossroad, 1992).

5　Naomi Goldenberg, *The Changing of the Gods: Feminism and the End of Traditional Religions* (Boston, MA: Beacon, 1979), 22.

這種女性主義分析的「批判性原則」（critical principle）是以解放及平等為其目標，它借鑑了不同種類的解放神學（liberation theologies）；這是解放主義者古鐵雷斯（Gustavo Gutiérrez）所說的「來自歷史底下的神學」（theology from the underside of history）。[6] 女性主義思想家加入這個解放傳統之中，由那些身處社會中心的人的問題，走向那些因無權和不重要而不被視為人的人的問題。

・女性的經驗・

雖然女性的經驗在不同文化和不同背景之間都各有差異，但還是有一些統一的特點，而就基督論所具有的含義來說，其中三個特點似乎是最重要的。首先，來自不同處境的女性在很多基督教傳統中，都經驗到自己的體現（embodiment）是負面的。西方神學特別建基於一種二元論式的世界觀，視靈魂高於身體，男性高於女性。早期基督教著作有很多諷刺女性的作品。例如，女性被稱為「通往地獄的門」和「比男性卑微」。雖然基督教是道成肉身的宗教（incarnational religion），但它往往對身體感到不安，特別是對女性生育下一代這項工作感到不安。關於道成肉身的教義，耶穌的男性身分往往被利用來作為反對女性有完全人性的論據。「這教義——只有完美的男性形式才能夠完全使上帝成肉身並施行拯救——令我們在女性身體中的個別生命，成為反對上帝的囚牢，而且否定了我們那真實的、感官的、

6 Gustave Gutiérrez, *The Power of the Poor in History: Selected Writings* (Maryknoll, NY: Orbis, 1983), 183.

改變的自我成為神聖活動的所在地。」[7]

第二，不同處境的女性都經驗到壓迫。雖然宰制和屈從的模式不同，但它們卻存在於全世界之中。基督那具領導其身體——即教會——的地位，在丈夫對妻子的領導中被反映出來，這往往將女性的從屬合法化。

第三，相互聯繫是女性經驗的一部分。女性傳統上是在與他者的關係中找到其身分——身為別人的母親、妻子、姊妹、女兒。過去，一個單獨的男性便可以代表所有人類。不過，在現時，所有生命——包括創造——的相互聯繫，都已經受到注目；其中一個推動力就是進程思想的出現。

與相互聯繫的觀念相一致，莫特曼（Jürgen Moltmann） 199
將性別主義（sexism）與上帝的關係這個問題，置於更大的背景中，也就是置於羣體之中。從神學角度來說，單批評傳統的神學忽視女性的辭彙，並嘗試以其他有限的、排他的辭彙來取代男性辭彙，這是不足夠的。莫特曼堅持主張，根據聖經的觀念，令我們擁有上帝的形象（*Imago Dei*）的，不是那脫離身體的靈魂。上帝的形象包括整全的男性和女性，他們是在完整的、性別上特別的、彼此相關的羣體之中的。上帝不是在內心的內室中，或在孤獨的地方，而是在女性和男性的真羣體中為人認識的。因此，關於上帝的經驗是「自我的社羣經驗和社羣的個人經驗」（the social experience of the self and the personal experience of sociality）。[8] 我們也可以藉著描述教會為「連結的」（connective），從而表達女性主義

7 Rita Nashima Brock, "The Feminist Redemption of God," in *Christian Feminism: Visions of a New Humanity*, ed. Judith L. Weidman（San Francisco, CA: Harper & Row, 1984）, 68.

8 Jürgen Moltmann, *The Spirit of life: A Universal Affirmation*（Minneapolis, MN: Fortress, 1992）, 94.

教會論（feminist ecclesiology）的核心；在它裏面，在男性和女性，以及在上帝和人類之間有活著、動態的聯繫。「如果桌子由上帝鋪開，由基督作主人，那麼它一定是有很多聯繫的桌子。」[9]

・尋找基督的包容性形象・

女性主義基督論走在前線，尋求以新的、互補和包容的方式言說基督，萬物的救主，藉以取代那較古老、以男性為主導、階級制、排他的形象。重新想像基督，這可能涉及放棄古老的形象，或轉化它們，藉以配合現時女性的處境和經驗。倫納德（Ellen Leonard）提議五種指涉基督的方法，它們是同時包括男性和女性的：

1. 以女性用語來設想基督的人性，例如「女人基督」（Woman Christ）；
2. 設想基督為女神的道成肉身；
3. 從歷史中作為原型的耶穌開始；
4. 從歷史中作為破除聖像的先知（iconoclastic prophet）的耶穌開始；
5. 將基督論重置於羣體之中。[10]

身為女性的基督形象，對一些二十一世紀的基督徒來說，是令人震驚的。不過，基督教神學包括一個將基督描

9 Russell, *Church in the Round*, 18.

10 Ellen Leonard, " Women and Christ: Toward Inclusive Christologies, " in *Constructive Christian Theology in the Worldwide Church*, ed. William R. Barr（Grand Rapids, MI: Eerdmans, 1997）, 326～333.

述為女性的歷史先例。初期教父好像革利免（Clement）、俄利根（Origen）、愛任紐（Irenaeus）、屈梭多模（John Chrysostom）、安波羅修（Ambrose）和奧古斯丁（Augustine）等，以及中世紀神學家好像克勒窩的伯爾納（Bernard of Clairvaux）和坎特伯雷的安瑟倫（Anselm of Canterbury），200
他們的著作都指涉到作為母親的基督。特別是在中世紀時期，基督的女性形象十分普遍。神性被聯繫到男性，而人性則被聯繫到女性。十四世紀的諾里奇的猶利安（Julian of Norwich）把基督言說是「我們真正的母親耶穌」，祂「獨自背負我們的喜樂和無盡生命」。[11]

另一個強調耶穌女性一面的方法，是運用女性形象蘇菲亞（Sophia；智慧）作為耶穌的形象。猶太傳統會將上帝的智慧擬人化為女性。所謂的智慧基督論（wisdom Christology）便是以福音書為出發點，特別是馬太福音和約翰福音，它是那種視耶穌為男性的觀點以外的另一個選擇。

有些女性主義思想家把耶穌和最初期教會的實踐稱為**原型**（prototype）而不是典型（archetype）。這表示，聖經中男性耶穌與祂男性的父說話，這個傳統不是排他的來源」，而是思想耶穌的再一個來源（re-source；只是一種方法；編按：或譯「又一個來源」）。女性主義神學家也提醒我們，雖然在古代猶太文化中，女性從屬於男性，但耶穌在很大程度上是以包容的態度來執行祂的視象（vision）。耶穌對天國的視象是包含一切的；祂給罪人、窮人、婦女，甚至妓女開放飯桌的團契（table fellowship）——那文化和今天很多第三世界文化一樣，以飯桌作為包含的主要記號。

女性主義思想另一種稱呼耶穌的方式，是把福音書的基

11　Leonard, "Women and Christ," 327.

督描述為破除聖像的先知，祂代表那些被邊緣化和被鄙視的社會羣體說話，挑戰祂那個時代的社會和宗教的階級結構。福音書中的女性往往代表那些低微的，本來在後、但在上帝的統治中將會在前的人。一些女性主義思想家從這個角度來看耶穌的男性身分，並言說為父權的虛己（*kenōsis*；自我倒空）。

倫納德提議的最後一個形象，是克麗斯特/羣體（Christa / community）的形象。有些女性主義神學家強調了耶穌在共同創造的解放中和促進羣體中的角色。她們寧願以女性詞的**克麗斯特**，而不是陽性詞的**基督**來稱呼基督。這些女性主義神學家指向福音書傳統中那個膏抹耶穌的不知名婦女：「這位婦女，身為婦女，代表內心那具啟示性和醫治的能力。藉著她以行動代表克麗斯特/羣體，她成了先知和醫治者；這個羣體會在耶穌死後留存，並見證祂的復活。」[12]

・黑人女性的解放基督論・

女性並非全都活在相同的狀況和處境中。與男性一樣，她們的環境與需要是千差萬別的。因此，一般的女性主義神
201 學，特別是基督論，都是由特定的處境所模塑的。例如：在美國，我們可以找到植根於不同傳統的女性主義的詮釋，包括非洲裔美國人（African American）、亞洲裔美國人（Asian American）、拉丁美洲裔美國人（Hispanic American）和美洲土著（Native American）。黑人婦人，即繼承了非洲血統和來自現時非洲裔美國人文化的婦人，她們怎樣言說作為她們救主的耶穌基督？雖然很多人，特別是年青一代，不認為需

12 Rita Nashima Brock, *Journeys by Heart: A Christology of Erotic Power* (New York, NY: Crossroad, 1988), 97.

要有一個獨立於一般女性主義神學的黑人女性主義神學；但其他黑人婦女 —— 和男性 —— 相信，女性主義的現象是源自白人中產階級婦人的議程，並為這議程服務的。她們認為，惟一的選擇是提倡一個負責任的黑人女性主義神學和基督論。

很自然地，浮現中的黑人女性主義基督論，和黑人神學（black theology）的整體關注有很多相似之處：從白人的壓迫中解放出來，並要求得到自由和自我實現。它們與女性主義思想也有相似的一般目的：令女性脫離父權和男性宰制。對黑人女性主義而言，一個重要的必然結果是渴望一個整全的神學和基督論，將人類生命的所有方面整合而成一個神學視象。非洲裔美國人文化，正如大部分三分二世界（two-thirds world）的文化一樣，都傾向整體論（holism），多於大部分西方所傾向的二元世界觀。

黑人婦女所從事的神學，是來自她們所受的種族歧視/性別歧視/階級歧視這三維經驗的。忽略這經驗的任何一方面，就是否認黑人女性身分那整全和綜合的實在。在閱讀聖經中關於基督的敍事時 —— 祂的愛包括女性和其他在社會上被邊緣化的人 —— 黑人女性發現一個她們可以擁有的耶穌，而祂向她們所作的宣稱也肯定了她們的尊嚴和自尊。對黑人女性來說，耶穌表示幾件事；不過，其中首要的是，相信耶穌是神聖的共同受苦者（co-sufferer），祂在她們受壓迫時給她們充權。

> 黑人婦女認同耶穌，因為她們相信，耶穌與她們認同。因耶穌被迫害，受了不該受的苦；所以她們也是這樣。祂的受苦在被釘十字架時達到高峯。她們的被釘十字架包括遭強暴、丈夫被閹割（實際上或隱喻上的）、嬰孩被

> 賣和其他殘暴且往往是謀殺的對待。但耶穌的受苦不單是人的受苦，因為耶穌被理解為成肉身的上帝。[13]

耶穌不單被視為神聖的同受苦者，祂也被視為給軟弱者充權的那一位。祂的愛不是感傷、被動的愛，而是堅強、主動的愛。因此，不單耶穌的神性，而且祂的生命在黑人女性主義思想和靈性中也有深刻的意義。耶穌是政治上的彌賽亞，祂的任務是釋放所有人以得自由。

・耶穌基督，那救主・

202 女性主義者對基督的工作——基督帶來的拯救——所採取的進路，是由她們對生命所採取那包容、整全的態度而被模塑的，她們也常常批評白人男性神學家的視角。很多女性主義思想家對她們所稱為「傳統／神話的」觀點——即視耶穌為上帝獨特和排他的道成肉身——抱十分懷疑的態度，因為這個觀點被用來加強男性的優越性。傳統的論證說，耶穌是男性，因此上帝不能在那所謂較低的性別中成肉身。原罪的觀念（夏娃先犯罪，然後促使亞當去吃那果子）也已被聯繫到這個觀點。耶穌身為至高的代罪羔羊——這個角色被投射到女性身上——這觀念令她們成為受害人。一些通常被聯繫到女性的質素，好像犧牲的愛、謙卑、溫柔，在描述耶穌那身為救主的角色時，卻得到不足夠的注意。

聖經的女性主義讀者提醒我們，聖經中關於拯救的觀念

13 Jacquelyn Grant, "Black Women's Experience as a Source for Doing Theology," in *Constructive Christian Theology in the Worldwide Church*, ed. William R. Barr (Grand Rapids, MI: Eerdmans, 1997), 346.

包括所有生命的解放、整全、和平及祝福。與解放神學家一樣，女性主義神學家視拯救為整全的平安（*shalom*），是社會上和身體上的整全及融洽。拯救是以關係來被理解的，是在人類之間，以及與上帝有關的。只有這種整全的進路才可以裝備教會，以實現它那促進公義、和平及整全的任務。

在教會最初的幾個世紀，基督教神學傾向根據希臘那將身體和靈魂分開的做法，從而減低和縮窄對平安的理解。解放神學和女性主義神學有兩個關於平安的重疊主題，就是解放和祝福，它們作為上帝的意向：女性與男性一起成為完全的人性，為了整個創造得醫治。作為平安的拯救，其更大的意義不單包括祝福和解放，也包括公平和公義。

女性主義神學對基督教神學中那普遍的階級二元論感到厭煩，認為它會引致人對自然、異性和自己身體的濫用。它也已污染了基督徒對上帝和基督的理解；三一往往被人用階級的詞語來描述，引致產生關於羣體的一些階級觀念。

正在浮現的「生態女性主義的」（ecofeministic）思想，給女性主義神學對基督的拯救，提供了一個更廣闊的視角；在這種思想中，對創造和生態的關注與神學融合起來。在過去，由男性宰制的神學，將女性、自然、身體、性和婦女分別開來。約翰遜提出：

> 對大地的剝削在我們這個時代已經到了危急的地步，這種行為與將婦女邊緣化的行為是緊密相連的，兩個困境本身都是與忘記創造者聖靈——祂在生命的舞蹈中遍及 203
> 世界——有關的。[14]

14 Elizabeth Johnson, *Women, Earth and Creator Spirit*（Mahwah, NY: Paulist Press, 1993）, 2.

生態女性主義神學視它的任務是尋求新的整全，一個新的平等羣體。生態女性主義神學強調那在大自然和人、女性和男性、我們和我們的身體之間的聯合，因此它正面地看思想上的「親屬模式」(kinship models)——這些模式強調相互關係和羣體。

23

黑人基督論

Black Christology

・黑人經驗・

黑人基督論（black Christology）是一個具多樣性的組 204
別，所指的是主要在非洲裔美國人（African American）中，但也在非洲——如南非（South Africa）——中所找到的眾多神學進路。這些進路根據非洲人後裔所面對的挑戰來陳述基督論。雖然我們往往不清楚黑人基督論是否只包括非洲裔美國人的基督論，還是也包括非洲的基督論（African Christologies），但這一章會聚焦於非洲裔美國人的處境。不過，本章最後一節會考慮到南非的黑人基督論，以之作為一個例子，顯示出在世界不同部分的黑人神學（black theology）所共享的價值觀。

一般的黑人神學，特別是黑人基督論，其出發點是黑人經驗。提倡這個處境化神學運動的人贊成黑人歷史和現時經驗的獨特性，這獨特性在從事神學時是需要得到考慮的。他們說，神學很多時候都是由西方的白種男性來進行，基督教已將黑人的苦難合理化。

黑人神學最特別的地方是它與解放（liberation）這個觀念的關係。事實上，黑人神學家把他們從事神學的方式視為解放。孔恩（James Cone）是最受注意的黑人解放主義者，他把解放界定為工作（working），「讓受壓迫的羣體看到，它內
205 在爭取解放的動力不單與福音一致，更是耶穌基督的福音」。[1] 因此，把解放視為上帝在世界的工作和意圖，這表示我們是必須把解放理解為個人存在那永久、最終和終極的特點。很多黑人神學家都堅持主張，所有基督教的盼望無論成或敗都是與這個信念相連的，而解放是上帝那不可抵抗的旨意。因此，神學的任務是與受辱和受虐的人認同。聖經的出發點可在關於的解放經文中被找到，好像出埃及記三章和路加福音四章 18 至 19 節。

黑人神學與幾個來源和影響作了富創建的、動人的和負責任的對話。根據孔恩，這共有六個來源：

1. 黑人經驗：黑人在受壓迫和剝削的白人世界中的全面經驗；黑人為自己作決定，肯定作為黑人的價值；
2. 黑人歷史：不單包括白人怎樣對待黑人，也包括黑人怎樣抵抗那壓迫；
3. 黑人文化：黑人羣體在音樂、藝術、文學和其他創意形式中的自我表達；
4. 啟示：不單是過去的事件（孔恩強調啟示的本性是一件**事件**〔event〕），也是上帝現在代表黑人所施行的救贖活動；

1 James H. Cone, *A Black Theology of Liberation*, 2nd ed.（Maryknoll, NY: Orbis, 1986）, 1.

5. 聖經：和新正統主義（neo-orthodox）、巴特（Karl Barth）的觀點一致，孔恩認為聖經不能等同啟示；當上帝和人在由上帝所開展的事件中相遇時，聖經便有能力在這相遇中成為啟示。聖經是一個見證和通向上帝的引導，而上帝就是以解放者的身分來行動；
6. 傳統：具批判性地挪用教會在不同處境中理解福音的方式。[2]

黑人神學和傳統神學的分別，就好像非洲裔美國基督教和歐洲及北美洲白種的基督教的分別一樣。它是建基於非洲的遺產和文化根源的。或許那遺產中最獨特的是奴隸制度，以及在苛刻和不公平的壓迫下的掙扎求存。「接受了基督教的非洲奴隸也修改和模塑著基督教，以配合他們存在的需要，甚至在一些被白人扭曲了的福音陳述中，他們也看到，他們在非洲所認識的上帝和聖經中的上帝是有延續的。」[3] 二十世紀非洲裔美國基督教的黑人神學，其社會政治處境就是民權 206
或「黑人權利」運動。

和很多典型但非源自西方的神學一樣，黑人神學是建基於故事和聖經中上帝的故事。非洲裔美國人和其他黑人帶來自己的故事，以對聖經和傳統產生影響。他們的民間故事是一些途徑，以表達他們在尋求自由和解放時的恐懼、焦慮和掙扎。根據伊文思（James Evans）：「關於非洲裔美國基督教的存在，其兩個頑固的事實是上帝已向黑人羣體啟示了祂自己，而這啟示與黑人爭取解放的歷史鬥爭是分不開的。」[4]

2　Cone, *A Black Theology of Liberation*, 33 ~ 34.

3　James H. Evans Jr., *We Have Been Believers: An African-American Systematic Theology* (Minneapolis, MN: Fotress, 1992), 3.

4　Evans, *We Have Been Believers*, 11.

基於黑人神學的出發點和來源，從事黑人神學的基礎可以總結如下：首先，人們的社會位置制約了他們對聖經的詮釋。非洲裔美國人在美國社會中那身為外人的地位，已模塑了他們對聖經的視角，他們的邊緣化令他們對聖經的誤用敏感。第二，聖經對今天的意義，比聖經在過去的意思更優先。這並非表示要忽視對聖經進行有力的歷史性—批判性研究，而是單要指出，研究經文原來、過去的意思是並不足夠的。第三，故事比文本更優先。非洲裔美國人的宗教經驗適合文本所使用。第四，非洲裔美國神學家必須闡述解放詮釋學（liberating hermeneutic）——這詮釋學在黑人基督徒的經驗中給聖經賦予權威。[5]

・非洲裔美國人經驗中基督的「形象」・

「形象」（*figura*）這個詞語是初期和中世紀基督徒作者從希臘和羅馬思想借用過來的，伊文思運用這詞語來表達一個觀念：某些東西同時反映一些已經存在的東西，又投射一些仍未存在的東西。這個觀念可被用在基督身上。對非洲裔美國人來說，要明白耶穌基督是誰，那關鍵的是聖經中彌賽亞的觀念與非洲人文化景觀中的不同英雄人物之間的關係：

> 彌賽亞體現了受壓迫的百姓那民族式的盼望和夢想……值得留意的是，持續的壓迫和艱苦沒有破壞關於彌賽亞的夢想，而是使它得以增強。事實上，邪惡愈多，彌賽亞的觀念便變得愈有力。隨著以色列人在歷史上的真實解放似乎退入可能性的遙遠領域，彌賽亞便不單變成能

5 Evans, *We Have Been Believers*, 51 ~ 52.

> 夠轉化人民的歷史狀況的那一位，也變成能夠轉化歷史本身的那一位。[6]

彌賽亞獲授權以引入一個新的世代，在這新世代中，這 207
個世界的權力結構會被推翻，而自由則會盛行。這個彌賽亞世代會包括上帝百姓的聚集。因著聖經中有這些彌賽亞主義（messianism）的盼望，所以非洲裔美國基督徒便利用聖經的彌賽亞主題，來建構他們的基督論信仰，這也就不足為怪了。關於上帝百姓的聚集，這個觀念似乎支持泛非洲主義（pan-Africanism）的盼望，以及支持世界秩序的徹底轉化，並對將來的公義及和平予以盼望。

令「形象」這個觀念在非洲裔美國人的宗教和政治處境中更具吸引力的，是存在著一個擁有眾多英雄和英雄人物的神廟。例如：非洲裔美國人羣體在體育、政治和藝術領域，都有很多出色的表演者。在她的《我知道為甚麼籠中鳥歌唱》（*I Know Why the Caged Bird Sings*）一書中，安哲羅（Maya Angelou）描述著，黑人拳手路易斯（Joe Louis）打敗白人對手，這場勝仗對黑人羣體產生了有力的影響。在非洲裔美國人傳統中，英雄行為被視為有助黑人應付障礙，並克服他們現時處境中的界限和限制。英雄行為也發揮著連結的作用，以及保存文化及促進同心協力。

很多非洲裔美國學者指出，靈歌（spirituals）是用來表達他們宗教的核心價值的形式。這些聖詩反映了黑人基督論的英雄資源。這些歌曲表達了舊約故事和新約的基督論故事，將上帝在過去行事的歷史，拉到現時那些爭取自由的鬥爭之中。聖經中的英雄，不單是彌賽亞，還有摩西、約書亞和好

6　Evans, *We Have Been Believers*, 79.

些領袖等，都被提升而成為人需要學效的榜樣。

伊文思指出，「站在非洲英雄式史詩的中心的，就是史詩的（epic）英雄」。[7] 這英雄人物和聖經傳奇（biblical saga）的彌賽亞式英雄，有驚人的相似之處。好像聖經中的超人彌賽亞，史詩的英雄都由諸神給予力量，以恢復他百姓的狀況。在人物形象的詮釋上，這個非洲模式容許非洲裔美國基督徒在耶穌裏不單看到一位史詩英雄，體現著那促使受壓迫者得解放的價值觀；也看到祂是一位中介，關心著他們每日的存活。[8]

・黑人彌賽亞・

早在一八二九年，楊格（Alexander Young）的〈埃塞俄比亞宣言〉（Ethiopian Manifesto）已經提到黑人彌賽亞（black Messiah）的出現。第一本詳細考慮黑人彌賽亞對非洲
208 裔美國人神學的意義的著作，是瑟曼（Howard Thurman）於一九四九年出版的《耶穌與失去文化和社會傳統的人》（*Jesus and the Disinherited*）。[9] 瑟曼把聖經中和歷史上關於耶穌身為彌賽亞的觀念，與基督那宇宙性和神祕的觀念結合起來。瑟曼的主要問題是：耶穌對「陷入困境」的百姓有甚麼意義？為甚麼基督教的「白人」宗教在處理這個問題時是那麼無力？瑟曼強調，耶穌能夠與被壓迫的黑人認同，因為祂自己也屬於被壓迫的百姓；當時的猶太人受到羅馬人威脅，屈服在他們的暴政下。不過，和很多後期的黑人彌賽亞宣言不同，瑟

7 Evans, *We Have Been Believers*, 82.

8 Evans, *We Have Been Believers*, 82.

9 Howard Thurman, *Jesus and the Disinherited* (Nashville, TN: Abingdon, 1949).

曼沒有指涉到積極的政治立場，而是指涉到在耶穌裏的上帝國「在我們裏面」(in us)的這個觀念。它強調彌賽亞耶穌的角色——祂藉著在邪惡的力量、罪的影響和救贖的力量中成為中介，而帶來解放。拯救仍然在本質上是靈性的，但黑人沒有好像當時被黑人運動指控的白人基督教那樣，將它推到將來。

克利奇(Albert Cleage)一九六八年的《黑人彌賽亞》(*Black Messiah*)[10] 推動一個在政治和社會上更活躍的進路。很多人視這本講道集和文集為最極端左翼的黑人基督論。根據克利奇，關於「白人」基督，這個觀念是社會中白人主導階層的產物，與聖經沒有甚麼關係。克利奇那最具爭議的宣稱是：拿撒勒人耶穌身為祂百姓的一份子，祂實際上是黑人。他堅持，聖經是由黑人猶太人寫成的；他也提出，耶穌本身與極端民族主義的奮鋭黨(Zealot)運動認同——這運動致力帶來黑人的以色列國。很少學者會同意這個宣稱的歷史基礎，但它後來被幾位黑人基督論者以沒有那麼按字面的方式來挪用。

斯金納(Tom Skinner)的《福音有多黑？》(*How Black Is the Gospel?*)[11] 在一九七〇年出版，這本書比較保守，它尋找一位超越種族區分的「黑人彌賽亞」。基督是解放者，但祂不是與某一特定膚色的百姓認同的。耶穌惟一效忠的是祂的父和祂所傳講的上帝國。耶穌來是要傳講拯救的屬靈面向。

很多其他黑人基督論者都界乎克利奇和斯金納這兩個極端之間。羅伯斯(J. Deotis Roberts)和孔恩是最著名的兩

10 Albert Cleage, *Black Messiah*(New York, NY: Sheed & Ward, 1968).

11 Tom Skinner, *How Black Is the Gospel?*(New York, NY: J. B. Lippincott, 1970).

位，前者沒有後者那麼激進。羅伯斯的《對話中的黑人神學》（*Black Theology in Dialogue*），[12] 正如其書名所表示的，更走會議的路線：他的黑人神學沒有推崇偏狹的觀念，而是預備進行對話。羅伯斯指涉到田立克（Paul Tillich）那關於神學的觀念：神學作為啟示和現時問題之間的關聯（correlation）。
209 他也承認，黑人是**非洲裔**美國人，因此非洲根源是重要的。所以，非洲經驗也必須被帶到聖經的閱讀之中。當聖經被介紹給黑人奴隸時，他們熱烈地接受它，因為他們理解到生命是神聖的，是整體的，是羣體。根本沒有無前設的釋經；因此，從黑人的特別角度來閱讀聖經，與從任何角度來閱讀聖經，都同樣是合法的。

羅伯斯視黑人彌賽亞這個觀念為象徵性的而不是字面的；他相信真實的、歷史上的耶穌。羅伯斯的任務是「心理文化的」（psychocultural）：重述關於普世基督的教導，如同將上帝的救贖行動特殊化，成為對特定羣體的救贖行動。基督是所有人的救贖主，但祂也是每一個特定羣體的救贖主。「黑人基督參與在黑人的經驗中。在某意義上，基督接觸著黑人基督徒在自己獨特的歷史和個人經驗中所察覺到的東西。」[13]

在羅伯斯的思想中，其中心觀念是黑人彌賽亞和信仰的基督之間的關係。黑人彌賽亞是神話的構想，幫助黑人克服那些與身為黑人有關的負面觀點。但終極地，黑人彌賽亞需要讓位給「無色的基督」（colorless Christ）。黑人彌賽亞是特殊的，而聖經的彌賽亞是普遍的。特殊和普遍的基督之間

12 J. Deotis Roberts, *Black Theology in Dialogue* (Philadelphia, PA: Westminster, 1987).

13 J. Deotis Roberts, *Liberation and Reconciliation: A Black Theology* (Philadelphia, PA: Westminster, 1971), 139 ~ 140.

有辯證的關係（dialectical relationship）：普遍的基督為了黑人種族的特定百姓而被獨特化，而特殊的黑人基督指向那為所有人而把基督普遍化的行動（universalization）。黑人彌賽亞的終極目標是復和。祂是使黑人和白人復和的那一位。

・怎樣對待「白人耶穌」？・

對孔恩來說，基督論是以耶穌基督為開始和終結的，祂是言說上帝和人類的出發點。基督是基督教的中心，言說基督永遠不能抽象地進行。它必須是具體的和植根於百姓真實的生命狀況中。由於作為基督教主導形式的基督，是以配合現代白人社會價值觀的白人基督來被呈現，所以黑人基督是有需要的：

> 如果耶穌基督對我們要有任何意義，祂就必須離開市郊
> 的保障，加入黑人的狀況中。我們不是白人，而是黑
> 人，我們怎會需要一位白人耶穌呢？如果耶穌基督是白
> 人而不是黑人，祂便是壓迫者；我們必須殺死祂。黑人
> 神學的出現，表示黑人羣體現在預備好對付白人耶穌， 210
> 以致令祂不能阻礙我們的革命。[14]

稍後，孔恩軟化了他對「白人基督」的攻擊，並承認他早期的神學是對主導階級的神學作太強烈的反應，而不是獨特的黑人言說。但所有「尋求成為黑人言說」的上帝言說（God-talk），其基準仍然「是身為黑人基督的耶穌的彰顯，祂給黑人

---

14 Cone, *Black Theology of Liberation*, 111.

解放提供所需要的靈魂」。[15] 這觀點是恰當的，因為在祂的歷史中，從祂開始與以色列人在一起，直到今日，上帝都是站在窮人和被壓迫者那邊的。孔恩提出，上帝以出埃及事件來解放祂的百姓，並在耶穌基督的生命、死亡和復活中繼續這樣做。孔恩談及「新的黑人」這個新的身分在基督裏得以彰顯。

孔恩強調認識歷史耶穌的重要性。如果不知道基督以前是誰，我們便不能知道祂現在是誰。新約對耶穌的描述是祂與受壓迫的人認同，並為他們説話。耶穌的職事是以受壓迫的人為焦點的。祂關於上帝國臨近的信息，表示奴隸制即將結束；神聖統治會取代所有人的權威。十字架和復活肯定了祂的職事：上帝沒有被壓迫打敗，反而是將它轉化為自由的可能性。

對孔恩來説，關於黑人彌賽亞的觀念不是按字面意思來理解的，也不是單被理解為文化象徵的。它是真理的神學陳述，是關於基督在受壓迫的人中間的真理。孔恩對黑人彌賽亞的神話功用並非漠不關心，但他堅持它需要以拿撒勒人耶穌的歷史為基礎。他也表示，基督的黑色不只是關於「祂是受害人」這個事實；它也見證著基督勝過那帶來破壞的力量。黑人基督將耶穌基督過去和現在的意義聯繫起來，也指向基督將來的再來，以及指向國度要勝過所有種族、社會和政治界限。

・使人復和的基督・

孔恩和他的同事的很多主要觀念，都能進入南非受種族隔離所壓迫的教會中。但很多南非人，特別是包薩克（Allan

15 Cone, *Black Theology of Liberation*, 38.

Boesak），也對孔恩所提出的一些觀念持批判的立場。包薩克是南非牧師，也成了世界歸正教會聯盟（World Alliance of Reformed Churches）的主席。對他來説，黑人神學是黑人基 211
督徒對他們身處的南非境況所進行的神學反省。黑人問：當一個人是黑人，並活在一個由白人種族主義者所控制的世界裏時，相信耶穌基督有甚麼意思？包薩克並不預備將歷史耶穌的實在，與祂今天臨在於世界的這個實在分開。與孔恩一致，包薩克也肯定關於解放的觀念不單是基督教福音的一**部分**；它就**是**基督的福音。對包薩克來説，基督不單是基督論的中心，也是所有神學的中心。他甚至使用「基督論式神學」（christological theology）這個詞語。

包薩克提出他對「黑人意識」（black consciousness）和「黑人能力」（black power）這兩個詞語的理解。他表示，若把黑色意識局限在發現個人的黑色身分上，這只會限制了這個觀念。它也應該引致一個行動，以克服南非社會種族隔離的建制壓迫。為了澄清他的觀點，他批評了孔恩對黑人神學的理解。根據包薩克，孔恩令黑人經驗成了「具啟示性的」，意思是他將他的神學建基於那經驗，而不是建基於上帝在基督裏的啟示，因此他幾乎將黑人能力等同福音。並非所有人都同意這樣解讀孔恩的立場；[16] 但包薩克的批評反映出他自己的掙扎，就是他想要找到一個平衡，而他認為這是孔恩所缺乏的。但包薩克最終怎樣設想黑色能力，這仍然是不清楚的。例如，他沒有清楚提出他對使用暴力所持的立場。他不鼓吹暴力，但他的著作沒有清楚表示他容許在多大程度上使用暴力。但我們清楚的是，他批評白人神學家傾向令暴力這個議

16　有關對包薩克對孔恩的理解所作的批評，參 Volker Küster, *The Many Faces of Jesus Christ: Intercultural Christology*（Maryknoll, NY: Orbis, 2001）, 148 ~ 149。

題，成為黑人神學的**那**主題（*the* theme）。

在包薩克的思想中，其中心特點是關於基督作為黑人和白人的復和者這個觀念。「解放及復和互相預設對方。」[17] 要使復和得以發生，白人的種族歧視必須被廢除。包薩克同意孔恩的意見，主張黑人必須放棄其內化的奴隸心態，並接受自己的黑色膚色。這樣他們才可以支取上帝的應許：在上帝面前得到他們在基督裏的尊嚴。

17 Allan A. Boesak, *Farewell to Innocence: A Socio-Ethical Study on Black Theology and Black Power*（Maryknoll, NY: Orbis, 1977）, 92.

後現代基督論

Postmodern Christology

·後基督教時代的基督·

或許沒有詞語比**後現代主義**（postmodernism）得到更廣 212
泛的使用。今天大部分運動都訴諸後現代主義，無論是肯定它還是批評它。一方面，所有問題都歸咎後現代主義，由社會的破碎到絕望的孤立主義到人生意義的喪失。另一方面，幾乎所有宗派的基督徒神學家和哲學家都設想他們的信仰與這個觀念有（不神聖的？）聯盟，而這聯盟卻是沒有嚴格定義的。無論是在字面意義上（正如大部分人那樣！）還是在象徵性意義上與第三個千禧年的生活風格有關，後現代人那活在「城市」中的生命，大概是這樣的：

> 那反諷是深刻、普遍和似乎無所不包的。在全球幾乎每一個角落裏，人類都在團團轉，弔詭地活出他們身為個人的生命，他們被迫在他們「私人的」生命中，在一連串

> 選項之間作出選擇，但那些選項是由他們不能看見的機構和永遠不會面對面見到的人所列舉和管理的⋯⋯城市的常規是具決定性的，令它的居民相信他們可以做自己想做的事，然後脱身。因此全球大都會的來往是以奇特地混合了放縱和監督作為其特點，人們正正做大都會想他們做的事，但卻對自己說：自己是自由的。[1]

後現代主義的神學分析者承認，後現代主義的魔咒盤旋
213 在教會上面，令大部分基督徒「保留關於宗教身分的模糊觀念」，但「他們的生命卻明確地世俗化，在崇拜和祈禱中對上帝的經驗，卻在他們所做的一切中不十分突出」。[2] 不過，我們得承認，那些設想後現代主義誕生的人，沒有打算帶來一隻怪獸。相反，這些從古典自由主義〔神學〕(classical liberalism) 所傳下來的東西，想實現一個關於地上天堂的夢想——這個天堂是由男女的手而不是諸神所創造的。

與一九六○年代無神論者 (atheists) 和世俗神學家的預言相反，靈性 (spirituality) 沒有從現代和後現代的世界中消失。當然，在這個文化中靈性的目標和精神，與初期教會、甚至是與現代教會十分不同。後現代關於宗教的觀念是以消費主義 (consumerism) 為特點的：「具有消費者角色的個人得到鼓勵，從宗教象徵和教義的龐大清單中挑選，選擇那些最能夠表達他們私人感情的信仰。」[3] 這種靈性是個人主義的；它不需要一種集體方向或監督，但人可以在個人生命的

---

1 Barry A. Harvey, *Another City: An Ecclesiological Primer for a Post-Christian World* (Harrisburg, PA: Trinity Press, 1999), 2.

2 Vigen Guroian, *Ethics After Christendom: Toward an Ecclesial Christian Ethic* (Grand Rapids, MI: Eerdmans, 1994), 89.

3 Harvey, *Another City*, 128 ~ 129.

私密中享受它。這種靈性在欲望的市場上被有效地傳送。在第三個千禧年中的教會發覺自己身處一種文化之中，以致教會已成了「只是供個人意志會面的地方，每個人都有自己一套的態度和喜好，他們都把那個世界理解為只是供自己實現其滿足的場所，將實在詮釋為一連串機會，以供自己享受，而最後的敵人就是沉悶」。[4]

哲學家和神學家也言說後基督教時代（post-Christian era）。由於後現代主義的出現，基督教信仰的地位和角色已永久地改變，基督教會不容易與這種徹底的改變達成妥協。教會不再佔有過去那有利的位置。事實上，相比起歷史中任何時間和地方，它目前的社會地位，更接近初期教會的社會地位。對過去的懷緬往往以兩種形式出現。有些基督徒渴望回到基督教和社會在制度和文化上彼此交融的時期。其他基督徒則嘗試藉著訴諸關於基督教信息的世俗化觀念，從而適應現時的文化。我們在這混亂中將基督放在哪裏？對後現代、後基督教、後一切的世界而言，言說上帝兒子的人性和神性有甚麼意思？要嘗試回應這些問題，我們需要從神學角
度來分析後現代主義的現象。但我們必須首先承認，在後現 214
代時期，要為關於基督角色的問題給予確定的答案，這可能是不可能的，因為連一個以後現代方式開始論述的基督論（更不要說可供比較的其他選擇），也是仍未存在的。其他神學的課題已經從後現代角度得到頗為深入的研究，例如教會和它使命的本性，但卻沒有人從後現代角度來撰寫主要的基督論建議。

4　Alasdair MacIntyre, *After Virtue: A Study in Moral Theory*, 2nd ed. (Notre Dame, IN: University of Notre Dame Press, 1984), 25.

・後現代主義作為對現代主義的批評・

後現代主義通常被視為沒有絕對、固定確定性或基礎的文化情感（cultural sensibility）。後現代主義珍惜多元主義和差異，鼓勵考慮將所有思想形式和哲學作徹底的「處境化」（contextuality）或「境況化」（situatedness）。無論後現代主義包括甚麼，它總體上都是對它的先輩現代主義（modernism）—— 這種可以追溯到啟蒙運動時期（Enlightenment）的智性取向 —— 所作的批評。雖然很多公共生活和學術研究都繼續現代主義的議程，但很多人相信，隨著啟蒙運動對理性有能力提供關於世界的普遍知識 —— 包括神學知識 —— 的信心崩潰，現代主義已經終結。現代主義式的、「基礎主義式的」（foundationalist）知識論（epistemology；也就是關於知識的理論）假設了，哲學的工作就是尋找一個明確無誤的基礎，讓一切知識都建基在其上。在嘗試證成某個信念時，個人尋找一個不需進一步被證成的證據。人們已提出不同的基礎來支持科學範式，例如邏輯實證主義（logical positivism）在二十世紀初所提出的感官經驗（sensory experience）。但基礎的可能性失敗了，這便削弱了人類的知識，引致懷疑主義（skepticism）。懷疑主義源自對沒有知識論基礎的猜疑。

不同的運動都與後現代主義有關，也有助產生後現代主義。它們包括歐洲大陸（特別是法國）的文學理論和鑑別學（literary theory and criticism）、一些物理學的取向（例如卡普拉〔Fritjof Capra〕）、美國新實用主義（neopragmatism）和很多其他思想。

關於真理的問題，與現代主義相反，後現代主義委身於相對主義（relativism）或多元主義（pluralism）。用更專門的術語來表達，「能指」（signifier）取代了「所指」（signified）而成為取向和價值觀的焦點。這個觀點不單承認語言符號的隨意性，也看到符號之間沒有相互依賴的關係，這否定了有固定、絕對意義的可能性。很多後現代作者都與現代作者相反，認為語言是反覆無常和多變的，並不反映出那統攝一切、絕對的語言學法則。因此，後現代研究的其中一個主要任務就是要解構（deconstruct）語言；在作者的意思與讀者怎樣理解和挪用文本之間，幾乎沒有關係。所強調的乃是讀者 215
思想和取向中的「文本—脈絡」（con-text）。這樣，就文本曾經是甚麼意思，所有詮釋都是同等有效的——而且也是同等無效的。一些後現代主義者甚至說，「意義」（meaning）這個觀念是強制的概念，它表示某人有權力界定意義。

・後現代時期中基督論的〔不〕可能性・

在這樣的智性環境下，一般神學的可能性，特別是基督論的可能性，又怎麼樣呢？這帶來幾個含義。首先，後現代閱讀和詮釋基督故事的方法，與現代的方法——更不要說前現代的（premodern）方法——十分不同。後現代解構主義的和／或結構主義的詮釋學（structuralist hermeneutic），沒有按字面來接受福音故事（前現代），或嘗試在批判性—歷史性方法的幫助下揭示拿撒勒人耶穌的「真正歷史」（現代），而是挑戰所有關於聖經文本的正確（意指惟一正確）意思的想法。聖經經文有一個意義，無論是在前現代時期由教會權威所確定的，還是在現代時期由鑑別學學術所確定的，這想法對後現代的思想傾向來說都是褻瀆的。基督故事沒有一個由建制所批准的或由學者所認可的詮釋。那是一個每次在遇上新處境時都要被重新講述的故事。後現代的聖經讀者恐怕，要求具權威性的詮釋，就是「官方的」(authoritative)詮釋，因而暴露了權力的誤用。

第二，我們可以理解的是，後現代觀點避免了各種「系統的」神學，包括基督論。根據定義，後現代主義對關於確定意義的宣稱，抱持敵意。泰勒(Mark Taylor)的《犯錯》(*Erring*)[5] 這個研究 —— 下面會加以檢視 —— 便很好地説明了怎樣避免任何種類的系統化。「犯錯」—— 泰勒的建構 —— 引向非/神學(a/theology；泰勒對一種反神學〔anti-theology〕的稱呼)而不是任何種類的系統。對他來説，神學語言並不指任何東西，真理並不是對應任何東西的。

第三，後現代主義涉及對整全(wholeness)的追求。現代主義將自我和客體、可見和不可見、物質和靈性分開：

> 現代主義的問題是它是分裂的。它將人類的主體性(subjectivity)與物質或客體世界分開。人從事物中被分開。人類自我被認為是自主的；它根據自己隨意的品味
> 216 來決定自己關於價值和美的標準。這是在客體的世界中進行，這個世界本身被想為無意義的 —— 即使不是無神的。現代的思想將知識如此零碎化而成個別的學科，以致人不再對整體有任何視象。每一個人都是某方面的專家。沒有人作出整合。[6]

5 Mark Taylor, *Erring: A Postmodern A/Theology* (Chicago, IL: University of Chicago Press, 1984).

6 Ted Peters, "Toward Postmodern Theology, part 1," *Dialogue* 24, no. 2 (1985): 6.

根據後現代主義，我們不應該對基督進行分析或系統化，而應該在任何新環境中讓基督的影響力再次被活現出來。神學是生命中的參與，而不是進行分析概念的行動。後現代神學家考克斯（Harvey Cox）對解放神學（liberation theology）和它關於「改變」世界（根據馬克思主義〔Marxism〕的精神）而不是「解釋」世界的觀念，感到著迷。這一點有力地說明了這個理想。

第四，任何對確定的基督論所作的宣稱，都要在一開始便被拋棄。沒有正確或虛假的詮釋。只有對基督作不同的解構或詮釋。

第五，後現代基督論建基於後現代哲學詮釋學（postmodern philosophical hermeneutics）的元老利科（Paul Ricoeur）所說的「第二天真」（second naivete）或「後批判天真」（postcritical naivete）。根據利科，前現代主義是在第一天真（first naivete）的層面運作；在這層面上，人們假設，個人的思想直接參與在世界的思想過程中，而且個人根據字面的參照（literal reference）來解釋文本和概念。田立克（Paul Tillich）稱這為「自然的字義主義」（natural literalism）。現代主義令批判思想成為進入實在的奧祕的主要指引，從而在批判意識的層面上運作。運用這個方法，人以批判的意識而使自己與文本疏遠，假設文本的原本意思和它對現時的意思之間是有距離的。歷史性—批判性的聖經研究的概念，就是根據這個範式來工作。後現代神學從後批判的立場來處理經文。「科學化的」或帶有距離的知識，只能讓人一瞥實在的某些部分；它是不完整的。現代主義式的知識必須以一種參與性的知識、感情或美學的知識，或許甚至是奧祕的知識來作補充。在這個方案中，基督的故事不是由客體的研究者從遠處來閱讀，而是由那參與基督敘事的羣體從內部來閱讀。

以下會討論三位神學家，分別是考克斯、泰勒和彼德斯（Ted Peters），藉以說明後現代對基督論所採取的不同進路。雖然他們的進路十分不同，但他們都嘗試使基督論為後現代世界所理解。但我們應該謹記，確定的後現代基督論並不存在，而且根據定義，後現代主義反對一個確定的、主導的神學進路。因此以下只是一些勾畫。

・解放主義者的後現代主義・

217 哈佛大學（Harvard University）的考克斯在一九六○年代寫了一本富爭議性的書，在那本書中，他預言宗教會在「世俗城市」中終結。不過，他的預知實在過早，因此在他其後的著作《世俗城市中的宗教：走向後現代神學》（*Religion in the Secular City: Toward a Postmodern Theology*）[7] 中，他設想了一種與第二個千禧年之末和第三個千禧年之初相稱的靈性。

根據考克斯那已修訂的預測，後現代神學將會從那些仍在社會邊緣出現的、本身亦是對現代性作批判的運動中產生。他考慮到兩個可能的人選：右翼新教陣營中的大眾傳媒基要主義（mass-media fundamentalism；法威爾〔Jerry Falwell〕及其他人），以及解放神學和拉丁美洲的基層基督徒羣體（Base Christian Communities；這是一個天主教的更新運動，嘗試令教會羣體開放、平等和歡迎別人）。前者並非適合的人選，因為它專注於過去；而後者則更有前途，因為

7 Harvey Cox, *Religion in the Secular City: Toward a Postmodern Theology* (New York, NY: Simon & Schuster, 1984).

它強調羣體和將來。

基層羣體有甚麼是指向後現代主義的？他們強調積極參與小組，以及以有機的方式、而不是以階級和機械的方式來組織羣體。考克斯在基層羣體的人際生活中看到「集體羣體」（corporate community）的重生。這與現代主義形成對比，在現代主義中，教會成了「各不相干的個人的集合……他們透過一種社會契約來創造一間教會」。另一方面，基層羣體有那種「彼此互為成員」（being "members one of another"）的精神特質。[8] 這些羣體創造了一種自我身分和羣體生命的新樣式，是後現代世界十分需要的。解放神學和基層羣體肯定了社會公義、窮人的權利、對拯救的羣體性理解，以及不單在社會也在教會中的民主。「這些基層羣體沒有像現代新教徒那樣思索教會，即將它視為個別人士的集合；他們反而是跟隨羅馬天主教的傳統，將自己視為屬於一個可被理解為『奧祕身體』的集體羣體。」[9] 相對於那以觀念的世界為取向的古典神學，解放神學對參與、羣體、社會來源和政治生活，都予以關注。

・徹底基督論・

其中一位主要的後現代神學家泰勒嘗試在書寫神學的風
格上，比考克斯和很多其他人更固守後現代的風格。他對 218
後現代神學的素描，即《犯錯》一書，避免了任何標準神學教科書所具有的看法，並開始與文字、詞源學上的分歧和印象進行遊戲（play）。那是一種非／神學，人最初閱讀它時，

8　Cox, *Religion in the Secular City*, 214.

9　Peters, "Toward Postmodern Theology," 6.

它似乎是由無神論者所撰寫的。泰勒的出發點是一九六○年代後期由奧爾蒂澤（Thomas J. J. Altizer）、威廉．漢密爾頓（William Hamilton）和其他人所建立的神死神學（death of God theologies），並且他表示，他的思想是建基於一種「徹底基督論」（radical Christology），而不是人本主義的（humanistic）無神論。

「徹底基督論」這個詞在這裏是甚麼意思？它回溯到奧爾蒂澤的思想，他言說上帝在人類中那絕對的內蘊性（immanence）——相對於古典觀念中的超越性（transcendence）。奧爾蒂澤把上帝的死，即「上帝的自我毀滅」，視為歷史中的一件事件。以道成肉身為開始，並在十字架上到達高峯，上帝在耶穌基督的位格中倒空自己。上帝透過有限的生命和死亡，藉著否定自己的客體性存在而完全與人類認同。根據奧爾蒂澤的分析，上帝這樣在歷史中「通向」完全的內蘊性，是一個為了受造物和創造的恩典行動。這也是泰勒所肯定的，而他的任務是要解構古典基督論和它的語言；泰勒一本早期的著作就意味深長地被命名為《解構神學》（*Deconstructing Theology*）。

泰勒從「排除」（elimination）的角度來看待他的任務。他贊成排除那些關於自我、真理、意義、良善和邪惡的概念。**自我**（self）這個詞語的惟一意義是作為主體，是完全由它的關係所構成的。沒有上帝——由於上帝已經「死了」——便沒有中心視角，沒有事物的客觀真理，沒有語言以外的「真正事物」。在聖經關於基督的經文中，我們不會發現如作者意圖（intention of the author）般的意義；意義只能夠在讀者和他們對經文意思的看法中被找到。

泰勒利用了路加福音二十四章13至25節的敘事；根據

這段經文，耶穌的門徒在祂與他們一起時未能認出他們的主，只有在祂離開後他們才認出祂來。因此，「他們在缺席（absence）中認出在場（presence），在在場中認出缺席」。正是「那消失的行動真正打開他們的眼睛」。[10] 這就是上帝死後的非／神學，是大部分現代神學家十分緩慢地明白和挪用的「真理」。關於上帝之死，這個觀念引向泰勒那徹底基督論的核心。徹底基督論是「**徹底地**道成肉身——神性『**是**』成肉身的道。而且，神性的這個體現就是上帝之死」。[11] 根據泰勒，神性是永遠被體現的。因此，道成肉身不是一次過的事件，限於某一特定的時間和地點，並限於某一特定的個人。相反，它是持續的，雖然它不一定是持續的過程。

對泰勒來說，那重要的是嘗試克服在上帝的超越性和內 219
蘊性之間的對立，他認為在古典神學中這對立是十分普遍的。在他的後現代基督論中，他藉著肯定上帝之死，並論證道成肉身不是一次過的事件，而是一個榜樣，是說明上帝持續與世界交往的例子，從而克服這個對立。道成肉身是永恆的事件。

令泰勒的徹底基督論和關於上帝之死的觀念有別於他的前輩（特別是奧爾蒂澤的所謂神死神學）的是，他對失去上帝沒有感到哀傷。他承認這是損失，但沒有感到遺憾。他也不渴望，人以承認耶穌基督在所有人類中道成肉身，來取代了古典神學的上帝，正如一些神死神學那樣（例如威廉．漢密爾頓）。對泰勒來說，道成肉身是「上帝那擴散的臨在，而不是一個集中的、一次過的事件」。[12] 我們或可傾向說，這種神

10　Taylor, *Erring*, 103.

11　Taylor, *Erring*, 103；強調為原文所有。

12　Millard J. Erickson, *The Word Became Flesh*（Grand Rapids, MI: Baker, 1991），325～326.

性的擴散就是泰勒的基督。我們可以理解的是，泰勒不滿意**基督**（大寫的或小寫的基督〔C/christ〕）這個詞；但或許令人驚訝的是，他也不滿意**耶穌**這個詞。那理由是明顯的：由於上帝之死和超越性的喪失，耶穌基督按照（前）現代神學所闡釋的傳統任務，如啟示及復和，對他來說已經完全沒有意義。

・後現代基督論的福音派版本・

以它的本性，後現代主義促進和珍惜多元主義。因此，毫不令人驚訝的是，那些擁有十分不同視角的神學家都嘗試為後現代時期建構提議。彼德斯是信義宗的普世神學家，他雖將自己置於福音派（evangelical）陣營之中，但也嘗試為後現代時期建立一種系統神學（這是他的書《上帝——世界的將來》〔*God – The World's Future*〕的副題）。[13] 這本書的題目顯示出，它與泰勒的神死神學是徹底地不同的。

根據彼德斯，後現代的意識包含了一種對整全的視象，以之作為對現代主義——一個將人的思想和客體實在之間的關係撕裂的批判世界——的糾正。「後現代思想那正在浮現的學派……正在尋找方法將那已分開的聯合，將那已分裂的修補。」因此，彼德斯根據這後現代意識給自己所定下的任務是：「要提問，上帝的應許，即將來給所有受造物的整全，怎樣影響著我們現在於破碎的世界中的生命。」[14]

220 彼德斯完全偏離了泰勒和其他解構主義者的進路，他將他對基督教教義的闡釋建基於聖經和古典信經。彼德斯也批

13 Ted Peters, *God – The World's Future: Systematic Theology for a Postmodern Era*（Minneapolis, MN: Fortress, 1992）.

14 Peters, *God – The World's Future*, xii～xiii.

評現代的思想和它的「批判意識」，它使我們與我們所研究的「客體」疏遠。但他的結論和很多自由主義的後現代主義者十分不同。事實上，彼德斯對主流後現代主義的很多信條都存有懷疑，而且肯定不信永活上帝。事實上，彼德斯承認，他處理後現代性，其主要動機是源自處境化的原則；根據這原則，教會的神學和職事需要在基督徒蒙召為耶穌基督作見證的每個處境中，讓人明白和有效。

但後現代性對神學有甚麼證成的理據呢？彼德斯的回應是關乎實踐的：後現代性屬於我們現時的處境，單單這點已經支持人要在神學上處理它。但彼德斯也相信，後現代性也有建構性的價值。「後現代思想的媒介本身，將神學闡釋引向比現代時期所可能達到的方向，更具全面性和連貫性的方向。」[15] 後現代主義對整全的號召，尤其吸引他。

福音派後現代神學是以基督為焦點。根據聖經的敘事，耶穌基督的福音實質上是對將來的應許。但彼德斯卻提醒我們，它不單是一個應許：

> 它實際上預早體現了上帝所應許給整個創造的將來，也就是新的創造。如果福音是理解實在的鑰匙——而我相信這是基督徒委身的中心——這似乎很自然的是，真實的東西都是以將來為定向的。命途決定和界定了事物之所是。而且惟有在神聖的應許實現之時，實在本身才會變得整全，只有以這整全的整全（whole of wholes），所有參與的部分——包括我們自己——其真正的本性才會得以顯明……當然，那個上帝所決定的整全仍是未明確的。它仍然未存在。但它已經預早被顯明——它已經

15 Peters, *God – The World's Future*, 18.

> 成了肉身——在拿撒勒人的生命、死亡和復活之中。因此，我們必須仰望耶穌基督，以找到人類的命途，得到關於整全的視象，並根據它，人們可以將他們生命中異類的元素整合起來。[16]

根據彼德斯，與基督整合的生命是「預期的生命」（proleptic life）。它是提早實現的將來生命。事實上，它是在舊生命中的新生命；彼德斯稱它為「有福的」。

彼德斯對後現代基督論所作的福音派版本，建基於這些作支持的原則，它擁有一個令人驚訝的古典形式。對他來
221 說，耶穌基督帶來罪的赦免，也帶來新創造的預嘗。根據復
活節的得勝，耶穌是基督，是帶來新時代的那一位。彼德斯藉著富創意地挪用改革宗的預表（typology），討論基督的三重職事：身為最後的先知、最後的祭司和最後的君王。他論證十字架和復活的實在性（factuality）。復活是父的確定，是在十字架上完成的工作所必須的。彼德斯的基督論承認基督的二性，與古代基督教的象徵一致，而且他藉著把道成肉身教義聯繫到三一教義，從而完成他對基督論的勾畫。

對於三種後現代基督論，這個簡短的研究清楚顯示出，一個新範式正在浮現，但仍然沒有人知道它將會是怎樣，也不知道它會否持久。後現代主義包含各種神學進路；惟一統一的核心，如果有的話，就是對現代主義的計劃感到失望。但對於一般神學，特別是基督論，這種失望怎樣被處理，不同的作者卻有十分不同的做法，這令人不禁想到，像**後現代主義**這樣的統稱是否合理。

16 Peters, *God – The World's Future*, 19.

25

拉丁美洲的基督論
追尋自由
Christology in Latin America
Search for Freedom

‧ 窮人的基督 ‧

自從梵蒂岡第二次會議（Second Vatican Council；1962～ 222
1965 年）以來，羅馬天主教會的解放神學家——很多新教教會也跟從——便已視基督為與窮人和受壓迫者認同的那一位，而且已專注於教會的自我理解：視自己為窮人和地位低微者的教會，以及是為了這些人的教會。一九七一年的天主教主教會議（Catholic Bishops Synod）以「世界中的公義」（“Justice in the World”）為題目，產生了一份引人注目的宣言，是關於公義行動和佈道之間的整合關係的：「代表公義而行動和參與完全轉化世界，對我們來說，這顯然是**構成傳揚福音的面向**，或者換句話說，是教會關於救贖人類和解放他們脫離每一個受壓迫狀況的使命。」[1] 這是第一份官方的天

1 “Declaration from the Roman Bishops Synod of 1971,” in *Mission Trends*, vol. 2, ed. Gerald H. Anderson and Thomas F. Stransky（New York, NY: Paulist Press, 1975）,

主教文件，將社會公義描述為「構成」傳揚福音的面向。基督徒對鄰舍的愛和公義不能被分開，因為愛表示要求公義。

由於拉丁美洲（Latin America）有很多社會和經濟問題，
223 以及它本身在政治上有動盪和不確定性，難怪拉丁美洲教會會率先強調社會公義。拉丁美洲主教在哥倫比亞麥德林（Medellín）的第二屆拉丁美洲主教會議（Second Conference of Latin American Bishops；下簡稱 CELAM；1968 年），在教宗保祿六世（Pope Paul VI）的出席下，將三個互有關連的主題放在議程上：爭取公義及和平的努力，在佈道和信仰上需要適應，以及改革教會和它的結構。這個區域會議清楚闡釋了人們對公義和解放的呼求，對貧窮的人的事業的擁護，以及對基層基督徒羣體（Base Christian Communities）作為基督徒羣體和佈道的主要中心的承認；實際上這區域會議是拉丁美洲天主教會的身分和使命的轉捩點。不過，要帶來公義，單改變政治結構，這是並不足夠的；人們需要歸向公義、愛及和平的國度。

從解放神學對自由、公義和分享經濟的爭扎，產生了一種新的教會實驗，給拉丁美洲的教會帶來更新，那就是基層基督徒羣體。**基層**（base）這個詞表示那些窮人、受壓迫的人和被邊緣化的人。在這些羣體中，平信徒領導和平信徒職事有新的重要性，它們代表草根對解放窮人和社會中其他被逐的人的呼求。換句話説，基層羣體擁護自由和解放。不過，這些羣體的重要性遠超社會學和政治學上的定義，縱使它們都堅定地委身於社會關注。根據其中一位主要的解放主義者博菲（Leonardo Boff），這些羣體在神學上「值得被仔細考

255；強調為引者所加。

慮、歡迎，以及被重視為具有拯救意義的事件」。[2] 基層羣體不單支持教會的教會性（ecclesiality；令教會成為教會的東西），也支持一種特定的教會性，也就是從下而上的、從上帝的百姓而生的教會羣體。

根據基層羣體，耶穌的傳道可以被視為喚醒人民的羣體力量的努力。在橫向的層面上，耶穌呼召人類互相尊重和慷慨，呼召人們建立信徒的團契/相通（communion）和真誠的關係。在縱向上，耶穌尋求使人類對與上帝建立真誠的親屬關係——以開放、愛和信任為特點——持開放態度。這些關係的特點要成為耶穌基督教會的特點。藉著恢復這些特點，教會重獲它的使徒身分（apostolicity）。

基層羣體不單認同窮人和社會中最弱勢的人，也**是**窮人的教會。基層羣體抗拒那種將基督教縮減為私人生命的親密領域的普遍基督教精神（ethos）。「耶穌公開地、在世界中傳道和死去。祂不單是我們心裏細小角落的主，也是社會和宇
宙的主。」[3] 福音的傳講，將好消息帶給窮人，就是在窮人中 224
間燃點起盼望的火，並轉化他們的生命。

・具解放風格的神學・

神學這個詞語對拉丁美洲人和其他解放神學家而言，具有一個有別於古典神學所擁有的含義。中世紀的經院神學（scholastic theology）嘗試建構一個完成的神學系統，其中的語言大致是穩定的，而且其中的所有主要教義都得到

2　Leonardo Boff, *Ecclesiogenesis: The Base Communities Reinvent the Church* (Maryknoll, NY: Orbis, 1986), 1.

3　Boff, *Ecclesiogenesis*, 38.

檢視。具解放風格的神學帶有實用主義的（pragmatic）本性；在馬克思（Karl Marx）所陳述的精神中，他陳述的目的不是要解釋世界，而是要改變世界。事實上，解放神學（liberation theology）從社會主義和馬克思主義哲學借用了一些洞見和分析社會的工具。解放主義者論證實踐的認識論本質（epistemic nature of praxis），這表示實踐不單是具功能性，也是具認知性的：我們委身於改善社會，這本身就是一種取得關於實在（reality）的可靠知識的途徑。這就是新認識論風格的洞見，它往往被稱為「知識的社會學」（sociology of knowledge）；根據這種洞見，知識永遠不是中立或不涉及價值的，而是表現出受處境和環境的影響。對窮人的委身，往往被稱為「優先選擇與窮人為伍」（preferential option for the poor），這是解放神學的主導原則。

在一九七〇年代開始，在CELAM（1968年）之後，一位祕魯天主教神父和神學家古鐵雷斯（Gustavo Gutiérrez）出版了一本里程碑式的著作，名為《解放的神學》（*A Theology of Liberation*）。[4] 它標誌著一種被稱為解放神學的新神學風格的開始。在這本書中，古鐵雷斯提出，解放神學家最特別之處是他們從事神學反思的角度。解放神學家的出發點是窮人和被邊緣化者爭取解放的經驗。他們的基本信念是，基督透過祂的聖靈而臨在於每一處人們為了窮人和軟弱的人而鬥爭的地方。根據古鐵雷斯，這種神學和牧養工作追溯到西班牙征服拉丁美洲時西班牙神父的工作。在幾個世紀前的那個時代，牧者保護土著、對抗征服者、外來壓迫者。卡薩斯（Bartolomé de Las Casas）和其他人提醒統治者，那些

4 Gustavo Gutiérrez, *A Theology of Liberation: History, Politics, and Salvation*（Maryknoll, NY: Orbis, 1973）.

被否認有完全人性的本地人，也是按上帝的形象受造的，因此他們配得到尊重和公義的對待。解放神學一位更近期的提倡者是圖賓根（Tübingen）的著名神學家莫特曼（Jürgen 225
Moltmann），他呼召神學家參與政治和社會行動，以作為其本身召命的一部分。

在過去，教會滿足了「宗教」的需要，但卻沒有滿足地上的需要；因此，它在拉丁美洲的貧窮中沒有完成它的呼召。基督的教會被統治階級所俘虜，也被其他有權有勢的精英所俘虜，它忽視了本地人，並容忍著貪污和不公義，至少它是以沉默來這樣做。如果要成為適切的，教會便需要回應窮人所提出的問題。因此，解放神學呼召教會直接採取政治行動。

古鐵雷斯和其他解放主義者像謝根道（Juan Luis Segundo）等，提出一種詮釋學以引導神學的工作——這種神學工作的本質和目標都是解放主義式的。其出發點是處境而不是文本。基於這個洞見，「詮釋的循環」（hermeneutical circle）是以四個相關的階段來進行：

1. 意識形態上的懷疑：有一個正浮現的觀念——或許社會中有些東西出了錯，特別是在低下階層之中；
2. 對社會—價值系統進行分析性反思：提出深入的問題，例如根據聖經，某個情況是否合理，以及上帝的目的在其中有否實現；
3. 在釋經上的懷疑：承認因著一面倒和有偏差的讀經風格，而忽略了窮人和受壓迫者的視角，所以神學並不適切；
4. 牧養行動：對於聖經上那被確定為個人責任的事情，闡述一種恰當的回應。

阿爾維斯（Rubem Alves）追溯到希伯來關於真理的概念；有別於希臘那聯繫到純觀念（pure ideas）領域的真理觀念，希伯來關於真理的概念是以行動和關係為體現的。解放主義者更喜歡擁護這個真理觀念，它源自對聖經所作的批判閱讀，並且按阿爾維斯的術語，它引致「彌賽亞式人本主義」（messianic humanism），而它的目標是生命的人性化。[5] 那範式是舊約的出埃及事件，上帝在這事件中彰顯自己為解放的力量。根據古鐵雷斯，這個目標浮現，是因為在好像拉丁美洲這樣的大陸中：

> 主要的挑戰並非來自非信徒，而是來自非人
> （nonhuman）——也就是不被主流的社會秩序視為人的
> 人。這些是窮人和受剝削的人，他們在組織上和在法
> 律上都被奪去人性，而且幾乎不知道人可以是怎樣的。
> 226 這些非人並不質疑我們的宗教世界，而是質疑我們的**經**
> **濟、社會、政治和文化世界**。他們的挑戰驅使我們要將
> 現在非人性的社會的基礎作革命性地轉化。[6]

很多分析都同意，在拉丁美洲的處境中，關於非人性方面的主要問題是倚賴。一方面，大部分拉丁美洲國家都倚賴外國和投資；另一方面，在這些國家裏面，窮人和其他被邊緣化的人都倚賴具統治地位的、富有和有政治權力的精英。這兩種倚賴的形式自然交織在一起，互相助長。大部分的人口——估計佔大部分拉丁美洲國家百分之八十五至九十的人

---

5 參 Donald K. McKim, *The Bible in Theology and Preaching: How Preachers Use Scripture*（Nashville, TN: Abingdon, 1994）, 140～142。

6 McKim, *The Bible in Theology and Preaching*, 140～141；強調為原文所有。

口 —— 都直接受這種邊緣化的倚賴和其含義所影響，例如貧窮、缺乏人權、得不到教育，諸如此類。要基督教神學應付這個情況，人們便需要聆聽解放主義者的聲音。

・真實歷史的耶穌・

解放神學其中一個喜歡的詞語是**實踐**（解放神學不是探究基督的存有論〔ontology；傳統神學〕，而是看耶穌所做和教導的，並且想將那一切付諸實行）。它那基督論的主要焦點從這概念中產生：歷史耶穌的意義 —— 祂在真實的人類狀況下過真實的生活。對歷史耶穌的興趣，引致人研究和挪用福音書。拉丁美洲解放主義者通常喜歡馬可福音和路加福音，過於喜歡馬太福音。理由是明顯的：馬可福音的耶穌是受苦、謙卑的基督，而路加福音的耶穌是憐憫、慈愛的人物。對很多解放主義者來說，馬太福音的基督論呼應著國度的統治，帶有在統治和權力上那黑暗的一面。對於解放主義者，一個相關的說明就是耶穌的話 —— 路加福音六章 20 節是「貧窮的人有福了」，比較馬太的版本為「靈裏貧窮的人有福了」（太五 3）。

但從開始我們便要留意到，拉丁美洲解放神學家對歷史的耶穌的興趣，有別於對歷史耶穌的追尋（the quest of historical Jesus）。對解放主義者來說，關於耶穌本身生命的歷史事實並不是焦點，正如在歷史耶穌的追尋那樣；其焦點反而是耶穌的歷史與拉丁美洲的掙扎之間的相關性。「**理解**耶穌，相對於發現耶穌，所要求的是以富創意的融合將兩個不同的層面連結起來：福音書的歷史耶穌，以及當代拉丁美洲的歷史處境。」[7]

7 Priscilla Pope-Levison and John R. Levison, *Jesus in Global Contexts*（Louisville,

227 博菲藉著探討耶穌在地上時給自己取得甚麼權威，從而將探究擴展到歷史耶穌的身分。與其他拉比不同，耶穌帶著權威來教導（可一22）。他的神蹟促使人們以驚訝和興奮來回應。根據博菲，耶穌在祂的生命和職事中實現上帝國那具決定性的介入。雖然祂在職事期間從沒有直接採用上帝兒子這個稱號，但祂宣稱其與父有獨特的關係。博菲相信，在新約，耶穌至少有三次被稱為上帝（約一1，二十28；來一8）；因此，對於耶穌在地上生命中取得權威和獨特身分，這就是一個合乎邏輯的結論。但我們可以怎樣將耶穌身為「人性的上帝和神聖的人」這些觀念放在一起？博菲相信，古老的公式並不足夠。例如，耶穌對於自己是獨特的這個意識漸漸增長和發展，但迦克墩會議（Council of Chalcedon）的構想對此並沒有作解釋。古老的構想也沒有足夠地留意耶穌的「本性」（例如，身為解放者），而只是深入討論關於祂的位格性的哲學問題。

復活的主又怎樣？對專注於歷史耶穌的解放基督論（liberation Christology），升天有甚麼意義？在博菲的視象中，復活和升天的基督以深刻的方式滲透入世界：祂現在根據祂的應許而永遠臨在（太二十八20）。博菲也論到保羅關於基督作為「靈的身體」（pneumatic body）——有靈的身體——的觀念（林前十五44）。復活揭示了基督那宇宙性的面向，因為在祂裏面，所有創造都可以存在，而且祂是一切的目標。從這個角度來看，我們對道成肉身的意義便可以有新的看法。對博菲來說，道成肉身的主要焦點是創造的完成，而不是罪的補贖；後者是古典神學的焦點。「子永恆的位格從創造開始便是在世界中行動，但祂的臨在卻集中在基督

KY: Westminster John Knox, 1992）, 31.

身上，並在復活後分佈到整個宇宙。耶穌被描述為焦點的存有（focal being），上帝在創造中完全的彰顯於祂裏面發生。」[8]

・解放者耶穌基督・

正如解放神學這個名稱所提議的，耶穌基督的主要角色被描述為解放者。耶穌的職事包括幾種形式的解放，始於對抗不公義的經濟結構，正如解放主義者在關於工人的比喻中所見的——在那比喻中，工人工作時間不同，但賺得同樣工
錢（太二十 1～16）。耶穌也藉著邀請那些在宗教法律以外的 228
人，例如妓女和稅吏，與祂吃飯，從而對抗社會結構。在那個文化中，正如今天很多非西方文化一樣，一起吃飯是歡迎別人之中最具名譽和最包容的方式。耶穌也：

> 藉著將人的需要甚至置於最神聖的傳統之上，如安息日的潔淨，從而對抗非人化（可二 23～三 6）。因此受壓迫的人在祂的臨在中得到覺悟。羣眾要瞎眼的巴底買安靜，但耶穌讓他發聲和醫治他（可十 46～52）。一個沒有名字、沒有金錢、患血漏的婦人觸摸耶穌，並隨後「告訴祂整個事實」（可五 25～34）。耶穌藉著譴責一切令人遠離上帝和鄰舍的東西——無論是宗教的、政治的、經濟的還是社會的東西——從而對抗罪。[9]

「整體的解放」（integral liberation）這個詞語是由拉丁美

8　William J. LaDue, *Jesus among Theologians: Contemporary Interpretations of Christ* （Harrisburg, PA: Trinity Press, 2001）, 175.

9　Pope-Levison and Levison, *Jesus in Global Contexts*, 35.

洲主教於麥德林會議後在普拉布埃文件（Puebla Document）中創造的，它被用來描述耶穌這種包括一切的職事。它代表，耶穌的解放職事考慮到生命的不同方面，無論是社會的、政治的、經濟的還是文化的方面，以及全部影響人類生命的因素。關於整體的解放，這觀念是理解解放神學家的議程的關鍵。他們堅持主張，「靈性的」（spiritual）和「地上的」（earthly）是彼此相屬，它們不能像古典神學常見的那樣被分開。對抗經濟和政治的不公義是靈性的行動。

解放神學家談及，解放與耶穌教導中的主要觀念，也就是上帝國，是相關的。耶穌自己明確將自己的職事和國度的來臨聯繫起來：「我若靠著上帝的能力趕鬼，這就是上帝的國臨到你們了。」（路十一20）那些得耶穌釋放的人——患病的人、被鬼附的人、在立約羣體以外的人——都是顯示國度的來臨和它那解放及復和的能力的記號。國度是一個「世界，在其中上帝那富創建的計劃最終得以實現；在那裏飢餓、貧窮、不公義、壓迫、痛苦，甚至疾病和死亡，都確定地被克服；在那個世界裏，邪惡已被永遠拔除」。[10]

這就是巴西解放主義者博菲的書《解放者耶穌基督》（*Jesus Christ Liberator*）[11] 的力量。博菲承受了很大的壓力，要他不為窮人和其他被邊緣化的人說話。基督關於上帝國的信息，實際上要成就關於整個實在要全面實現的應許。博菲抱怨說，基督的革命信息在很多情況中往往被化約為個人的
229 信仰決定，與生命的社會和政治面向沒有任何關係。博菲論證說，耶穌所提出的解放與公共領域和個人領域都是有關的。他甚至主張，歷年以來，「教會都落入採納外邦社會習

10 José Miguez Bonino, *Room to Be People* (Philadelphia, PA: Fortress, 1979), 41.

11 Leonardo Boff, *Jesus Christ Liberator* (Maryknoll, NY: Orbis, 1978).

俗這個試探中，權威的模式反映著宰制，而那些有權力的人對別人運用那些傲慢和可怕的稱號」。[12] 藉著這樣做，教會隱藏了它作為基督的羣體的真正身分。

耶穌怎樣嘗試實現祂那解放的任務？根據博菲，兩個相關的呼召是祂職事的解放目的：呼召個人的歸信和呼召人在社會中重建人類關係。耶穌攻擊那些自義的和看不見自己的罪和疑慮的人。祂也警告那些以宗教或文化的名義，將重擔放在別人身上的人，例如法利賽人。對耶穌基督來說，參與以色列立約羣體的崇拜生活，並不保證個人與上帝或其他人的關係是正確的。博菲提醒我們，如果沒有愛，其他一切東西都是沒有價值的。

耶穌基督身為解放者的身分，明顯令祂最終與祂那個時代作統治的宗教和政治建制產生衝突。對解放神學家來說，這衝突是供研究和反思的一個範圍。耶穌明顯以自己為統治階層的危險和威脅。我們也可以預期，在耶穌死於建制手上之後，祂的追隨者最初在祂的死亡中看不到任何關於拯救的意義；相反，門徒對主人的死亡和祂那解放的計劃感到失望，因而受到打擊。只是在復活後，門徒才看到十字架的意義。挑戰建制的耶穌得上帝證明為無辜的，這事實給耶穌的追隨者帶來鼓勵。

・基督論的社會分析描述・

根據美國拉丁裔解放神學家岡薩雷斯（Justo L. González），在基督教歷史早期，關於基督的詮釋配合了統治階層的希望和盼望，而基督那與被逐者、窮人和受壓迫者

12 LaDue, *Jesus among Theologians*, 170.

認同的角色則失去了它的動力：

> 人們很努力緩和上帝在貧窮木匠中所彰顯的恥辱。祂的
> 生命和言論被再詮釋，令它們更受富有和有權勢的人歡
> 迎。人們圍繞祂建立了無數傳說，它們通常尋求將祂提
> 升到一個層次，令很多人理解祂為神性——也就是將祂
> 230 提升到一個超級皇帝的層次。藝術將祂描述為宇宙全能
> 的統治者，坐在寶座上；或者是冷漠的英雄，以超人的
> 資源和貴族的姿態來克服十字架的苦難。[13]

但岡薩雷斯提醒我們，即使這樣，我們仍然有木匠這個十分真實和十分人性的人物，祂被統治權力釘十字架，在被上帝和同伴遺棄時呼喊，但祂仍然是「十足的上帝」。解放基督論需要提醒傳統神學，在揭示聖經關於基督的信息這方面，它的範疇和取向是不充分的。

博菲說，目前有兩種基督論的進路。第一種他稱為「聖禮進路」(sacramental approach)。它的目的是根據古典信條和概念，以及一些解放主義者的傾向，重新詮釋基督論。博菲認為，雖然這種基督論有助人承認解放的需要，但它在分析拉丁美洲的處境時有不足，而且無助解決它那龐大的社會和政治挑戰。第二種解放基督論被稱為「基督論的社會分析描述」(socioanalytical presentation of Christology)。這是真正的解放，因它不單提供深刻的分析，也嘗試對社會政治結構作出改變。這種解放神學運用了社會學和政治科學的工具，也不怕借助社會主義或馬克思主義對社會的分析。

13 Justo L. González, *Mañana: Christian Theology from a Hispanic Perspective* (Nashville, TN: Abingdon, 1990), 140.

在這後一種進路中，在社會、經濟和政治上的解放被視為構成關於上帝國的傳講的元素。例如，根據社會分析進路，資本主義（capitalism）的剝削本質和它所帶來經濟倚賴的問題都被揭露，並且人會採取行動來對抗它們。

社會分析的基督論（socioanalytical Christology）所針對的是解放的**正確實踐**（orthopraxis；字面意思是「正確的行動」）而不是**正統信仰**（orthodoxy；字面意思是「正確的崇拜」，雖然現在的意思是「正確的信仰」）。

> 好像其他解放神學家一樣，博菲肯定，通往上帝的途徑不是主要透過崇拜或遵守宗教規條，而是透過服事窮人和受壓迫者，因為上帝隱藏在社會的這些地方。窮人被宣告為有福的，因為貧窮是人類中不公義和奴役的關係的產物。[14]

社會分析的基督論可能會、也可能不會引致人採取政治
行動，甚至是暴力的行動，以推動窮人和受壓迫者的理想。
解放神學家承認，耶穌不想在政治權力中佔有位置；但他們 231
相信，對於接管政治權力，這不一定需要被排除的。耶穌和
祂的追隨者延遲採取政治行動，其中一個原因是他們強烈認
為上帝國即將來臨。由於在我們的時代，這種期望已經減
退，爭取社會和政治公義便是給基督的追隨者的命令。

‧拯救作為解放‧

正如前文所提到，基督論在傳統上分為兩部分：基督論

14 LaDue, *Jesus among Theologians*, 177.

本身（Christology proper），處理基督的位格；以及拯救論，處理基督的工作，即基督要實現的拯救。這兩方面本身自然是相關的；一個人對基督的位格相信了甚麼，便影響著那人對在基督裏拯救的本質的肯定。在解放神學裏，基督論和拯救論之間的聯繫成為焦點，這在於——由於人從解放的角度來看基督的位格——拯救被理解為解放。**解放**這個詞在這裏不一定只表示此世的社會和政治解放——解放神學家有時被不公平地指控（特別是被他們那些較保守的同道）說他們如此相信。相反，它強調，拯救**不單**是關於拯救靈魂。根據聖經的意義——基於舊約關於平安（*shalom*）、「和平」（peace）、「安好」（well-being）、「和諧」（harmony）的概念——拯救包括在整全意義上實現上帝的應許。解放神學是一種**基督教**神學的形式，而就其本身而論，即使它有社會和政治的形式，即使承認在極端的情況下使用暴力（例如古鐵雷斯那樣，雖然那是勉強的），但它尋求以一個基督徒答案來解答社會問題。早期拉丁美洲解放神學中有一位富爭議的人物托理斯（Camilio Torres），他曾經是神父，後來成為游擊隊隊員，最後被殺害。他曾經說過：「我是革命分子，因為我是神父。」對他來說，「革命行動是基督教的，是神父的鬥爭」。[15]

對於一般的解放神學，特別是基督論，其任務是要提醒基督徒神學家，他們看拯救的觀點往往太狹窄；它並要強調不要忽略社會政治的方面。用古鐵雷斯的術語說，傳統神學的錯誤在於把拯救惟獨「以量來表示的」，也就是向最大數目的人保證有天堂。根據古鐵雷斯，在他的拉丁美洲處境中，人迫切需要從質方面重新詮釋拯救，以之作為一種社會上、

15 引自 José Miguez Bonino, *Doing Theology in a Revolutionary Situations*, ed. William H. Lazareth（Philadelphia, PA: Fortress, 1975）, 43 ～ 44。

政治上和經濟上的轉化。古鐵雷斯的細心分析令他得出結 232
論：拯救在基督教意義上有三個互有關連的方面：

1. 個人的轉化和脫離罪的自由；
2. 脫離社會和政治壓迫的釋放；
3. 脫離邊緣化（可以有幾種形式，例如女性和少數羣體遭不公平地對待）的釋放。

基督教會的任務是與上帝合作，根據上帝將來的國度的價值，即平等、公義及和平的國度的價值，來模塑社會。要實現這高貴的任務，教會需要給窮人和被邊緣化的人優先的地位。雖然最終、包含一切的公義及和平可能要到國度完全來臨時才能夠實現，但基督的追隨者蒙召盡一切能力以達成這高貴的目標。正是在這裏，「教會找到它完整的身分，就是作為上帝統治的記號，所有人類都蒙召接受這統治，但在這統治中，那些卑微和『不重要的人』擁有尊貴的位置」。[16]

耶穌身為解放者，這個角色藉著祂對待窮人的方式而得到強調。祂不單表達「優先選擇與窮人為伍」，也不單與窮人認同；而且祂自己也是貧窮的。正如解放神學家提醒那些往往以理性化詞語來描述耶穌的基督徒，祂是屬於社會普通的勞工階層的。

耶穌其中一句關鍵的話——我們可以理解的是對於所有重視窮人的理想的人，這話是寶貴的——是登山寶訓開頭的話：「你們貧窮的人有福了！因為上帝的國是你們的。」（路六20）在更早之前，耶穌在祂家鄉拿撒勒所作的就職講道

16 Gustavo Gutiérrez, *A Theology of Liberation*, rev. ed.（Maryknoll, NY: Orbis, 1988）, xlii.

中，祂把窮人、瞎眼和受壓迫的人視為祂關顧和職事的特別對象（路四 18～19）。在祂整個職事中，耶穌都歡迎窮人，以他們作為敬虔的榜樣，又譴責財富的危險，並且呼召人們捨己和與低下階層的人分享財富。祂大部分追隨者都是被邊緣化的和在經濟上被剝奪的人。

・對基督論歷史作拉丁美洲式的重讀・

岡薩雷斯是近期對系統神學作拉丁美洲式詮釋的作者，他也有從拉丁美洲角度對基督論作那全新的討論，多年前他寫了三卷詳盡的《基督教思想史》（*History of Christian Thought*）。岡薩雷斯不但熟悉基督論的歷史，他還根據古典信經和異端，給基督論傳統的發展提供了一個具吸引
233 力、批判性的論述。他同時從受壓迫者和壓迫者的角度來作論述。

受壓迫的人當中總有些人認為，他們需要為其受壓迫的狀況找理由——特別是為他們屈從的態度。挑戰壓迫和不公義的結構，相信永活的上帝有分於那掙扎，這是需要冒險的。那些不敢這樣做的人，傾向以極度輕視他們的壓迫的方式，來理解他們的信仰。根據岡薩雷斯的觀點，這就是那能解釋初期基督論訴諸諾斯底主義（Gnosticism）的機制：

> 諾斯底主義者明白這個世界有大量的邪惡和不公義。不過，他們的解決方法不是對抗邪惡，而是令世界降服於邪惡的力量。並且他們將其對意義和支持的盼望轉向一個完全不同的領域。根據他們，原來的實在——因此也是終極實在——純粹是靈性的。物質世界不是創造的神

> 聖計劃的一部分，而是一個錯誤所帶來的結果。在這個世界，以及在這個作為世界一部分的物質身體中，我們的靈魂被誘捕，雖然事實上他們是屬於屬靈世界的。因此拯救包括了能夠脫離這個物質世界。[17]

諾斯底主義的吸引力往往伴隨著它的表親，即幻影說（Docetism；來自希臘詞語"*dokeō*"，意思是「看來好像」、「似乎」）——這理論認為，耶穌不是真正的人類；祂只似乎是人。根據這個觀點，真正的上帝永遠不能以肉體這種邪惡的物質形式出現。同樣，根據幻影論者，受苦和死亡，以及世界的不公義和邪惡，都是不重要的；那重要的是天上的世界。根據岡薩雷斯，這個觀念對二、三世紀那些無依無靠的人而言，是具有吸引力的，就好像埃及對以色列人具有吸引力一樣。

> 相信這個世界無論發生甚麼事都是沒有終極意義的，因此我們不應該太關注自己在世界上所看到的邪惡，這樣的信念能夠帶給人安慰。如果皇帝和貴族現在安舒地生活，而羣眾則勞苦工作，或者有人擁有我們的身體，以我們為奴隸，這是完全毋須關注的，因為到最終，我們會脫離這流淚谷。[18]

岡薩雷斯提醒我們，總括來説，諾斯底主義和幻影說對受壓迫的人而言，都總是一個誘惑，在拉丁美洲的處境也是這樣。

但根據岡薩雷斯對基督論歷史所作的拉丁美洲式重讀， 234

17 González, *Mañana*, 140 ~ 141.

18 González, *Mañana*, 141.

另一個初期異端對受壓迫的人而言也有吸引力，雖然那吸引力比較弱。那異端就是嗣子論（adoptionism），它主張耶穌「在本性上」（in nature）不是上帝，而是被上帝在其生命中一個確定的時候收納為上帝的兒子，無論那時候是在成胎、洗禮還是復活之時。岡薩雷斯解釋了這個觀點背後的理念，他稱之為「一個神話的基督論式表達」（christological expression of a myth）：

> 嗣子論是一個神話的基督論式表達，也就是說，少數羣體和其他受壓迫的羣體一直都為人所知地受壓迫的。這是「任何人都做得到」的神話。那些屬於較高階級的人對這神話有既定的興趣，因為它表示他們的特權是基於他們的努力和成就。但那些屬於較低階級的和已受宣傳要疏離自己那實在的人都知道這是一個神話，而那些製造這個神話的少數人，實際上得到容許繼續下去，藉以保存那神話。[19]

換句話說，對於那些明白自己的社會實際上是封閉的人，嗣子論被視為使人疏離的教義。

岡薩雷斯也考慮其他早期異端的含義，例如亞波里拿留主義（Apollinarianism）——這異端不承認耶穌有完全人性，只承認一種受減損的形式，即一種「半人性」（semi-humanity）。從拉丁美洲的角度看，亞波里拿留主義的危險是，這種教義會消除了耶穌的拯救能力。如果人的思想不需要得著拯救——正如亞波里拿留主義所暗示那樣——那麼，生命中的困難便被歸類為身體的本性，而與靈性相對。

19 González, *Mañana*, 144.

教會和基督教神學在最初幾個世紀與這些觀點和相關的觀點鬥爭時，它們以信經的形式確立了關於基督論的斷言。岡薩雷斯承認迦克墩構想的價值，但他發覺它有不足，因為它以靜態的詞語來表達基督論的信念。迦克墩的公式（Chalcedonian formula）談及基督的人性，但所用的語言是聖經那動態語言所感到陌生的——聖經描述耶穌是成長的孩子（路二 52），或者需要作出困難決定的年青人（可一 12 及其後經文）。

・為他者的那一位・

岡薩雷斯在國際的、普世神學中根據歷史的及現時的趨勢來闡釋拉丁美洲的基督論，他認為，對拉丁美洲人來說，基督論的核心是，耶穌基督完全是為了他者的。在祂出生時，天使宣告救主是「**為你們**」降生的（路二 11）。其中一篇
最為人喜愛的福音書經文肯定，耶穌的來到表示著，上帝十 235
分愛「世界」（約三 16）。福音書，特別是約翰福音，往往提及基督為別人而捨棄自己的生命。

不過，耶穌的「為他性」（for-otherness）不是在受壓迫的人中常見的自我貶抑或懦弱，而是堅強地、肯定地為別人而活。「祂是為了他者的，不單在祂醫治病人，赦免那些將祂定罪的人，以及死在十字架之時，也在祂潔淨聖殿，向法利賽人說出嚴厲的真理，以及稱希律為狐狸之時。」[20]

在上帝國裏，那服事和為別人而活的人是最大的。但由於耶穌基督發覺自己活在一個不公義的世界，祂並不是一視同仁地為他者的。祂敢於藉著接觸被邊緣化的人，甚至是在

20 González, *Mañana*, 151.

宗教上被排斥的人，例如撒瑪利亞婦人（約四章），從而挑戰社會上的習俗和偏見。祂也為了普通百姓而嚴厲地批評政治的和宗教的建制。祂的信息包含了祝福和咒詛，正如從路加對登山寶訓的編修中我們可以清楚看到那樣(路六 20～26)。

耶穌沒有因身為僕人而成為不神聖的。僕人身分和謙卑並非異於上帝存有的特性，而是構成神性的元素。基督教神學在為要清楚看到這點上，經歷了一段困難時間，而且它已錯過了一個將耶穌的真人性聯繫到真實世界的需要的機會。

聖經也藉著說「上帝是愛」（約壹四 8），從而言說上帝那為他者的必要本質。愛就是為他者而存在（to be），以及為他者而活。創造、保存、審判、救贖和完成，都是上帝愛的行動，是祂為他者而存在的方法。正如前文已經指出，這「為他者而存在」（being-for-others）不是廉價的自我貶抑；它超越赦免和饒恕——藉著審判和潔淨所有反對這旨意的人，包括著上帝的神聖旨意。「這『為他性』是上帝的榮耀，也是耶穌基督的榮耀。約翰福音一章 14 節宣告了『道成了肉身』，以及『我們也見過他的榮光，正是父獨生子的榮光。』」[21] 耶穌基督這榮光不是光環，而是上帝的榮耀，在以色列人從奴役去到應許地的旅程中引導著他們。

基督那為他者的本性需要被重新恢復，藉以令基督論在拉丁美洲處境中變得有意義和取得適切性。阿勞霍（Jao Dias de Araujo）談及各種不充分的、不相干的基督形象，它們在拉丁美洲的靈性中是很普遍的：一個「死的基督」在十字架上受尊崇，這引致宿命論（fatalism）和對個人的命途的接受；一個「遙遠的基督」，脫離了真實生命的需要，只會被推到靈修操練中；一個「無能的基督」，擁有某些所謂神聖力量的能

21 González, *Mañana*, 153.

力，但對於貧窮、階級鬥爭或找到個人的身分，卻不能給予任何幫助。阿勞霍提醒我們，在流行的天主教敬虔中，聖人或馬利亞往往取代了子的位置，而忠信的人發覺向他們禱告 236
比向耶穌更容易。其他來自拉丁美洲的基督論，會加上其他盛行於新教流行敬虔中的、不充分的基督形象，例如：一個「聖誕老人基督」，宣講著基督給每個可想像得到的困難給予一份廉價和不複雜的「恩賜／禮物」（gift），無論那困難是疾病、不快樂還是物質缺乏；一個「乞丐基督」，邀請人們接受祂為「救主」，讓祂不會孤獨地在緊閉的門後面；一個「反社會的基督」，鼓勵追隨者從世界引退下來，不要受它的影響所污染。這些和很多其他拉丁美洲的基督形象，都呼召我們在革命和受苦的處境中反思祂的真正位格。為了更完整地這樣做，我們轉向在這方面其中一位最能幹的基督論者索布里諾（Jon Sobrino）。

索布里諾
基督作為解放者

Jon Sobrino
Christ as Liberator

・追尋一個出發點・

索布里諾(Jon Sobrino)出生於西班牙巴斯克人(Basque)的家庭，在美國和德國學習，並長時間在薩爾瓦多(El Salvador)教書。那本為他帶來國際聲譽，並將他放在解放神學前線的著作是《十字路口的基督論》(*Christology at the Crossroads*)。[1] 在他後來的眾多著作中，那本名為《耶穌在拉丁美洲》(*Jesus in Latin America*)[2] 的文集，是他關於基督的主要觀念的成熟之作，它也給他機會以評估自己較早期著作的觀點。

索布里諾給自己的第一個任務是，為在拉丁美洲處境中從事基督論，尋找一個充分的出發點。為了這個目的，他廣泛地考察較早期的進路，並根據將基督論植根於耶穌的歷史

1 Jon Sobrino, *Christology at the Crossroads* (Maryknoll, NY: Orbis, 1978).

2 Jon Sobrino, *Jesus in Latin America* (Maryknoll, NY: Orbis, 1987).

這個需要，發覺它們有不足之處：「讓我在這裏說，我的出
發點是歷史耶穌。那就是拿撒勒人耶穌的位格、教導、態度
和行為，只要它們是能夠以大致的方式被歷史性和釋經性的
研究所接觸得到。」[3] 索布里諾的出發點不單是耶穌的歷史，
238 而是「耶穌的具體歷史」（concrete history of Jesus）。因此，
他的基督論是從下而上的。根據這個基礎上的選擇，他批評
幾個較早期的進路：

1. 迦克墩會議（Council of Chalcedon）的教義構想，即天主教神學的典型出發點；它肯定基督的完全人性和神性，代表了一種「下降」（descent）基督論。它以上帝開始，然後進而肯定永恆的子怎樣成為人。這是索布里諾所不能接受的，因為聖經的進路是剛好相反的 —— 是由下而上的。
2. 聖經以基督為焦點，其形式往往是研究新約作者給予基督的不同稱號（人子、上帝的兒子、彌賽亞，諸如此類）；這個進路也不比上一個好，因為新約並沒有一種基督論，而是有幾種基督論，這似乎不可能將它們結合為一種。
3. 從人們在膜拜式崇拜（cultic worship）中對基督的經驗為開始的基督論，給基督事件的意義提供了寶貴的洞見，但它不能對「具體的耶穌」提供有效的資料，特別是因為基督已經升天。正如歷史顯示，在膜拜上與復活的基督所作的接觸，是向各種詮釋開放的。
4. 從基督復活的角度來看的基督論，雖然在新約是普遍的，但它卻不足以成為基督論的基礎，因為它的意義只能夠從歷史耶穌這個角度來確定。
5. 以宣講（*kērygma*）的基督作為出發點，與那脫離歷史輪

3 Sobrino, *Christology at the Crossroads*, 3.

廓的基督論分享所有相同的弱點，正如在布特曼（Rudolf Bultmann）的去神話化（demythologization）中所清楚看到的。

6. 專注於耶穌的教導的基督論，好像古典自由主義〔神學〕（classical liberalism）那樣，脱離了耶穌對自己的理解那徹底終末論式、天啟式的性質，它和自由主義對歷史耶穌的追尋（liberal quest of the historical Jesus）——它將這計劃進行到底——有一樣的含混性。
7. 作為拯救論的基督論，很容易引致一種源自我們自己需要的基督論，令人類學（關於人類的教義）決定了它的議程。不過，耶穌的位格和職事不單肯定了祂的追隨者所定下的議程，也或許在更重大程度上，挑戰著這議程。

對索布里諾和其他解放主義者來説，他們對歷史耶穌的專注，與歷史耶穌的追尋所專注的有所不同。在歐洲神學，關於歷史耶穌的問題源自歷史鑑別學（historical criticism）的處境，而且根據我們對耶穌的歷史所能夠和不能夠知道的東西來構想的。在拉丁美洲，解放神學（liberation theology）專注於歷史耶穌，藉以尋求引導和定向。「由於它源自對解
放的生活委身的具體經驗和信仰實踐（praxis of faith），它很 239
快便發覺，在那些環境中，基督的普遍性（universality）只能夠從具體的歷史基督這個立足點才能被掌握。」[4]

專注於歷史耶穌，以之作為解放基督論的出發點，其動機是在拉丁美洲和耶穌生活的處境之間具有那顯而易見的相似（例如貧窮、不公義、被外邦佔領等）。索布里諾指出，最初羣體的基督論不是偽造的神學，而是由那些遇見彌賽亞的

4　Sobrino, *Christology at the Crossroads*, 10.

人的見證所組成的。這些正在浮現的基督論有兩極：耶穌基督的位格和生命狀況。那狀況和拉丁美洲的處境有很多相似之處，雖然教會——特別是天主教會——已經提供教義輪廓，以引導關於基督的思想。

・解放基督論的方法論・

傳統基督論教義對索布里諾的解放神學有甚麼價值？索布里諾對信條的本性斷定一個獨特的理解。它的目的不是在已經知道的東西以外提供額外的知識，而是對於聖經所告訴我們關於基督的事，給予一個更好的理解和解釋。信條的意圖不是要窮盡信仰的內容，而是為它的一個方面作辯護，這方面被視為基本的，以致它是不能在不損害信仰的情況下被改變的。因此，聖經是理解基督論的基礎；信條是其次的。在這裏我們看到信條的限制——只要它是適合基督徒的信仰的。「即使信條說了一些十分基本的事情，它總是**說**得比聖經少。」[5] 因此，信條的詮釋是必須的，不是奢侈的。這種詮釋不是向後追溯至過去，倒退的一步；而是向前走，前進的一步。換句話說，解放神學根據對解放和公義的需要來閱讀基督的敍事，這任務並不廢除或摻雜了原本的福音；而是令它更適切。

索布里諾承認，這個時候的大部分拉丁美洲神學家，都並不特別有興趣於探究傳統基督論的問題，例如基督兩性的「位格聯合」（hypostatic union），或耶穌基督在三一中的角色。很多拉丁裔神學家都把傳統神學視為在很大程度上不涉及那些真議題，就是那些觸及普通人的日常生活和經驗的真

5 Sobrino, *Christology at the Crossroads*, 318；強調為原文所有。

正問題。但索布里諾自己對解放神學所採取的進路，是以在 240
古典基督論和拉丁美洲處境之間那誠實、有知識和具批判性的對話為特點的。

索布里諾認為，在神學方法論的發展中，我們現在處於啟蒙運動（Enlightenment）的第二階段。第一階段使理性從教條式信仰中解放出來，而第二階段則朝向將整個人從一個不堅決對抗社會、政治和經濟壓迫的宗教觀點中解放出來。耶穌那幫助人的態度是以具體的行動被表達出來：祂的神蹟、醫治、趕鬼和其他以有形的方式觸及有需要者的生命的解放行為。

因此，對索布里諾來說，真正的解放基督論包括三個基本方面。首先，那重要的是「在解放基督論開始時回想它那嚴格的福音要領」。[6] 這反思來自兩個信念：耶穌的福音是給窮人的好消息，而且窮人是我們今天接觸福音的關鍵。第二，基督不單是將人類推向解放的那一位，也是解放的實踐的規範（norm），以及新人類——解放為之而努力——的原型（prototype）。用古典的術語來表達，耶穌是解放的“*norma normans*”（規範的規範〔normative norm〕）。第三，對於初期的解放基督論，其基礎是一種倫理上的憤怒。這倫理上的憤怒並非源自一種平息關於基督的疑惑的嘗試，而是源自那因在拉丁美洲歷史中基督經常被利用來壓迫窮人而引發的憤怒。

索布里諾對解放基督論的描繪與博菲（Leonardo Boff）十分配合。博菲這樣描述解放基督論所採取的基本進路：

1. 人類學元素比教會論元素優先；
2. 烏托邦元素比事實元素優先；

6　Sobrino, *Jesus in Latin America*, 11.

3. 批判元素比教條元素優先；
4. 社會元素比個人元素優先；
5. 正確實踐（orthopraxis）比正統信仰（orthodoxy）優先。[7]

・解放基督論的基本主題・

近期一本關於跨文化基督論的研究，其書名恰當地被稱為《耶穌基督的眾多面孔》（*The Many Faces of Jesus*
241 *Christ*）；在這書中，屈斯特（Volker Küster）以四個主要主題總結了索布里諾（和博菲）的基督論進路，這四個主題也扼要地總結了它主要的議程。[8]

首先，解放基督論是詮釋的基督論（hermeneutical Christology）。相信詮釋循環是神學反思的基本結構，這信念是拉丁美洲解放神學的共同財產。和所有神學論述一樣，基督論是受處境制約的。

第二，解放基督論是關係性的基督論（relational Christology）。這個視角承認幾方面。歷史耶穌和傳道的基督（kerygmatic Christ）之間有一關係性。即使索布里諾想以歷史耶穌為優先，但他也不想將歷史的耶穌與信仰的耶穌解開。而且，子耶穌與父的關係，正如像在耶穌的禱告生命中所明顯可見的，顯示著內在的（implicit）基督論。耶穌從沒有傳講自己，而是傳講父和特別傳講父那將來的國度。最後，父上帝、子和人之間有關係性。「如果一方面，上帝在耶穌基督裏啟示祂自己，那麼同時在另一方面，祂是完美

7 Leonardo Boff, *Jesus Christ Liberator: A Critical Christology of Our Times* (Maryknoll, NY: Orbis, 1978), 43 ~ 47.

8 Volker Küster, *The Many Faces of Jesus Christ: Intercultural Christology* (Maryknoll, NY: Orbis, 2001), 51 ~ 54.

人類的形象……同時是窮人和受壓迫的人——耶穌基督在他們中間臨在——成了上帝『他性』（otherness）的形象。」[9] 因此，基督論的陳述總是關於上帝的陳述，同時又是關於人類的陳述。

第三，解放基督論是道成肉身的基督論（incarnational Christology）。耶穌基督的生命、死亡和復活這三合一的組合，形成了道成肉身的範圍。耶穌在十字架上的死亡，與祂在普通人中間道成肉身是一致的。在復活中克服死亡，這給受苦的在場（presence）一個終末的面向。復活是盼望解放的推動力。

第四，解放基督論是關於門徒身分（discipleship）的。正如耶穌不單藉著傳講上帝國來闡述祂的信仰，祂也令祂的信仰在其行動中明顯可見，這樣，祂的追隨者也必須轉變和跟隨祂的腳蹤。

・基督在窮人中臨在・

任何神學，特別是基督論，其中一個基本的問題是關乎基督的臨在。基督是臨在於個別信徒的生命中，還是藉著傳講的道、聖禮的中介作用或信心的決定而臨在於教會之中？解放基督論雖沒有貶低任何傳統的答案，但它指出，基督的臨在可於窮人中間被找到。因此，窮人是基督論的準則，這
不是從排他的意思而言的（基督**只**臨在於窮人中間），而是 242
以包容的方式來表達的（基督**至少**臨在於窮人和被逐的人中間）。祂自己是窮人，也是為所有人成為窮人的那一位，即使在復活和升天後，祂仍然可以在窮人中間被找到。耶穌基

9　Küster, *The Many Faces of Jesus Christ*, 52.

督的虛己（*kenōsis*），即倒空自己，讓窮人可以在上帝面前恢復他們的尊嚴，因此可以在其他男女面前也恢復自己的尊嚴。屈斯特正確地詮釋了解放基督論這個基礎的觀念：

> 關於耶穌基督在窮人和被壓迫的人的苦難中臨在，解放神學對這個富生產力的主題的採納，某程度上是馬丁·路德（Martin Luther）那基本詮釋原則的現代版本；路德的原則是「上帝只有在苦難和十字架中才能夠被找到」。解放神學家「以正確的名稱來稱呼事物」〔這是路德的話，關於十架神學（theology of the cross）為實在給予正確的視角〕。[10]

屈斯特正確地留意到，與路德不同，解放神學家有一個集體的"*theologia cruces*"（十架神學），即具教會論含義的十架神學。對羣體的指涉，對於解放基督論是有構成作用的，而且它在索布里諾的《真教會與窮人》（*The True Church and the Poor*）[11] 中得到圓滿的發展——這本書論證著，教會的本質是成為窮人**的**教會（the church *of* the poor），而不單是成為那**為**窮人的教會（the church *for* the poor）。對索布里諾來說，那重要的是承認這不單是社會的或慈善的原則，而是基督論的陳述。福音的敍事清楚顯示，耶穌一生被罪人、稅吏、病人、痲瘋病人、撒瑪利亞人、外邦人和婦女圍繞自己，祂也偏愛這些人。

耶穌與窮人同在，並臨在於他們中間，這也是重要的，因為今天，正如在耶穌的時代，窮人和被逐的人是世界人口

10 Küster, *The Many Faces of Jesus Christ*, 55.

11 Jon Sobrino, *The True Church and the Poor*（Maryknoll, NY: Orbis, 1984）.

的大多數；拉丁美洲的處境肯定也是這樣。從這個事實中，索布里諾得出一個重要的原則：

> 如果基督教的特點是它普遍的宣稱，無論是基於創造或是最終的圓滿而作出的，那影響大部分人的應該是一個引導著這普救論（universalism）的真實程度和歷史上可驗證的原則……否則，它所宣稱的普遍性只會是委婉說法、反諷或給神話化的意識形態化（mythified ideologization）。[12]

索布里諾提醒我們，那些追隨基督的人是蒙召在窮人中辨別出和肯定基督的臨在：

> 耶穌對別人的要求，顯示出在朝向基本貧窮的方向中的 243
> 同一個運動：呼召人來跟隨祂，以致能實行在貧窮中的使命，離開家鄉和家庭，背起十字架的呼召；這些不是隨便的要求，即祂不加給我們也是無妨的，或是祂加給其他人也是無妨的。這些是直接連著貧窮的要求。祝福顯示了同一個取向，但從不同的角度：在物質上貧窮的人是蒙召欣賞他們的貧窮，以心靈貧窮的方式在其中生活，從而積極參與貧窮的運動。[13]

・上帝國・

在祂宣告上帝國時，耶穌清楚表明，這國度是給窮人的

12 Sobrino, *Jesus in Latin America*, 141.

13 Sobrino, *Jesus in Latin America*, 146.

好消息（路四 18），而且它是由窮人所組成的（六 20）。這樣，在好消息和它主要的接受者之間，一個基本的相互關係得以建立，這並間接地顯示出這好消息包括了甚麼。因此，對索布里諾來說，主動與窮人和被逐的人休戚與共，是上帝國實現和來到我們這裏的形式。耶穌與窮人和被逐的人的關係，不單顯示出國度在行動中應該是怎樣的，也顯示出它會怎樣被帶到來。這個原則跟隨以賽亞的僕人之歌（賽四十二～四十九章），以及跟隨耶穌在地上生命的歷史結構。耶穌在祂生命那特定的歷史實在中，把其使命設想為它需要跟從一個歷史進程，這無可避免地令祂失去保障、尊嚴和生命本身——「主動貧窮」的歷史進程。

索布里諾跟從古典自由主義〔神學〕的規則，這規則認為耶穌來不是傳講祂自己，甚至不是傳講上帝，而是傳講上帝的國度。國度是拿撒勒人耶穌的焦點和主要強調。《十字路口的基督論》第三章恰當地命題為「耶穌為上帝的國而服務」（“Jesus in the Service of God’s Kingdom”）。「關於耶穌的生命，最確定的歷史資料是，那主導祂傳講的觀念——即給祂所有活動賦予意義的實在——就是『上帝的國度』。」[14] 關於國度的來到和它勝過邪惡權勢的信息，對索布里諾來說，是那通往欣賞耶穌身為解放者的活動的大門。祂的神蹟和祂的赦罪主要都是上帝國度來到的記號。「它們是解放的記號，只有在這處境下，它們才有助照亮耶穌的位格。」[15]

索布里諾提出，對拿撒勒人耶穌來說，上帝國不只是關於言說，也是關於行動；換句話說，**正確的實踐**必須比正統
244 的教義優先。這個原則由索布里諾的同事博菲簡潔地表達：

14 Sobrino, *Christology at the Crossroads*, 41.

15 Sobrino, *Christology at the Crossroads*, 48.

「上帝國表示一個完全的、全球的、結構性的革命，革除舊的秩序，這是由上帝帶來，而且惟獨由上帝帶來的。」[16] 藉著傳講關於解放的信息和國度的開展，耶穌接觸那些沒有盼望的人。

> 耶穌宣告，國度的來臨就是拯救，而國度……具有解放的確定含義。但這拯救和解放不是單以言語（講道和比喻）來表達的；它也以**行動**來表達。要以行動來傳講好消息的需要，必然是來自上帝的實在。[17]

關於國度的觀念，索布里諾從其中心性得出深刻的神學結論：「上帝在多大程度上行動，也在多大程度上改變實在；我們必須這樣看耶穌的**行動**。祂的行動不單伴隨著祂的言語，也不是主要被設計來說明祂的位格。它們的主要價值是神學性的。它們是要展示上帝的國度。」[18]

耶穌關於國度的信息，不單是關於過去的解放；它也有終末的性質。將來影響著現在。這就是「國度那歷史時間性的性質」（historicotemporal character of the kingdom）。

國度在新約中的先知式和天啟式構想顯示了，上帝的這統治包括了實在那完全的更新。將臨國度那最終的、終極的目標，是建立一個公平、平等的團契，一種「兄弟關係」（brotherhood）。關於這個終極的和平及平安，其目標也在新約那用來描述耶穌角色——身為盛載國度的人——的方法中而得到說明。福音書將耶穌的位格和信息，置於那體現著

16 Boff, *Jesus Christ Liberator*, 63 ~ 64.

17 Sobrino, *Christology at the Crossroads*, 46；強調為原文所有。

18 Sobrino, *Christology at the Crossroads*, 47.

分裂和壓迫的境況之中——在這些境況中好消息和拯救可以被理解為完全與它們是沒有延續的。

雖然上帝的國度按耶穌的傳講，宣告著上帝能力的統治和闖入，但它是關於恩典的。因此，索布里諾也提醒我們，那國度是上帝主動的結果，而且是以恩典為基礎的。

27

非洲的基督論
追尋權力

Christology in Africa
Search for Power

・為非洲人的基督・

基督可以怎樣根據非洲人自己的宗教經驗而成為非洲人中的非洲人？對於非洲人——他們不需要改變他們的文化而得以被稱為上帝的孩子——誰是基督？這位基督帶來甚麼影響？這些和其他相關的問題，例如在非洲文化和那相信基督是主和救主的基督教信仰之間的關係，都佔據著現時非洲大陸上關於基督論的思想。

尼米提(Charles Nyamiti)是其中一位非洲基督論(African Christology)的先驅。他解釋說，文化適應(inculturation；令福音適切特定文化)和解放這兩個主題模塑了今天很多非洲基督教神學的關注，特別是它關於基督位格的思想。「有太長時間，人接受基督和祂的信息，表示了他/她拒絕非洲文化的價值。非洲人受了教導：他們那些古老的方式是有缺陷的，或者甚至是邪惡的，如果他們想成為基督徒，他們便要將這些方式拋棄。」[1] 當然，那反諷之處是非洲人的價值和習俗，往往比西方形式的基督教——已被強加給非洲思想的——更接近聖經的世界。

246 除了關於文化適應和解放的主題外，關於醫治的主題對非洲文化而言也是十分重要的，因為很多非洲人都繼續受苦。所有這些主題都與尋找權力有關，但不是拉丁美洲在社會或政治上的權力（雖然社會和政治上的自由對於非洲人也不是無關重要的），而是那勝過**屬靈**力量（spiritual powers）的壓迫和主宰的權力。非洲人的思想傾向是高度萬物有靈論的（animistic）和唯心論的（spiritualistic），它往往求助於不可見的世界，以之作為解決生命問題的關鍵。在這個處境中，基督論所採取的模樣非常有別於古典神學——古典神學在很大程度上源自歐洲和美國的智性世界觀。

非洲人有時被視為不可救藥地篤信宗教的；對他們來說，耶穌基督是誰和祂怎樣與人類交往，這些問題是十分重要的。基督論處於非洲神學的中心。用安拿耶根（John Onaiyekan）的話說：

> 如果基督論真的處於所有基督教神學的中心，這對非洲的基督教神學而言尤其真確。現在大部分研究非洲傳統宗教的人都普遍同意，我們的百姓總是對至高存有（Supreme Being）有一個清晰的觀念和堅定的信仰。他們相信上帝，這位上帝是本土固有的，不能被歸因於外國的影響，無論是基督教還是伊斯蘭教的影響。在這方面，非洲與猶太世界——耶穌把自己呈獻予的世界——

1 Robert J. Schreiter, "Jesus Christ in Africa Today," in *Faces of Jesus in Africa*, ed. R. J. Schreiter（Maryknoll, NY: Orbis, 1991）, viii.

> 相似。雖然流行的口號「耶穌是答案」（Jesus is the Answer）可能在很多方面都是真的，但「耶穌是**那**問題」（Jesus is *the* question）也可能是真的。[2]

安拿耶根總結說：「大部分我們稱之為『非洲神學』的東西，實際上可以概括為非洲角度的基督論。」[3]

非洲那豐富的文化背景，令它擁有多種的基督論進路和趨勢。而且，非洲受到不同基督教傳統的影響，這令關於耶穌基督的概念和形象增多。一般來說，羅馬天主教神學比新教傳統更容易從非洲的宗教儀式和象徵中找出基督教的意義。（天主教會在其教會生活中自由地運用本地習俗、服飾、儀式和建築風格。這同一原則在如亞洲等其他地區也適用；我在泰國生活和教學的那些年間，往往留意到天主教會運用了很多當地的元素。）

傳統的非洲文化代表著口述傳統（oral traditions）。因此，基督論的力量和多樣性不單在學術討論或書籍中被找到；也可以在歌曲、詩作和在市集及家裏的討論中被找到。 247
一些最深奧的基督論真理，也可能出自羣體中一位不識字的長老或家庭中的祖母之口。

・聖經——和非洲中的基督・

原則上，**本地**基督論（local Christology）——換句話說，在某個處境下有意義的基督論——有兩個出發點：要不是始

2　John Onaiyekan, "Christological Trends in Contemporary African Theology," in *Constructive Christian Theology in the Worldwide Church*, ed. William R. Barr（Grand Rapids, MI: Eerdmans, 1997）, 356.

3　Onaiyekan, "Christological Trends in Contemporary African Theology," 356.

於聖經的經文，然後努力在處境中尋找平行之處；就是以文化處境作為主要的詮釋原則，然後回溯到聖經。非洲基督論同時運用了這兩種進路。

莫比提（John Mbiti）的著作代表第一種進路。[4] 他嘗試在新約關於耶穌基督的教導和非洲傳統的世界觀及信仰之間尋找平行之處。得勝的基督（*Christus Victor*），意指大能的基督從死裏復活，並打敗那些敵對的力量；這個古老的觀念明顯對於非洲人追尋權力而言是適切的。得勝的基督能夠克服來自諸靈、法術、疾病和死亡的咒語和威脅，並將恐懼的文化轉化為盼望和喜樂的文化。

莫比提在聖經和非洲文化的觀念及信仰之間，也找到另外幾個在基督論上平行之處。耶穌基督身為上帝的兒子，這個觀念對應著幾個部落式信念；「上帝的僕人」這個稱號同樣在某些非洲社會中可以被找到；幾個基督論的稱號，例如救贖者、征服者、主和其他稱號，在非洲文化中也有平行之處。當然，莫比提並非惟一一個看見聖經和非洲文化之間有這些平行的神學家。很多其他人也這樣做，例如安拿耶根。他宣稱，新約用來稱呼基督的幾個傳統稱號，在非洲處境下也是有意思的。上帝的兒子是其中一個這樣的稱號。上帝有兒子，而且祂將兒子差派來世界，這觀念在一個習慣有神性和至高存有的文化中是有意義的。「主」這個稱號與卡巴（Kabba）人（約魯巴〔Yoruba〕族之一）的"Oluwa l'oke"這個稱號——即「山上的主」——一樣代表權威和權力。雖然救主這個觀念在大部分非洲文化中並不普遍，但他們對它也並非完全陌生的。例如：約魯巴人期望諸神（*Orisha*）會拯救

4 以下討論大大得益於 Charles Nyamiti, "African Christologies Today," in *Faces of Jesus in Africa*, ed. R. J. Schreiter（Maryknoll, NY: Orbis, 1991）, 3～23。

他們。救贖者受人歡迎，因為祂拯救百姓脫離受到那圍著他們的邪惡力量所奴役。

非洲人並不把聖經當作為收集了關於基督的教義和哲學 248
性臆測的結集，而是一本故事書。遠在「敍事神學」(narrative theology)於學術研究中出現之前(這種進路嘗試尊重聖經原本的故事形式)，非洲人聆聽基督的故事並把故事告訴別人——事實上，聆聽和言說對他們的文化而言是十分重要的。他們十分著迷地接受那故事。事實上，一般的非洲基督徒都是按字面來接受那故事的。在西方那十分常見的批判性—歷史性的質疑，是非洲基督徒感到陌生的。非洲文化對關於不尋常事件、奇迹、異象、預言和醫治的故事很熟悉。「那真的發生嗎？」如此的問題層被驚訝所取代：「我們的上帝多麼偉大。」布特曼式的嘗試(Bultmannian attempt)，就是要將耶穌基督的故事去神話化(demythologize)，這對非洲式的理解既是不必要，也是具有破壞性的。

歷史耶穌作為巡行的教師、行神蹟的人和先知，其處境接近非洲文化過於接近任何西方文化。祂有可以追溯的血統，有與祂一起生活的家庭，有祂所認同的鄉村和羣體。諷刺的是，非洲人「那麼依附於歷史耶穌，以致他們在繪畫和雕塑中往往拒絕將祂描繪為非洲人。他們知道耶穌不是約魯巴人或基庫尤人(Kikuyu)。他們知道祂是猶太人，即使這樣，他們仍然接受祂」。[5] 非洲人著迷於往聖地的朝聖之旅，因為這些旅程令他們接近耶穌在地上的實在。

本地基督論的另一個進路涉及以現存的文化實在為開始——在這情況裏便是非洲的環境——然後回溯到聖經。佩努求(Efoe Julien Penoukou)便採取了這種進路，他嘗試

5　Onaiyekan, "Christological Trends in Contemporary African Theology," 360.

根據多哥（Togo）的埃維—米納（Ewe-Mina）族來理解基督的意義。[6] 這個部落文化的世界觀是，上帝、人類和世界形成了一個共生的整體（symbiotic unity）。他們把生命理解為超越死亡的，而把死亡理解為通往生命的必經通道。

基督就是在所有人之前先離開，並倒空自己，以成為我們一分子的那一位；祂是父上帝和創造之間的中介。由於一切東西都是透過基督而被造，道成肉身，即永恆的上帝成了血肉之軀，就是上帝和世界聯合的至高例子。基督的復活象徵著死亡和邪惡的力量被打敗；對這文化而言，這就是盼望的記號——這文化很自然地將目光投向死亡以外之處，然而它恐懼死亡。對埃維—米納來說，基督代表著“*Jete*-Ancestor”，即生命之源。「根據埃維—米納，祖先是誕生的共同多產者（co-fecundator of birth），為了在很多新生的孩童裏面顯現，他能夠提供他們其所需要的生命能量。基督身
249 為“*Jete*-Ancestor”，這表示祂是那位祖先（the Ancestor），是生命之源，也是在世界中那宇宙—神—人共融關係（cosmotheandric relationship）的實現。」[7]

事實上，從祖先角度出發的基督論已成為非洲神學家探討的一個主要方向，特別是東非和中非的神學家。下一章會詳細地研究布瓊（Benezet Bujo）那基督作為原型祖先（Proto-Ancestor）的神學。另一個著名的非洲基督論者是尼米提（Nyamiti），他在這方面進行追尋，並將他的書稱為《基督作為我們的祖先——從非洲角度的基督論》（*Christ as Our Ancestor: Christology from an African Perspective*），[8] 藉此

6 參 Efoe Julien Penoukou, “Christology in the Village,” in *Faces of Jesus in Africa*, ed. R. J. Schreiter（Maryknoll, NY: Orbis, 1991）, 24～51。

7 Nyamiti, “African Christologies Today,” 5.

8 Charles Nyamiti, *Christ as Our Ancestor: Christology from an African Perspective*

將非洲基督論等同其關於祖先的觀念。非洲人相信祖先取得超自然的地位，因此他們能夠作為人類和上帝之間的中介。由於他們與後代的親屬關係，他們會關心後代的福祉。對班圖人（Bantus；一個非洲部落）來說，基督是「兄弟祖先」（Brother Ancestor），祂在卓越的程度上實現了他們對祖先的期望。

與祖先這個概念有聯繫的是關於親屬（kinsman）的概念。耶穌，聖經的基督，是「首生的，在一切被造的以先」（西一15）。祂從上帝而生（約一13），與我們的親屬（Kinsman）一同分擔，我們便可以盼望成為上帝的兒女，因此可以取得成為耶穌親屬的地位。非洲的親屬關係涉及強烈休戚與共（solidarity）的關係，不單橫向地包括活著的成員，也縱向地包括羣體中已故的成員。

非洲文化有很多象徵，它們強調基督的人格/位格性（personality）、祂與人的關係及祂工作的不同方面。班圖基督徒稱基督為大酋長（Chief）。[9] 這個角色有幾個方面。基督征服和戰勝了撒但，因此祂是英雄。班圖酋長（chief）的形象和英雄的角色有緊密的聯繫。基督也被稱為大酋長，因為祂是大酋長——上帝——的兒子。相信上帝是整個宇宙的大酋長，這是班圖宗教的一部分，而且班圖人從基督教的啟示中得知，基督是上帝的兒子。班圖人也稱特別的人為酋長，如果他能夠保護和強化一個羣體的生命和它個別成員的生命。同時，至高的酋長（supreme chief）是「雙頭的」（bicephalous），他此世的臉隱藏著一個遠處的地帶（region

（Gwero, Zimbabwe: Mambo Press, 1984）.

9　François Kabasele, "Christ as Chief," in *Faces of Jesus in Africa*, ed. R. J. Schreiter（Maryknoll, NY: Orbis, 1991）, 103 ~ 115.

of the beyond）。因此，班圖酋長被置於地上和遠處的交匯，這個領域被稱為強者的地帶。班圖酋長不一定在體力上強大，肌肉發達，但卻有「參與存有」的力量。

基督是大酋長，這也是由於慷慨。班圖人要求他們的酋長成為慷慨和智慧的榜樣，以及具有調解的精神。身為慷慨
250 的酋長，領袖能夠成為復和的踐行者。他是「聚集獵人的小牛」（*cinkunku*-who-gathers-the-hunters）。他好像一棵巨大的樹，所有參與打獵的人都在它的陰影下，分享獵物和交流他們的歷險記述。

這些和其他相似的特點都可以在耶穌基督身上被找到，它們令祂在班圖傳統中成為理想的大酋長。這樣的大酋長其權威以不同的文化方式得到表達，例如豹皮（豹深受尊重）。偉大的酋長可以被稱為「豹酋長」（chiefs-by-the-leopard）或只是「豹母親」（leopard-mother）。酋長的正式衣服包括兩塊豹皮，一塊在前面，一塊在後面。其他被用來表達權威的合適文化方式，包括斧頭、矛和象椿；這些東西都象徵了勇敢的領袖。

・道成肉身作為實現本真地成為黑人・

在基督教神學中，基督道成肉身這個主題已有幾種形式。永恆的上帝成為會死的人，並克服腐敗，這在很多基督論中是其中一個主要觀念。對非洲人來說，人格/位格性的形成和那令人成為人的東西都是重要的題目。對一個以活力論式（vitalistic）、動態的方式來看人格/位格性的文化來說，道成肉身這個觀念開啟了新的視域：「道成肉身是非洲人理解的人格/位格性的最高實現。對非洲人來說，實現人

格／位格性就是成為真正的人，其意思是本真地成為黑人；因此成肉身的邏各斯（Logos）就是卓越的黑人／黑位格（black Person）。因此，在祂以外沒有真正的黑人或黑人素質。」[10]

所以，我們可以理解的是，對非洲人來說，福音書關於基督生平的敍事，已經是本地神學。基督生命週期中的幾件事件，例如祂的出生、受洗和死亡，對那些在不同儀式的幫助下歡慶和尊重生命中重要轉折的非洲人而言，是有意義的。當耶穌受割禮時，祂是根據猶太傳統而接受入門儀式。祂在聖殿裏給奉獻、進入春青期，以及後來進入成年期，這些都是以一些儀式作為標誌的，是關乎由一個生命階段進到另一個生命階段的儀式，它們和大部分非洲羣體中的生命週期儀式相似。甚至耶穌在最後晚餐時替門徒洗腳，這也被視為入門的姿態；主人耶穌把祂自己的生命方式傳授給其追隨者。這樣，基督作為入門的頭和主人：在祂自己變得完美後，祂成了那些服從祂的人的頭（來五9）。一般來說，非洲基督論在基督生命中發現一個漸進的運動，朝向一個目標，朝向完美進發，正如希伯來書二章10節所提到的。

‧基督作為家庭的頭‧

關於相通（communion）的概念，對於理解非洲人的心 251
態而言是基本的。這種羣體的意識反映了非洲那根深蒂固的信念：只有在羣體中，一般的人，特別是基督徒才可以找到他們生命的意義。羣體的生活是促進和維持個人及一般社會的安好（well-being）的方法。根據奧波庫（Kofi Asare Opoku）：

10 Nyamiti, "African Christologies Today," 5.

> 如果我藉著進入與家庭其他成員——包括在生和死去的——的關係而取得我的人性，那麼我的人性便是以恩賜／禮物（gift）的形式給我的。這並非表示它不是我的，而我的存有是羣體的一部分，以致我沒有個別的價值和命途。它反而表示了，它不是我可以以自己孤立的能力而取得或發展的東西。只有與其他人保持接觸，我才可以運用或實現我的人性，**因為是他們給我充權的**。[11]

或許沒有人比莫比提這句可喜的格言，更簡潔地表達出這個觀念：「我是，因為我們是；由於我們是，所以我是。」（"I am because we are, and since we are, therfore I am."）[12] 甚至關於自由的概念——它對西方思想是那麼寶貴的——在非洲也有特別的羣體色彩：個人不能是自由的，除非他們先對整個羣體的自由作出貢獻；反過來也一樣。

因此，有些神學家提議，部落而非西方結構，可以成為恰當的模式，得以在非洲處境下看人類的本性。在非洲處境下，關於基督的觀念往往較少與「基督是誰」有關，而較多與「祂怎樣與我們交往」有關。這個視角要處理的是一種關係，多於是基督的稱號。佩努求說得很清楚：

> 一旦我們樂意以關係的角度來設想基督論的問題，它便不再能夠被化約為耶穌基督的身分或實體（entity）。現在它需要被界定為與他者的關係，以作為在拯救歷史的整體動力中一種關係中存有（being-in-relation）的模式。

11 引自 Cephas N. Omenyo, "Essential Aspects of African Ecclesiology: The Case of the African Independent Churches," *Pneuma* 22, no. 2 (2000): 236；強調為原文所有。

12 John S. Mbiti, *African Religions and Philosophy*, 2nd ed. (London: Heinemann, 1989), 106.

> 因此，耶穌是重要的，不單因為祂的功能，或者祂「為了我們人類和我們的拯救」所完成的事，也因為祂在三一的、相通的上帝的奧祕中所佔的位置……正如我們所知道的，非洲人會很容易談及一位本質上是關係性的上帝，一位休戚與共的上帝，而不是一位孤獨的上帝。因此，那最重要的是，基督論主要是三一的和教會性的。[13]

與羣體這個觀念相關的是基督那與家庭有關的形象， 252
它取自非洲文化，並由非洲基督論所引用。基督身為長兄（Elder Brother），這個觀念也可以在聖經關於基督為「頭生的」（西一15～20）的描述中被找到，它與非洲那關於家庭和鄉村作為生命的基本網絡的想法有關。人格／位格性對非洲人來說並不代表個別性，而是屬於羣體的。這個觀念在好像關於人類的阿坎（Akan）的想法中——人只能夠在社會中實現自己——變得清晰。波別（John S. Pobee）提出，阿坎基督論（Akan Christology）那最獨特之處是，它強調基督的親屬身分、割禮和水禮，視之為加入羣體的儀式。[14] 藉著強調關於羣體的觀念，一些非洲神學家建立了這觀念：基督身為大家庭——教會——的建立者。

・醫治者・

非洲文化朝向在身體和精神層面的醫治。健康不單表示沒有疾病，也表示在整全意義上的安好。疾病不單主要是身體病徵的結果；它也是一件十分屬靈的事件。西方教會和非

13 Penoukou, "Christology in the Village," 25.

14 參 Nyamiti, "African Christologies Today," 6～7。

洲教會的其中一個分別，源自於那在不同非洲文化中普遍存在的世界觀。以他們的世界觀為基礎，非洲人視屬靈的存在物（beings）和屬身體的存在物為在時空中雙向互動的真東西（real entities）。這些非洲基督徒拒絕世俗的世界觀，以及拒絕西方對實在和精神的想法。「正統」（orthodoxy）令基督徒在真實生活中變得無助；因此，他們需要另類神學，以聯繫到人類整個範圍的需要。這些包括屬靈的需要，但不限於抽象的、他世的屬靈需要。一般的非洲宗教，包括基督教，都適合存在的需要，並且與西方同道相比，與日常議題更有聯繫。人們期望宗教能令生命活得有價值，並能維持生命和保持生命免於疾病、敵人和死亡。

對很多非洲基督論者來說，醫治是耶穌基督的生命和事奉的中心特點。肖特（Aylward Shorter）將加利利的醫治者——他們的技巧由耶穌採納——與傳統非洲的醫藥人（medicine men）作比較，並發現兩個傳統之間有很多相似之處。[15] 兩者在身體、精神、社會，甚至環境層面上都實行具整
253 全形式的醫治。但相對於耶穌時代和非洲處境的醫治者，基督是「受傷的醫治者」（wounded healer），祂透過十字架的痛苦和苦難而成為醫治者。

在所有基督教傳統中，五旬宗（Pentecostalism）和後來的靈恩運動（Charismatic movement），都專注於耶穌基督那身為醫治者的角色。一個快速增長的「五旬化」（Pentecostalization）正在非洲發生，有很多傳統教會採納了五旬宗式的崇拜模式、禱告聚會和醫治事工。五旬宗在非洲處境中一個主要的吸引力是它對醫治的強調。在這些文化中，

15 Aylward Shorter, *Jesus and the Witchdoctor: An Approach to Healing and Wholeness* (Maryknoll, NY: Orbis, 1985).

宗教專家或「上帝的人」（person of God）有能力醫治病人和避開邪靈及巫術。這種整全的功能沒有將身體與屬靈分開，它在五旬宗中得到恢復，而本地人視它為有力的宗教，能夠滿足人的需要。對一些五旬宗的人來說，相信上帝的能力透過禱告來直接作出醫治，這引致人拒絕其他醫治的方法。特別是在所謂的非洲建制教會（African Instituted Churches；有時被稱為非洲獨立教會〔African Independent Churches〕）中——它們很多都介乎基督教和傳統宗教之間——靈恩醫治（charismatic healing）是神學和靈性所必不可少的一部分。

非洲五旬宗不斷與非洲的靈界（spirit world）作互動。南非的安德森（Allan H. Anderson；現在於英國伯明翰大學〔University of Birmingham〕任教）是這些本土唯靈論式（spiritualist）運動其中一位主要的分析者。他聲稱在非洲，五旬宗和好像五旬宗的運動顯露於數以千計的本地教會之中，它們已徹底地改變了基督教的面貌。他們這樣做的方法是宣告一個關於拯救的整全福音，它包括從各種壓迫，例如疾病、巫術、邪靈和貧窮中得釋放。相比歐洲和北美宣教士所遺下那靈性化和知識化的福音，這更基本地滿足了非洲人的需要：

> 所有廣泛地不同的五旬宗運動，都有重要的共同特點：它們宣告和歡慶一種拯救（或「醫治」），它包括了生命的所有經驗和折磨，並且它們提供了一種充權，給人提供一份尊嚴感和應付生命的機制，這一切把它們的使者推向一個獨特的使命。[16]

16 Allan H. Anderson, "The Gospel and Culture in Pentecostal Missions in the Third World,"（paper presented at the Conference of the European Pentecostal Charismatic Theological Association, Missionsakademie, University of Hamburg, Germany, 15 July 1999）, 11; also published in *Missionalia* 27, no. 2（1999）: 220～230.

基督和祂的靈——聖靈——一起，被理解為醫治者和保護者。得醫治和得保護免受邪惡力量侵襲，這顯示出基督的
254 能力。帶著他們那以靈恩為取向的五旬宗式靈性，很多當代非洲的醫治事奉，有時都使用一些手段像說方言，以之作為先知式診斷的序幕——在診斷中，聖靈向先知啟示病人患病的原因。所有在醫治儀式中被使用的象徵，例如聖水、紙、棍和聖繩，都象徵了基督和祂的靈那勝過所有破壞力量的能力。

在非洲建制教會的先知運動中，醫治者耶穌基督的活動從沒有限於屬靈事情，甚至沒有只限於身體上的醫治；祂也是公義和解放的靈。在津巴布韋（Zimbabwe），已故的錫安基督教會（Zion Christian Church）主教穆特迪（Samuel Mutendi），藉著反對殖民當局的教育、土地和宗教政策，從而進入政治領域。在靈性上推動羣體去採取行動，是透過講道、禱告和以身作則而產生作用的，它往往伴隨著預言能力。聖靈被描述為「土地的守護者」，指導著那些解放的戰士。非洲的生活方式比西方更為整全，因此關於醫治的概念也與保存大地有關。在後獨立時代的津巴布韋，從一九八〇年開始，很多非洲建制教會愈來愈將注意力轉向不同的發展計劃。例如：幾間教會在先知教會總部（prophetic church headquarters）或其附近，設立了外國水果和本地樹木的苗圃。耶穌基督身為醫治者和生命賜予者，其功能包括一切與人類的安好有關的事情，包括醫治和對農作物的保護。

・非洲基督論所面對的當代挑戰・

根據布瓊，非洲神學雖然有很多正面的發展，但它也有

一個危險 —— 神學傾向只注重非洲的文化遺產：

> 這遺產當然必須真是真正非洲神學的一部分，而任何將基督教信息在非洲文化中作具體化的嘗試，都必須考慮這遺產。不過，雖然這種傾向談及對信仰的理解……但它忽略了當代的非洲處境。因此我們必須問，這種神學能否認真地談論對信仰的理解或在今天體現基督的信息。[17]

事實上，在非洲基督論的發展中有一個窘境。一方面，我們十分需要從非洲大陸不同百姓的悠久歷史中，挪用那些文化元素。另一方面，由於社會的快速改變和轉化，往往伴 255
隨著傳統信念的消失，我們便需要設計一些提及非洲人當代關注的基督論。很多非洲基督論都本真地是非洲的，它們建基於過去文化的歷史和信念，但卻不再適切那些已城市化、現代化的非洲人，他們很多都接受了西方教育，受西方大眾傳媒所影響。青年人尤其是這樣。安拿耶根說，很多非洲基督論「那麼關注非洲過去的文化，以致它們變得與我們當代非洲人的需要和關注毫不相干」。因此，它「結果可能變成一種外國考古學的神學（exotic archaeological theology），它或許可以吸引外國人，但對我們基督徒的日常生活卻沒有任何適切的話說」。[18]

要避免這種隱藏的不相干性，一個方法是留意當代的社會政治面向，以幫助恢復所需的平衡。基督在非洲其中一個當代形象是身為解放者的耶穌。正如上面所顯示的，基督身

17 Benezet Bujo, *African Theology in Its Social Context*（Maryknoll, NY: Orbis, 1992）, 15.

18 Onaiyekan, "Christological Trends in Contemporary African Theology," 366.

為解放者這個觀念雖然來自拉丁美洲，但它在非洲土壤上卻不陌生，而且在非洲的處境中它有不同形式。其中一種是較早時已討論過的南非的「黑人神學」(black theology)。在非洲某些其他地方，關於耶穌身為解放者的觀念是關乎貧窮、經濟壓迫和得不到教育的。

基督身為解放者，這往往聯繫到關於基督身為復和者的觀念，正如在南非聖公會大主教杜圖(Desmond Tutu)的工作中那樣。這位耶穌是公義及和平的耶穌。和平及復和不單是南非所需要的——帶有它那在作支配的白人和受壓迫的黑人之間衝突的一段可悲歷史；非洲的其他地方也需要和平及復和——在那些地方，黑人壓迫其他黑人。很多當代的非洲統治者和以前殖民時期的白人一樣，都利用基督教概念來鞏固和濫用他們那統治百姓的權力。

當代非洲另一個迫切的問題是基督教和當地主要宗教之間的關係，特別是伊斯蘭教(Islam)和傳統非洲宗教。這將基督論的問題帶到一個焦點：面對其他宗教那關於救主的盼望和想法，基督有甚麼角色？在這個處境下，相對於伊斯蘭教和其他宗教的普遍性宣稱，基督的普遍統治需要得到細心考慮，正如對於其他宗教的追隨者，基督的拯救角色也一樣需得到細心考慮。

總括來說，對於第三個千禧年，一個真正的、適切的非洲基督論，需要避免傳統主義式的嘗試，就是粗心大意地保存非洲文化；也需要避免改革式地忽略非洲根源。

28

布瓊
基督身為祖先

Benezet Bujo
Christ as Ancestor

・基督身為原型祖先・

非洲基督論（African Christology）其中一個用來描述 256
基督獨特角色的主要形象是祖先。根據很多非洲神學家，關於祖先的概念可能是最準確地描述基督的意義的。布瓊（Benezet Bujo）主張，在非洲，祖先的“*gesta*”（靈）不斷透過儀式得以重演（reenacted）。這令非洲人可以記起這些靈，並以自己的行為來配合它們。這是布瓊反思基督的奧祕的出發點，他把基督視為原型祖先（Proto-Ancestor），是獨特的祖先，是生命之源，和祖先身分那至高的榜樣。

> 透過道成肉身，基督承擔起整個人類歷史，包括我們祖先的合法渴望。這個對將來的承擔——祖先尋求保證它——得到肯定，因為我們祖先的經驗在被釘十架和復活的耶穌裏已變得有效。因此，在與我們祖先作全面的

> 相遇上，道成肉身令基督能夠成為那獨特的和特許的軌迹，並容許它們成為我們與拯救的上帝相遇的所在地。[1]

257 相比如邏各斯（*Logos*）或彌賽亞或主（*Kyrios*），關於基督身為祖先的觀念對典型的非洲人來說，明顯更有意義。它容許非洲的文化在理解信仰的基督上有關係。當非洲人尊重祖先時，他們至少隱然地也尊重上帝。

對先於基督教（pre-Christian）的非洲傳統宗教那負面的地方，以及它們錯誤的觀念和實踐，布瓊並非不關心；不過，他相信，一個本真的非洲神學和基督論，需要建基於非洲文化，正如初期教會對基督的理解是建基於希臘文化的土壤一樣。基督身為**原型**祖先，祂代表非洲祖先膜拜（cult）中所有良好和正面的元素，並批評它不光榮的方面。布瓊主張，身為原型祖先的耶穌基督，不單實現了古代非洲人對祖先那至高性的信念，也根據聖經的啟示超越和改進了它。

> 如果我們回頭看歷史上的拿撒勒人耶穌，我們在祂裏面不單可以看到一個以最高程度活在非洲祖先典範中的人，也看到一個將那典範帶到全新實現的人。耶穌行神蹟，醫治病人，開瞎子的眼睛，令死人復活。簡單來說，祂全面地帶來生命和生命的力量。祂以完全無可比擬的方式為其他人活出祂的使命，而且祂將愛的律法留給門徒，以之作為祂最後的誡命。[2]

---

1 Charles Nyamiti, "African Christologies Today," in *Faces of Jesus in Africa*, ed. R. J. Schreiter (Maryknoll, NY: Orbis, 1991), 10.

2 Benezet Bujo, *African Theology in Its Social Context* (Maryknoll, NY: Orbis, 1992), 79.

若要明白非洲人對於基督身為原型祖先有甚麼觀念，我們便需要檢視非洲思想和信仰系統中一些具引導作用的背景觀念，正如布瓊在《非洲社會處境中的非洲神學》(*African Theology in Its Social Context*)一書中所闡釋的——這本書的書名強調了非洲基督論的集體性質。生命作為那來自上帝的最深刻的恩賜/禮物(gift)，這個觀念是主要的主題，而基督身為原型祖先的角色，必不可少地聯繫到這個觀念。

・生命作為來自上帝的恩賜/禮物・

生命對非洲人來說是那麼重要，以致它被描述為神聖的。遠在基督教來到非洲以前，非洲宗教已經認為上帝是所有生命的來源，特別是人的生命。非洲人所採取的進路是整全的，他們在設想生命時不是要作出區分，而是要視所有生命為構成一個不能分開的整體的元素，無論是在社會上、心理上或靈性上的。物質生命不是讓人討厭的東西，而是要歡慶和尊重的東西。物質生命可以被視為宗教信仰和祖傳財產 258
的一個面向。

因此，對非洲人來說，上帝擁有生命的圓滿。扎伊爾(Zaire)的巴赫馬人(Bahema)和瓦倫杜人(Walendu)都稱上帝為自足的，不需要外來的支持。巴尼亞盧旺達人(Banyarwanda)和巴魯地人(Barundi)都稱上帝為生命之源，而且是以活生生的方式來行動的那一位。惟獨上帝是創造者；惟獨上帝是生命、力量和生長的來源。

生命表示在上帝裏面的參與，但這參與總是由在宇宙階級中站在接受者上面的那一位作中介的。那階級適用於不可見的和可見的世界。在不可見的世界，最高的階級是上帝，祂是生命的來源和能量。接著是建立家族（clan）的父輩們，他們最圓滿地參與上帝的生命。在他們之下是部落（tribe）的英雄，死去的長老，更大家庭中其他死去的成員，諸如此類。

對非洲人來說，生命是統一的，這個洞見有幾個含義。在可見和不可見的領域之間，在死人和活人之間有持續的交通。事實上，家族的每個成員都被認為要維持和珍惜這種與死人的溝通。身體的死亡並不表示中斷了聯繫，正如在西方那樣。事實上，祖先在後代中繼續存活。生命作為統一的，這看法在大部分非洲文化中也有神祕的本質。生命由上帝傳達給祖先，再傳給羣體中的其他成員。上帝身為生命的賜予者，在祖先——被視為生命的模範——的幫助下，上帝有特權為羣體的生命定下規則，包括不同的禁忌和法律。這些是為了保護羣體，以及為了生命的和諧。

這「神祕的相通」（mystical communion）中活著的成員，有不能捨棄的責任去保護和延長羣體的生命。珍惜和保護生命的責任，當然主要屬於領袖和祖先，但它也是羣體中每個成員的任務：

> 羣體中每個成員，下至最不重要的那一個，都分擔著責任，要增強部落或家族的力量，以及每個成員的力量。一個行動的道德性是由它賜生命的潛質所決定的：良好的行動是那些對羣體的生命力有貢獻的行動，而壞的行動則削弱生命。非洲社會是真正的「神祕身體」，同時包括死去和活著的成員；在這身體中每個成員對其他成員都有責任。[3]

3 Bujo, *African Theology in Its Social Context*, 22.

這神祕身體的頭是那建立者—祖先（founder-ancestor；被尊崇為半神聖人物的祖先）。生命力從他流往羣體中的所有成員，然後又回到他那裏。只有當祖先得到記念和尊重時，生命才可以被圓滿地享受。

・祖先膜拜・

非洲的祖先膜拜不是被安排在固定的時間內進行，而是 259
日常生活的一部分。根據布瓊，與祖先相通同時具有終末和拯救論的面向：

> 拯救是關乎社會中活著和死去的成員，因為所有人都是彼此影響，彼此倚靠的。當死人活在活人那帶著愛的記念中時，他們才能夠快樂；不過，他們比活人更強，他們對活人行使那具決定性的影響力，因為活人連盼望存活都不能，除非他們給予死人恰當的尊重，並繼續忠信地沿著他們所安排的路走。[4]

雖然對非洲人來說，拯救與地上的快樂及和諧有關，但它也有永恆和終末的面向；拯救涉及在另一個世界的參與，「死人〔在那裏〕活著」。喪禮的儀式表達出非洲人相信那在身體死亡後的生命。他們認為那些已經去到不可見世界的人理應具有力量和生命力。例如：那已成為祖先的父親，為使後代得圓滿的生命而給予其所需的一切。生命的圓滿只給予那些向祖先尋求引導和保護的人。儀式是記念和重演過去的方法，它們被重複進行，這給將來的世代構成了繁榮的保證。

4　Bujo, *African Theology in Its Social Context*, 24.

祖先膜拜的重要性，因著祖先被視為活人的模範而得到加強。個人生命的成功或失敗是基於個人的選擇：「對祖先那賜生命的行動和言語作自由地回想，個人便在選擇生命；但在忽略這些事情時，個人便在選擇死亡。」[5] 那些與祖先有關的特定言語、行動和儀式，在非洲人的生命中有深刻的意義。它們構成活人行為的規則，是活人所必須繼續重複執行的。

耶穌在最後晚餐替門徒洗腳（約十三章），根據非洲那以耶穌為原型祖先的概念，這故事是有特別的意義。祂與門徒一起所花的時間，就好像父母在死前與子女一起的最後時刻一樣。他或她使子孫聚集，給他們祝福，並宣告最後的遺囑。只有那些實行遺囑條款的人才會得著生命：「你們既知道這事，若是去行就有福了。」（十三 17）

・耶穌基督那獨特的祖先身分・

260 在祂地上的生命裏，耶穌所彰顯的所有質素和德行，非洲人都喜歡視之為祖先所擁有的，以及是令他們在日常生活中向祖先祈求的質素和德行。一些正面的元素，如親切接待、家庭感覺和照顧長者、孤兒及不幸的人，耶穌都接受了，並使之完全。身為原型祖先，耶穌不單實現了人對理想祖先的期望，也超越了那觀念，令它完全。沒有其他祖先可以有這樣的功績。在基督教神學中，耶穌基督被聯繫到上帝在祂國中那即將來到的統治。這種與上帝國的內在關係，令耶穌有別於所有其他的祖先。

因此，根據布瓊，耶穌身為原型祖先，這個觀念不是向

5 Bujo, *African Theology in Its Social Context*, 30.

現存的文化需要作出表面的讓步。它不是廉價的處境化技巧，要令基督與非洲人有關。它是聯繫到聖經中上帝的道成為人的觀念（約一14）。上帝取得人的樣式，成為這個世界的一部分。「這表示此後上帝不再是『不可改變的那一位』（Unchangable One）；上帝取得可變性（changeableness）……虛己，即那倒空，已經發生了。」[6] 道成肉身是上帝至高的自我表達；那是神性和人性真正相遇的地方。拿撒勒人耶穌不單是上帝那完全和最終的啟示，也是人那完全和最終的啟示。正是在這個視角下，耶穌基督對非洲人而言是原型祖先。

> 耶穌，那基督，自己與人類認同，以致祂構成他們的解釋。從現在開始，耶穌使祖先對公義的所有追求和他們的歷史都成為祂的，以致這些東西現在成了與拯救的上帝相遇的地方。最重要的是，耶穌基督自己成了全面理解祖先的特許所在地。非洲人現在對道成肉身的奧祕有話要說，因為上帝在不同時間、不同地方向我們說話，包括向我們的祖先說話，此後，在這些末後的日子，上帝透過子向我們說話；上帝設立子作為獨特的祖先，作為原型祖先，一切給上帝的後代的生命都源自祂（比較：來一1～2）。[7]

對布瓊來說，把耶穌基督言說為原型祖先，其中一個好處是非洲的人類中心說（African anthropocentrism）——在以祖先為導向的思想模式中得以顯明——對在非洲體現基督教而言是十分重要的。基督論的出發點是從下而上的，但

6 Bujo, *African Theology in Its Social Context*, 82.

7 Bujo, *African Theology in Its Social Context*, 83.

卻不排除從上而下的基督論。那重要的是基督教向非洲人顯示了，成為真正的基督徒和成為真正的非洲人，兩者不是互
261 相對立的。這是有可能的，只要耶穌基督是被牢牢地固定於非洲文化的思想形式和模式中，正如祂被植根於其他文化中那樣。

真正的非洲祖先基督論（African ancestor Christology），正如布瓊和其他人所建立的，也將一個對文化敏感的神學那圓滿的三一闡釋突顯出來。耶穌的祖先身分不單是表面的特點，因為耶穌是上帝永恆的兒子，完全獻身於或歸入（正如非洲人所喜歡表達的）上帝，而且祂在世界裏彰顯那獻身。「父有永恆生命的圓滿，並生了子。祂們在完全和具活力的聯合中為彼此而活，互相加固祂們的共同生命。生命力由父而出，以生出子，最終回到父那裏。」[8] 這具活力的聯合產生父和子之間的交往，那就是聖靈，是父和子之間的聯繫。

如果耶穌基督是原型祖先，是生命和快樂的來源，那麼祂後代的任務就是在他們的生命中實現那關於祂生命、受苦、死亡和復活的記憶。原型祖先是一切生命的目標和準則，包括倫理學。布瓊對非洲基督論所作的獨特貢獻，包括了它的倫理和社會面向。例如：關於政治生命，布瓊指出，如果身為原型祖先的基督是那給定了的優先性，那些非洲的罪行，如貪污、濫用權力等，便可以被克服。耶穌身為原型祖先，其生命和言語可以被用來批評那些不道德和具壓迫性的行為和態度。

最後，十字架實現了耶穌祖先身分的獨特性。即使對非洲人來說，十字架總是羞辱和愚拙。只有歸信和有信心的非洲人，才會在被釘十架的耶穌身上看到那位他們可以認同的

8 Bujo, *African Theology in Its Social Context*, 86.

原型祖先。「耶穌是原型祖先，是終末的亞當，賜生命的原則（林前十五 45），只因為祂在十字架上經歷過死亡。想起這事件，以及重述它，就正是既帶來解放，又富挑戰性的。」根據布瓊，這就是「將非洲精神人性化和淨化的東西」。[9]

・基督身為兄弟祖先・

儘管布瓊根據基督身為原型祖先而建立非洲的祖先基督論，但尼米提（Charles Nyamiti）則描述基督為兄弟祖先（Brother Ancestor）。他宣稱，雖然在非洲黑人部落社會中沒有統一的祖先宗教，但這些社會分享著足夠的信念，令人可以肯定有一共同的祖先信念存在。他提出，非洲關於祖先
身分的觀念有兩個特別元素：在祖先和活人之間有「自然的」 262
關係，而已故的祖先則取得「超自然的」或神聖的地位。那自然的關係可以基於血源關係。要得到超自然或神聖的地位，已死的人必須在道德上已過了聖潔的生活，令他或她能夠成為後代的模範。

尼米提出，根據非洲大陸的文化信念，在活人和死人之間的祖先關係，以及有時是在至高存有（Supreme Being）和地上人類之間的祖先關係，包括了以下元素：

1. 在死人和活人之間的親屬關係——很多時，祖先也需要是地上親戚的生命之源；
2. 超人的地位通常是透過死亡而取得的，它包括與上帝親近、神聖能力和其他超人的質素；
3. 在上帝和地上親屬之間的中介；

9　Bujo, *African Theology in Its Social Context*, 91.

4. 羣體中的典範行為；
5. 擁有權利或名號，能透過禱告和儀式的獻祭，與活著的親屬經常作神聖的溝通。

尼米提在人類層面的祖先關係和三一上帝的內在生命之間尋找平行之處，這在神學上是十分重要的。他主張在神聖位格之間有祖先的親屬關係：父是子的祖先；子是父的後代。這兩個位格透過聖靈而活出祂們那祖先的親屬關係，祂們共同與聖靈溝通，以祂作為祂們那祖先的「供物」和聖餐。「聖靈是相互地被獻出，不單作為祂們那如恩賜／禮物（Gift）的相互之愛的標記，也代表對祂們那相互之聖潔的敬意（作為供物），以及對祂們彼此的饋贈的感恩（作為聖餐，來自希臘語"*eucharistein*"，意即「感謝」）。[10]

關於基督徒對祖先的尊敬——這是天主教傳統的一部分——尼米提區分了四種類型。首先，傳統的祖先（一般的非洲祖先）按加入基督身體（正如希伯來書十一章）而言，參與了基督徒對祖先的尊敬。第二，在天上和煉獄中的聖徒被視為兄弟祖先。第三，耶穌基督被視為**那**（the）兄弟祖先。第四，上帝自己身為父母祖先（Parent Ancestor），祂是一切的來源。[11]

尼米提詳細地比較了耶穌基督和非洲的眾兄弟祖先。兩者的共通點包括以下各方面：

- 血源關係；
- 超自然能力；

10 Nyamiti, "African Christologies Today," 11.
11 Nyamiti, "African Christologies Today," 10 ~ 13.

- 在父親和他人類兄弟之間作中介； 263
- 具有倫理典範的角色；
- 透過禱告和彌撒讓基督和祂的追隨者溝通；
- 指定的崇拜地方。

但兩者也有分歧，其中一些是：

- 基督超越所有親屬關係的限制；
- 基督藉著死亡和復活而得到祂的神聖地位；
- 基督傳達了拯救；
- 基督的下降是神聖的而不是人性的；
- 聖靈在基督徒生命中也有重要的角色。

·祖先基督論那正在增長的傳統·

布瓊和尼米提的祖先基督論雖然是現時最著名的，但它們不是非洲那正在增長的祖先基督論中僅有的版本。在蒙托基督論（Muntu Christology）中，耶穌對多馬說的話，「我就是道路、真理、生命；若不藉著我，沒有人能到父那裏去」（約十四6），令蒙托人想起那位是生命之源和通往至高存有的必經之路的人：祖先。約翰的耶穌那關於葡萄樹的話，提醒班圖人持續與祖先接觸以維特生命的重要性。班圖族成員之間的相互倚靠，提醒他們一種由一個人傾注到所有其他人的液體。生命好比這種液體；個人從第一個容器接受了它，而那容器就代表了他們的祖先。因此對班圖族來說，基督是那賜生命的末後亞當（林前十五45）。

布瓊提出，非洲神學的真正出發點來自比利時剛果

（Belgian Congo）一位名叫坦普斯（Placide Temples）的歐洲方濟會宣教士（European Franciscan missionary）。他其中一個持久的發現是，非洲的宗教和世界觀一般是圍繞「生命力」(vital force / life force)的。坦普斯甚至宣稱，對非洲人來說，「所是」（to be）等同「有生命力」（to have life force）。坦普斯將非洲對生命的追尋，聯繫到約翰福音——在約翰福音中，耶穌說祂來是帶來生命，而且是豐盛的生命（約十 10）：

> 如果耶穌真的是道路、真理、生命，那麼祂就是整個人
> 類的渴望的最終答案，而不單是非洲人的。所有人類文
> 化都顯明人類渴望生命的圓滿。在追尋將這些文化基督
> 264 教化時，宣教士必須將他們的西方文化放在一旁，甚至
> 捨棄它，藉以令自己適應他們所領養的百姓……這就是
> 活著的基督與人們眾多種族和文化相遇的方式，基督教
> 也因此而誕生，不同的人也因此走在一起，揭開共同的
> 福音。[12]

在班圖的傳統中，上帝首先將神聖的生命力傳遞給祖先。因此，在存有之鏈中，他們構成了在上帝之後最高的聯繫。在如此的一個傳統和基督之間有幾個平行的方面：

1. 生命：祖先的基本角色是傳遞和保障生命；他們是我們的起源，是我們生命之源。基督來賜生命，而且是賜豐盛的生命（約十 10，十七 2）。
2. 臨在（presence）：班圖族的祖先不是已經死去，而是活著的。歐洲的祖先是一個記憶；班圖族的祖先則是臨在。人

12 Bujo, *African Theology in Its Social Context*, 57.

對前者是記念，對後者則是祈求。基督總是臨在於屬祂的人之中（太二十八20）。

3. 最年長的：對班圖人來說，身為長子，這是榮耀的位置。這些孩子更接近那來源和基礎，即更接近上帝。基督，上帝的獨子，接受了「最年長」的屬性，因為祂是首生的（西一15）。
4. 中介：非洲的宇宙是有階級的：所有存在物（beings）根據其本身的本性，在不同層次上分有至高存有的生命。但這參與是間接的。班圖人的祖先有作為中介的作用。基督則是一切的中介（來八章）。[13]

直到二十世紀，本真的非洲神學，特別是基督論，才開始出現。不同的非洲習俗、文化特色和傳統信念獨特地挪用了基督的位格和工作。一些特點，如社羣主義（communalism）和渴望醫治，以及一些聖經的典型強調，在非洲基督論的復興中取得新的重要性。

在研究過拉丁美洲和非洲對耶穌基督所作的處境化詮釋後，現在是時候轉向人口最多的大陸——亞洲，以探究基督論在這個宗教和文化處境中所成形的不同方式。

---

13 François Kabasele, "Christ as Ancestor and Elder Brother," in *Faces of Jesus in Africa*, ed. R. J. Schreiter（Maryknoll, NY: Orbis, 1991）, 120～126.

亞洲的基督論
追尋意義
Christology in Asia Search for Meaning

・重要的亞洲原則・

> 亞洲基督徒中間有一種從容的堅決：他們向耶穌基督的委身和他們關於耶穌基督的話，必須向他們今天在亞洲的生活負責。這種神學被稱為生活神學（living theology）⋯⋯亞洲神學（Asian theology）尋求認真看待在亞洲生命與上帝的道之間的相遇。[1]

其中一位來自日本最著名的亞洲神學家小山晃佑（Kosuke Koyama），以這些話來介紹一本以討論浮現中的亞洲神學為主題的論文集。雖然亞洲是世上大部分主要宗教的發源地，但到了二十世紀後期，那裏才開始對基督教神學有大規模的貢獻。亞洲處境的獨特之處是，在基督教神學和亞洲宗教多

1 Kosuke Koyama, "Foreword by an Asian Theologian," in *Asian Christian Theology: Emerging Themes*, ed. Douglas J. Elwood (Philadelphia, PA: Westminster, 1980), 13.

元主義之間有持續的相互關係。還有，亞洲教會一直站在普世教會主義（ecumenism）的前線位置。在一九七六年成立的第三世界神學家大公協會（Ecumenical Association of Third World Theologians；簡稱 EAOTWT），其奠基性的工作便促進了跨宗教的和普世的活動。

266 我們不容易把亞洲區分為不同的神學中心——在這個大陸上生活的人現佔世界人口一半以上。不過，為了啟發式的原因，這種區分可能是有幫助的。在神學上，或許最肥沃的土壤便是印度（India）和斯里蘭卡（Sri Lanka），它們都深受印度教（Hindu）的影響。由於長期擁有英語教育的傳統，這兩個國家對正在浮現的國際討論有重大貢獻。韓國教會有驚人的增長，它正在形成另一個神學思想的中心。韓國神學包含了跨宗派、頗為保守的福音派神學（evangelical theology）、亞洲多元主義（Asian pluralism）和民眾神學（*minjung* theology；稍後會討論的）這個更為自由派的分支。佛教（Buddhism）在亞洲部分國家中扮演著重要角色，那些國家包括中國、台灣、泰國和日本。有些日本神學家，例如小山晃佑，已進入了國際的神學學術界之中，正如台灣的宋泉盛一樣。以天主教為主的菲律賓則自成一格，正如深受伊斯蘭教（Islam）影響的印尼一樣。印度教和佛教在印尼的其他地方，也有很大的影響。

在任何亞洲國家，基督教都是少數派。歐洲和美國的神學的出發點往往是以基督教為社會的主要力量；與此相比，亞洲基督教的少數派地位，對亞洲神學有著某些含義。亞洲神學的驅動力就是要探究基督教相對於其他的宗教認信的身分。小山晃佑適當地注意到，當亞洲人處理「你們說我是誰？」（太十六 15）這問題時，那些模塑著亞洲基督教的不同力量：

> 這個問題臨到亞洲基督徒——他們生活在一個擁有偉大的宗教傳統、現代化的衝擊、左派和右派的意識形態、國際衝突、飢餓、貧窮、軍國主義和種族歧視的世界之中。在歷史的這些混亂和殘酷的現實中，這個問題來到他們那裏。在這裏，東方靈魂的深度受到挑戰，要與上帝的道展開嚴肅的對話。耶穌拒絕受膚淺的對待。[2]

亞洲好像非洲和拉丁美洲一樣，受到貧窮和那些像嚴重不公平等社會問題所困擾。種族衝突是很普遍的，而在亞洲某些地區，例如菲律賓，政治上仍然是不穩定的。

・陰陽・

來自台灣的宋泉盛是其中一位主要的亞洲神學家。他鼓勵亞洲人撰寫「來自亞洲發源地的神學」（theology from the
womb of Asia）。[3] 他的神學被稱為「第三眼」神學（“third- 267
eye” theology）；它不單透過中國、日本和其他亞洲的眼睛，也透過非洲、拉丁美洲和其他的眼睛看基督；「第三眼」指佛教的大師，他打開人們的眼睛以看到那仍然未知的領域。這種本真的亞洲神學，其目的是「有自由在靈性的深處與救主耶穌相遇，而這靈性在亞洲人長久的苦難和盼望中支撐著他們」。[4]

幾位亞洲神學家把「重要的亞洲原則」（critical Asian principle）言說為他們神學的主要指引。跟隨這個原則，他

2　Koyama, “Foreword by an Asian Theologian,” 14.

3　Choan-Seng Song, *Theology from the Womb of Asia*（Maryknoll, NY: Orbis, 1986）.

4　Song, *Theology from the Womb of Asia*, 3.

們尋求辨別出亞洲的獨特之處，並運用這獨特性來對那些與基督教會和神學的生命和使命有關的事情作出判斷。

在亞洲思想中，其中一個獨特之處是不願意運用西方那非此即彼的辯證法（either-or dialectic）。相反，對於按照陰陽的包容性（yin-yang inclusiveness）來思想，大部分亞洲人都感到自在。陰陽這個詞語可以追溯到那具有中國形式的道教和儒家。根據這種哲學，改變就是陰陽的相互作用。這兩個詞語對很多東方思想十分重要（在不同亞洲語言和思想形式中它都以不同的詞語來表達），它表示女性—男性、弱—強、光—暗，諸如此類。但這兩極不是被視為以對立的方式存在，而是互補的方式存在。我們可以很容易想像到，這種包容思想可以怎樣影響人們的基督論：

> 身為基督的耶穌，同時是上帝和人，祂不能被人用非此即彼的方式來真正理解。人怎可以同時是上帝？在西方，我們需要用弔詭或奧祕來言說，藉以合理化基督的實在（reality）。不過，用陰陽的詞語，我們便可以同時將祂設想為上帝和人。在祂裏面，上帝沒有與人分開，人也沒有與上帝分開。祂們有互補的關係。祂是上帝，因為祂是人：祂是人，因為祂是上帝。[5]

・新印度教改革的詮釋中的基督・

在過去兩三個世紀，基督教和印度教在那所謂的印度文藝復興（Indian Renaissance）或新印度教改革（Neo-Hindu

5 Jung Young Lee, "The Yin-Yang Way of Thinking," in *Asian Christian Theology: Emerging Themes*, ed. Douglas J. Elwood (Philadelphia, PA: Westminster, 1980), 87.

reform）中有前所未有的相遇。在十九世紀和二十世紀初
期，不同的印度教人物都承認基督與他們自己的宗教背景
和處境有關。多瑪士（M. M. Thomas）和薩馬沙（Stanley
Samartha；下一章會研究他的基督論）已就這印度文藝復興
撰寫了一些主要的著作。薩馬沙把新印度教所承認的基督，
描述為「無束縛的」基督（"unbound" Christ）。雖然很多人
把自己依附於耶穌基督的位格，但他們通常將那位格從建制
教會中分離出來；對他們來說，建制教會並不代表基督宗 268
教的精華。他們往往抱怨，耶穌追隨者的教會要不是一所
具有階級的機構，就是一所西方的、甚至是殖民化的權力
系統：

> 印度教所承認的基督往往是沒有教會的（churchless）基督。為此，印度教所承認的基督往往是一個從傳統基督教所加給祂那無數「束縛」的拖累中釋放出來的基督——無論那是關乎歡慶祂的信息卻拒絕基督教對祂位格所作的宣稱，還是接受祂為在眾多而不同的神聖後代（*avatara*）中的其中一個神聖顯現。[6]

我們可以理解的是，印度教改革的代表對基督的位格已採取不同的進路。對一些人來說，基督的社會教導是具啟發作用的，但不涉及個人對祂的委身。甘地（Mahatma Gandhi）就是一個突出的例子。其他人，例如森（Keshub Chunder Sen），則委身於基督，但卻不委身於建制教會。最後，有些印度教徒成了基督徒，但卻堅持自己仍然是印度教徒。最著

6　Jacques Dupuis, S. J., *Jesus Christ at the Encounter of World Religions*（Maryknoll, NY: Orbis, 1991）, 15.

名的例子是烏帕德亞雅（Brahmabandhab Upadhyaya）。以下的研究會探討這幾種基督論的進路。

甘地的耶穌是一位道德教師，祂在八福和其他教導中，表達了關於一個新羣體和生活方式的理想。在這些教導中，甘地看到那引導著他自己和平地爭取印度人得解放的同一原則，也就是“*satyagraha*”（真理的追尋）和“*ahimsa*”（非暴力）。這些基於印度宗教和文化的價值觀，同樣被耶穌基督提出來。雖然甘地深深委身於耶穌的教導，特別是登山寶訓，但他一直都不能對基督的位格作出個人的委身，更不要說委身於基督教會。對甘地來說，那重要的是個人對其宗教傳統的本真身分持有誠懇和忠誠。他相信，所有宗教都基於相同一位神，所以都有同等的價值。對甘地來說，耶穌是要效法的模範和靈感的來源。甘地在肯定耶穌為特殊的神聖顯現上沒有困難；不過他不能視耶穌在其位格中為獨特的。耶穌是眾多有啟發性、神聖的教師中的其中一位。對於歷史耶穌，甘地不感興趣。無論拿撒勒人耶穌是否真的曾經活在世上，這並不重要，登山寶訓仍然是有效的。甘地這樣總結他對耶穌基督的態度：

> 269 根據我的理解，耶穌的信息被包含在祂的登山寶訓中。在主宰我的心上，登山寶訓的精神幾乎和薄伽梵歌（Bhagavadgita）是一樣的。是登山寶訓令我喜愛耶穌……
>
> 雖然我不能在宗派意義上自稱為基督徒，但耶穌受苦的榜樣是形成我對非暴力這基礎信念的一個因素——非暴力支配了我的一切行動，包括世俗的和短暫的行動。[7]

7 Mohandas K. Gandhi, *The Message of Jesus Christ*（Bombay: Bharatiya Vidya

對十九世紀的印度教教師森來說，基督是個人虔誠（*bhakti*）的焦點。森提醒他的聽眾，耶穌原本是亞洲人，因此印度人尊敬祂是合適的。對亞洲人來說，耶穌不是陌生人，而是他們的一份子。森將自己的基督論總結為「神聖人性的教義」（doctrine of the divine humanity）。[8] 他相信，基督的人性對於印度人不是絆腳石，那成為絆腳石的是基督徒關於耶穌的神性的宣稱。對森來說，基督神性的主要部分是祂與父的一性（oneness）。基督是「透明的水晶儲水庫，在其中有神聖生命的水……那『媒介』是透明的，我們透過基督可清楚看見真理和聖潔的上帝寓居在祂裏面」。[9] 根據森，耶穌的透明反映出祂的父，這透明可見於耶穌完全將自己交託給上帝，以及祂完美的禁欲主義（asceticism）。這是一個植根於神性的生命。

烏帕德亞雅曾經是那個由森所創立的新天命教會（Church of the New Dispensation）的成員，後來又藉接受聖公宗的洗禮，而成為天主教徒；對他來說，基督論的主要任務是在印度教和基督教之間尋找和諧。這任務有四個主要部分：

1. 將印度社會結構整合進基督教的生活方式；
2. 建立印度式的基督教修會規則；
3. 在基督教神學中使用吠壇多（*Vedanta*）的範疇；
4. 承認吠陀經（Vedas）為在印度給福音作準備的文獻，它類似舊約在西方中的地位。[10]

Bhavan, 1963），封面及頁 79。

8 引自 Dupuis, *Jesus Christ at the Encounter of World Religions*, 23。

9 Dupuis, *Jesus Christ at the Encounter of World Religions*, 24.

10 參 Dupuis, *Jesus Christ at the Encounter of World Religions*, 38。

烏帕德亞雅的靈性是基於個人對耶穌——上帝兒子——的位格的深刻經歷，耶穌同時是他的古魯（*guru*）和朋友。
270 無論耶穌是或不是神聖的，這並不重要；那重要的是基督自稱為上帝的兒子。身為修士，烏帕德亞雅也根據不二（*advaita*）——印度教的神祕經驗——來理解耶穌基督。

・普遍的基督和特殊的耶穌・

印度文藝復興對基督論所採取的進路，有別於後來的印度神學家潘尼加（Raimundo Panikkar）；他是來自印度的天主教神父，其父親是印度教徒，他也發表過《印度教所未知的基督》（*The Unknown Christ of Hinduism*）。[11] 特別的是，多瑪士那本關於新印度教基督論的書被命名為《印度文藝復興所承認的基督》（*The Acknowledged Christ of the Indian Renaissance*）。[12] 對潘尼加來說，上帝總是透過基督而在世界工作；上帝在哪裏，基督和聖靈也在那裏。三一上帝在所有宗教中工作，並構成所有宗教的共同基礎。因此，基督，那邏各斯（*Logos*），臨在於印度教的神聖著作之中。在人們尋求與上帝聯合的地方，基督便奧祕地臨在其中。上帝本身就是奧祕（Mystery），是絕對（Absolute），雖然人們沒有這樣承認祂。潘尼加看到在基督和印度教的人物如易思瓦拉（*Isvara*）之間有對應和相似之處。

在較早期的著作中，潘尼加提出，啟示的圓滿在歷史耶穌裏發生了，雖然不是以排他的方式。但在一九八一年出版

11 Raimundo Panikkar, *The Unknown Christ of Hinduism*（London: Darton, Longman & Todd, 1973）.

12 M. M. Thomas, *The Acknowledged Christ of the Indian Renaissance*（London: SCM, 1969）.

的《印度教所未知的基督》的修訂版本中，他朝向一個多元論版本的基督論。在那本書中，他拒絕所有關於在基督教中實現其他宗教的想法。他的理由只是：自從基督教關於基督的教義最初被建構至今，世界和我們對世界的主體經驗，已經徹底改變了。由於我們對世界的經驗已改變了，我們的理解也應該被修改。

潘尼加那修訂了的理解是建基於在普遍的基督和特殊的耶穌之間的區分。這是「本真地普遍的」(authenitcally universal)基督論的關鍵。「基督是……一個給實在的全部那活的符號：人性、神性、宇宙性。」[13] 這樣，基督代表在神性和人性之間一個親密及完全的聯合。潘尼加稱這為「非二元的視象」(non-dualist vision)。上帝和人類不是兩種實在，而是一種實在。上帝和人類預設了對方，從而建立實在，揭示歷史。「基督是子上帝，是邏各斯」，這認信表示，在上帝和人類之間這非二元的聯合中，基督同時是它的象徵和實質。

那麼，這普遍的基督和歷史耶穌之間有甚麼關係？和天 271
主教神學一樣，潘尼加肯定了邏各斯或基督在拿撒勒人耶穌中成了肉身。但他卻遠離正統，否認這道成肉身單單和最終地在耶穌身上發生。與他在《印度教所未知的基督》第一版所提出的不同，在那裏他斷定在基督和耶穌之間有聯合；但現在他卻指出，沒有任何歷史形式可以是普遍的基督那圓滿和最終的表達。關於在基督裏的拯救，那普遍的象徵永遠不能被化約為一個歷史的位格性(personhood)。潘尼加宣稱：「在地上，基督永遠不會完全為人認識，因為這就會等如看見那位沒有人可以看見的父。」[14] 將普遍的基督和歷史耶穌完全

13 Panikkar, *The Unknown Christ of Hinduism*, 27.

14 引自Paul F. Knitter, *No Other Name? A Critical Survey of Christian Attitudes toward*

等同，在潘尼加的理解中會引致一種歷史主義（historicism）的偶象崇拜。事實上，耶穌的拯救能力，是在祂體現普遍的基督——那超越每一個歷史形式的實在——中被找到的。另一方面，身為天主教神學家，潘尼加不願意放棄所有的歷史輪廓。對於將基督教信念——基督以歷史耶穌的形式出現——淡化，他提出一個警告。那聯繫——若它不是完全的等同——是需要被維持的，但其方法不可妨礙與其他信仰的人進行對話，就好像過去所傾向的做法那樣。對潘尼加來說，這表示一個人可以真正地認信基督，即那「超乎萬名的名」（腓二9），然而人也以某種方式承認所有宗教都認出和承認基督。

以這些考慮為基礎，潘尼加相信不同的宗教是彼此接近的，而他也期望有一種會合——不一定是在教義層面上的，但卻是在存在層面上，即正如他所說，是在內心的洞穴中。教義的構想創造了差異和衝突，而心的相遇卻促進合一。用潘尼加的話說，這是「普世的普世主義」（ecumenical ecumenism）的呼召。這種跨宗教的普世主義是從一個共同的來源及目標而產生作用的；那共同的來源及目標就是一個「超越的原則」（transcendental principle）或奧祕，是一個給那活躍於所有宗教中的共享經驗的基礎。潘尼加稱這共享的奧祕為「基本的宗教事實」，它不在教義的領域之內，甚至不在個人的自我意識之內，而是臨在於各處，臨在於每一個宗教之中。普世的普世主義的目的是，深化個人對這奧祕的掌握和活現。要這事情發生，所有宗教包括基督教，都需要放棄任何關於獨特性的宣稱，更不要說是關於絕對規範的宣稱。

the World Religions（Maryknoll, NY: Orbis, 1986）, 156。

・蓮花和十字架・

宋泉盛在眾多嘗試過的事情中，包括在佛教和基督宗教之間建立橋梁。關於他一般的神學，其關鍵是「調換」 272
（transposition）——從以以色列為中心的歷史觀，調換為那視其他國家為上帝在設計歷史上的建構性部分的觀念。根據這個觀念，以色列身為上帝百姓，這角色是象徵性的，說明了上帝也會怎樣救贖性地對待其他國家。亞洲國家在他們自己的拯救歷史上有其獨特時刻，這是與以色列的出埃及、頒佈律法、被擄等事件相平行的。而且，亞洲宗教的救主人物，也與基督教信仰的救主人物耶穌基督相平行：

> 佛陀在他的誓言中對眾生所表達的憐憫，以及他怎樣為了令他們脫離痛苦和苦難而無私地勞苦，這些並不是沒有救贖意義的。我們豈不能說佛陀的方法也是上帝在耶穌基督的位格和工作中已完全演出的拯救戲劇的一部分嗎？[15]

因此，在亞洲土地上宣告基督，這任務不是要別人歸信，而是要與亞洲人一起增加關於上帝於世界中拯救的知識和經驗。基督教宣教的貢獻是將上帝在耶穌基督裏的愛告訴亞洲的靈性，而這種靈性是由亞洲文化和宗教所模塑的。這有助推動亞洲社會走向自由、公義和愛。

幾位有興趣把基督教神學與佛教觀念融合的神學家，都

15 Choan-Seng Song, "From Israel to Asia: A Theological Leap," in *Mission Trends*, vol. 3, ed. Gerald H. Anderson and Thomas F. Stransky（New York, NY: Paulist Press, 1976）, 212.

已留意到基督的虛己（*kenōsis*）或自我倒空，如特別在腓立比書二章 7 至 11 節所闡釋的。根據喬達摩 · 悉達多（Siddhartha Gautama），後來被稱為佛陀，即那「覺者」（Enlightened），存在（existence）有三個標記（三相〔*thilakhana*〕）：所有存在都是流動的過程（flux-in-process；無我〔*anicca*〕），沒有甚麼東西是永恆的，它們都是不斷改變的（無常〔*anatta*〕），因此沒有任何持久的滿足（苦〔*dukkha*〕）。因此，“*dukkha*”（苦）這個詞代表苦難、焦慮。耶穌基督的自我倒空可以根據這三相來被理解：耶穌的自我倒空是倒空祂的神性，但這是自我的否定，在其中愛的神性被揭示。「在這自我倒空中，沒有見到任何屬自我的東西——沒有關於「我」、「我的」的觀念——只有終極（Ultimate），上帝那無條件的愛。」[16] 神聖虛己的必然原則是，基督否定自己、卻沒有失去祂自己。

基南（John Keenan）在其《基督的意義：大乘神學》（*The Meaning of Christ: A Mahayana Theology*）[17] 一書中，嘗試根據大乘佛教（Mahyana Buddhism）而提供一個基督論的全面綜合。[18] 他提出，基督論的洞見可以從與佛教思想的契合
273 中得益，特別是佛教關於空（emptiness）這個具界定作用的觀念——它是佛教存有論（ontology）的基礎。對於耶穌基督的位格，在大乘的理解中，祂沒有任何可以將祂等同的本質，也沒有任何可以界定祂存有的本質。和人類一樣，耶穌缺乏自我（*atman*）。這種基督論拒絕古典信經的存有論——

16 Lynn de Silva, "Emergent Theology in the Context of Buddhism," in *Asian Christian Theology: Emerging Themes*, ed. Douglas J. Elwood（Philadelphia, PA: Westminster, 1980）, 230.

17 John P. Keenan, *The Meaning of Christ: A Mahayana Theology*（Maryknoll, NY: Orbis, 1989）.

18 *Mahayana*（字面意思是「大乘」）相對於 *hinayana*（「小乘」），前著代表對佛教有更開放、自由的詮釋。

這種存有論強調實體（substance；因此有一個清楚界定的自我身分〔selfhood〕）。理由很簡單：福音書並不界定基督。對福音書的作者來説，基督的「存有」是由對阿爸的臨在的一份深刻意識所構成，也是由對上帝統治的獻身所構成的。

除了關於空的觀念外，那使亞洲人接近基督和祂的十字架的，是受苦這個主題。根據佛教的分析，排除"*dukkha*"——苦難——是宗教和倫理學的焦點（事實上，佛陀並不視自己為宗教的創始者，而是新的倫理學的創始者；他的追隨者將他擁立為宗教人物）。對亞洲人而言，基督的受苦那獨特之處不是關於代替別人受苦的觀念——如古典神學所闡釋的——而是身為受苦同伴的基督**與**（with）人類一同受苦。在基督裏，上帝那麼愛祂的百姓，以致上帝與他們一起受苦和受死。

這些和其他平行之處令很多人不禁想到，佛教的蓮花和基督教的十字架可否並存？正如基督的十字架已是基督教靈性和神學的焦點，佛陀盤腿坐在蓮花上的這個形象，也象徵著佛教的虔誠。但這些象徵並不相同：蓮花源自肥沃的水，它象徵平靜；而十字架是一塊粗糙的木頭，從根部被割下來，放在多石的山上，它代表殘忍和羞辱。但它們在回應苦難這個問題上聯合起來：「亞洲佛教徒透過蓮花而進入人類的苦難，而基督徒則透過十字架。」[19]

・亞洲對全面人性的爭取・

解放神學（liberation theology）和對自由的渴望，並不

19 Choan-Seng Song, *Third-Eye Theology: Theology in Formation in Asian Settings* (Maryknoll, NY: Orbis, 1979), 123.

限於拉丁美洲——解放主義（liberationism）的搖籃。亞洲基督徒也已加入以建立一個本真的解放基督論和神學。在一九七九年，亞洲第三世界神學家會議（Asian Conference of Third World Theologians）在斯里蘭卡以「亞洲對全面人性的掙扎：走向一個相關的神學」為標題，舉行了一次磋商會議。磋商會議留意到好些問題，如貧窮、失業、童工和剝削婦女，並致力推動神學的「徹底轉化」。那種神學「必須源自
274 亞洲的貧窮，帶有被解放了的意識」。[20] 拉丁美洲天主教主教會議（Latin American Catholic Bishops' Conference；簡稱CELAM）對拉丁美洲的影響，就好像一九七九年亞洲的會議對亞洲的影響一樣。它的出發點是亞洲的處境，以及與本地文化、亞洲宗教傳統及人民的——特別是窮人的——生活對話。亞洲主教承認，以本地教會作為佈道的焦點，以對話作為它必然的模式，他們會幫助亞洲的基督徒為拯救，並為與窮人和受壓迫的人休戚與共而工作，同時嘗試與該地區的古老宗教展開真正的對話。

大部分亞洲國家都是貧窮的，除了日本和南韓。從西方的觀點看，要承認在大多亞洲國家中，貧窮的一個——如果不是**那個**（the）——主要原因是殖民地化的可悲歷史，這是痛苦的。這個歷史事實應該令西方那些傳講基督的人察覺到，很多亞洲人都難於聆聽他們的信息，也就是他們前主人的信息。

亞洲中最為人注意的神學家是多瑪士，他是印度南部馬多馬教會（Mar Thoma Church）的一位平信徒；他嘗試從基督論找出為人性化掙扎的含義。他透過政治和社會意

20 引自 Donald K. McKim, *The Bible in Theology and Preaching*（Nashville, TN: Abingdon, 1994）, 160。

識這大門而進入神學，就如他透過馬克思的哲學（Marxist philosophy）而進入神學一樣。他主要著作的名稱是《拯救與人性化》（*Salvation and Humanization*），[21] 這本書反映了他思想的中心面向。對多瑪士來說，基督論的合法性是更多建基於它對人類在追求更好的生命質素和社會公義上所作的貢獻，而較少建基於它的教義正統性。在《為基督而以基督作賭注》（*Risking Christ for Christ's Sake*）[22] 中，多瑪士嘗試根據不同宗教的融合觀點，建立一種「以基督為中心的人本主義」（Christ-centered humanism）。對於這冒險的普世和跨宗教工作，其力量的來源是來自耶穌基督的十字架和復活。在其中，他提出一種解放神學，其目的是在現實生活中闡釋關於相信基督的含義。

多瑪士的神學承認基督臨在於所有爭取公義的鬥爭中，無論那是否基督徒的鬥爭。而且，它承認基督臨在於所有啟發公義鬥爭的靈性中。基督身為歷史中的宇宙之主而臨在於這些鬥爭之中。不單基督教，亞洲的宗教也為爭取公義而在靈性上提供了基礎。根據歌羅西書一章和以弗所書一章，多瑪士論證說，如果基督作為創造的原則和目標而臨在於所有創造之中，那麼每次嘗試改善創造和受造物生命的行動，都
是與基督有關的，無論提出改變的踐行者是否承認。對於人 275
們怎樣認出耶穌在世界中工作的能力，多瑪士的理解有一種不尋常的辯證：「基督為了這個目的，運用了世界和非世界的力量。關於基督只在教會和基督徒中間工作，這觀念是愚

21　M. M. Thomas, *Salvation and Humanization: Some Crucial Issues of the Theology of Mission in Contemporary India*（Madras: Christian Institute on the Study of Religion and Society, 1971）.

22　M. M. Thomas, *Risking Christ for Christ's Sake: Towards an Ecumenical Theology of Pluralism*（Geneva: WCC, 1987）.

蠢和荒謬的。但那可以在我們時代的努力和事件中認出基督的，就是教會和基督徒。」[23]

多瑪士的基督，那歷史中的宇宙之主，與神聖奧祕（正如亞洲很多其他人對基督所作的詮釋一樣）的關係不及祂與歷史的層面，即與爭取平等、公義及和平的關係那麼大。多瑪士的解放神學是為了亞洲的：

> 多瑪士的基督論並不是為了給所有宗教提供一個共同的基礎而否定歷史的重要性。相反，歷史中的宇宙之主成了宗教在爭取公義時的交匯點。基督不是臨在於非歷史的奧祕中，而是臨在於人類對更好生活的追尋之中。因此，對多瑪士來說，歷史中的宇宙之主和在窮人中間勞苦的歷史耶穌，是同一位，分擔著完全一樣的目的。[24]

耶穌不單與窮人認同，祂也受苦並死在十字架上，以給祂的追隨者充權，好繼續同樣的工作。

另一位在社會公義這個範疇中努力的基督論者是皮爾里斯（Aloysius Pieris），他是一位斯里蘭卡耶穌會會士（Jesuit），也是當地一間推動基督教—佛教對話的研究所的主任。和多瑪士一樣，他批評其他解放運動未能承認其他宗教所具有的解放力量。稱基督教為特定的解放式宗教，這會太容易引致產生一種含意，就是其他宗教不是解放式宗教，因而令基督教與其他宗教作不良的隔離。

皮爾里斯將亞洲的貧窮和靈性，聯繫到耶穌在「亞洲宗

23 引自 Volker Küster, *The Many Faces of Jesus Christ: Intercultural Christology*（Maryknoll, NY: Orbis, 2001）, 84。

24 Priscilla Poper-Levision and John R. Levison, *Jesus in Global Contexts*（Louisville, KY: Westminster John Knox, 1992）, 73.

教的約旦和亞洲貧窮的加略山」上的「雙重洗禮」（double
baptism）。[25] 耶穌的洗禮和死亡將祂沉浸在亞洲的處境和生命
中。藉著順從施洗約翰的洗禮，耶穌拒絕了奮鋭黨運動——
祂那個時代的徹底左翼分子——的意識形態，以及拒絕當
代其他運動中訴諸權力和特權的行動，例如貴族的撒都該人
所做的。相反，祂與社會中無權的邊緣人士認同。耶穌指
出，隱修的約翰是上帝國中真靈性的原型，祂譴責那爭取積
累財富和信任瑪門的行為。根據皮爾里斯的分析，耶穌那
徹底的社會計劃最終將祂引向十字架，祂在上面被有權有勢
的貴族處決。有權勢的人將祂釘在「十字架上，祂那個時代 276
那被金錢污染的宗教，在殖民權力的幫助下，將十字架置在
加略山上（路二十三1～23）。從約旦開始的旅程就在這裏
結束了」。[26]

・基督、民眾和達里得・

亞洲對人性化的爭取，面對著巨大的挑戰。一個本真的亞洲神學不能不深入亞洲人民的苦難和傷口。韓國詩人金芝河（Chi-Ha Kim）寫了一齣名為《戴金冠的耶穌》（*The Gold-Crowned Jesus*）的戲劇。那場景是在一間天主教教堂前面，在那裏有一個耶穌的水泥像，頭上戴著金冠。那是寒冬的一天，一些乞丐躺在耶穌像下。其中一人看著戴金冠的耶穌，想到這個救主對於那無家可歸的乞丐而言可以有甚麼適切性。但畢竟，用水泥造的耶穌又怎能夠説話或有感覺？在他極度痛苦中，乞丐感到有點濕潤，好像小水點掉到他頭上。

25　Aloysius Pieris, *An Asian Theology of Liberation*（Maryknoll, NY: Orbis, 1988）, 48.
26　Pieris, *An Asian Theology of Liberation*, 49.

當他抬頭一看，他發覺水泥的耶穌在哭。乞丐在留意到那金冠可能有點價值，正想將它據為己有時，他聽到耶穌說：「請你將它拿去吧！我被困於這水泥已經太長時間了。最終你來到，令我張開口。你拯救了我。」[27]

亞洲基督論的任務就是為了給普通人而釋放耶穌。民眾（*minjung*）這個詞表示「羣眾」。它也是韓國人民解放運動的名稱；自從一九六〇年代開始，韓國人民便已在軍事獨裁下生活，在經濟上受到剝削，在社會上受到隔離，沒有社會行動的權利。民眾運動（*minjung* movement）代表了人權、社會公義和民主化。

與這個運動有關的最著名神學家安炳茂（Byung-Mu Ahn）提出，正是這時，要讓基督教神學將宣講（*kērygma*）的基督論從西方的奴役中釋放出來，並讓活著的耶穌與普通人接觸。活著的耶穌與窮人、病人和婦女一起生活，醫治他們，給他們食物，為他們辯護。安炳茂認為，耶穌的行動是不止息的。與「宣講的基督」不同，耶穌沒有坐著，固定在教會裏那不動搖的寶座之上。相反，耶穌與民眾聯合在一起和一起生活。馬可福音特別強調耶穌與"*ochlos*"（指向普通人的希臘語）的聯繫，但其他福音書也有同樣的強調。

在傳統基督論和安炳茂所建立的民眾基督論之間，主要
277 的分別是前者描述耶穌為真彌賽亞，其意思是祂順服和實現
上帝的旨意。民眾基督論並不否定順服這個方面，但還有另
一個傳統：

> 傳遞著一個具有完全不同形象的耶穌，祂認同受苦民眾

27 引自 Byung-Mu Ahn, "Jesus and the People（Minjung）," in *Asian Faces of Jesus*, ed. R. S. Sugirtharajah（Maryknoll, NY: Orbis, 1995）, 163～164。

> 的呼喊和希望。特別是關於醫治的故事，它們揭露了耶穌的這個形象。醫治病人的耶穌，完全不是被描述為那位實現了預先確立的計劃的人。耶穌從不主動尋找病人，祂也沒有依從那為幫助他們而早已訂下的意圖（計劃）。相反，請求總是首先來自民眾那邊的。相應地，耶穌的醫治活動顯得是祂順從了病人的希望……耶穌的醫治能力與受苦的民眾之間有具功能性的關係，它只能夠在符合民眾的意志時才可以得以實現。[28]

耶穌身為病人、窮人、被疏離的人和婦女的發言人，祂代表民眾向上帝說話。基督教信仰並不構成「一個已製成的產品」，從天上賜給人類擁有，而是涉及「耶穌藉著聆聽和回應民眾的呼喊，祂在轉化自己的行動中所實現的拯救」。[29]

日本神學家小山晃佑曾與那些在泰北受剝削和貧窮的農民一同工作，當他談及被釘十字架的基督對人類權力所作的挑戰時，他也提出同一個論點。基督揭露人類的力量，但祂不是在扶手椅的享受中這樣做，而是讓自己被人主宰，甚至走上十字架。小山晃佑說，沒有人可以毀傷祂，因為祂已經被毀傷。沒有人可以把祂釘十字架，因為祂已經被釘十字架。「在被釘十架的耶穌裏面，我們面對著上帝那終極的真誠。」[30]

另一種專注於社會中最卑微的人的亞洲基督論是來自印度的。達里得（*dalit*）是現時印度賤民給自己的稱呼。達里得神學家尼馬爾（Arvind Nirmal）列舉了這個詞的六個意義：

28 Ahn, "Jesus and the People（Minjung）," 169.

29 Ahn, "Jesus and the People（Minjung）," 169.

30 Kosuke Koyama, "The Crucified Christ Challenges Human Power," in *Asian Faces of Jesus*, ed. R. S. Sugirtharajah（Maryknoll, NY: Orbis, 1995）, 149.

「（1）被破碎、撕裂、破裂、爆裂、分離；（2）被打開、擴大；（3）被剖開；（4）被拆散；（5）被踐踏、被壓碎、被破壞；（6）被顯明、被展示。」[31] 達里得基督論代表著一個為這些社會底層的人所進行的解放運動。

尼馬爾在一九八〇年代初創造達里得神學這個詞語；他提出耶穌自己是一位達里得。耶穌與祂那個時代的「達里得」認同，而在祂的「拿撒勒宣言」（路四 18～19）中，祂應許
278 要解放被囚的人。在十字架上，「祂是那被破碎、被壓碎、被刺破、被撕裂、被拆散的人——在可能最全面的意義中，祂是達里得」。因此，「正是在較軟弱、被拆散、被壓碎、被壓迫和邊緣化的人中，並透過他們，上帝拯救的榮耀便得以顯明或展示。這是因為破碎屬於上帝的存有」。[32]

在亞洲的處境下，基督論與兩個主要的挑戰進行互動：古老但仍然有活力的宗教生命，以及赤貧。對於獨特的亞洲基督論，其將來有賴於基督教神學能否成功地向這些和相關的處境說話。在這種嘗試中，其中一個發言人是薩馬沙，我們會在下一章討論他對基督的詮釋。

31 引自 Küster, *Many Faces of Jesus Christ*, 164。

32 引自 Küster, *Many Faces of Jesus Christ*, 172。

薩馬沙
基督作為普遍的救主

Stanley Samartha
Christ as Universal Savior

・一位基督——多個宗教・

雖然今天大部分基督徒都不願意對其他信仰的鄰舍採取完全負面的態度，但對於要重新檢視他們自己為基督所作的排他宣稱，很多人都會有很多猶疑。因此，在多元宗教的社會中，基督的地位是追尋新的宗教神學時一個重要的議題。[1]

薩馬沙（Stanley Samartha）接受南印度教會（Church of South India）的按立，並在早年參與神學教育，他透過擔任由他所創立的普世教會對話計劃委員會（World Council of Churches Dialogue Programme）的主任，發揮了頗大影響力。薩馬沙一生都致力提倡世界宗教間的對話，以之作

1 Stanley J. Samartha, "The Cross and the Rainbow: Christ in a Multireligious Culture," in *Asian Faces of Jesus*, ed. R. S. Sugirtharajah（Maryknoll, NY: Orbis, 1995）, 104.

為對我們這個時代的要求。薩馬沙以非教條的基督中心論（nondogmatic Christocentrism），開始他的神學思考，但後來他轉向一個更明顯的多元論模式。在《一個基督——多個宗教：走向修訂的基督論》（*One Christ – Many Religions: Toward a Revised Christology*）[2] 中，他提出基督中心論只適用於基督徒；它永遠都不能被視為通往神性奧祕那惟一的道
280 路。因此，基督中心論不能成為規範，藉以評價不同的宗教傳統。所有通往神性的進路都是合法的。

薩馬沙觀察到，一個拒絕排他的宣稱，並尋求以新方式來理解耶穌基督與上帝和人的關係的過程已經展開。從基督的「規範排他性」（normative exclusiveness）轉移到他所稱的基督的「關係性獨特性」（relational distinctiveness），正在發生中。**關係性**這個詞指出，基督與其他宗教的鄰舍並非沒有關係，而**獨特性**則表示承認，偉大的宗教傳統是對上帝的奧祕所作的不同回應。

薩馬沙提出，印度教徒（Hindus）和基督徒對真理的共同追尋，都有他們自己獨特的貢獻。宗教排他主義（religious exclusivism；根據這思想，只有相信基督的人才得救）的困難是，它不能解釋為甚麼上帝的愛和公義是普世的，但祂卻只透過一位救主、一個民族和一本書來啟示拯救之路。薩馬沙不禁懷疑，為甚麼一本書的權威應該對那些信仰羣體有約束力——這些信仰羣體有自己的書，而他們的書有些比新約更古老。那些具有有限觀點的基督徒贊成，上帝在與人類交往時有這種限制。宣稱基督教有排他真理，這將宗教放進歷史的牢獄之中。根據薩馬沙，真正的多元主義並不將真

2 Stanley J. Samartha, *One Christ – Many Religions: Toward a Revised Christology* (Maryknoll, NY: Orbis, 1991).

理相對化；惟一令真理相對化的是不同人的不同回應。真理不是任何人的特權。普世主義（ecumenism）和宗教間對話（interreligious dialogue）的目的，是要創造真正普遍的羣體，跨越國家和宗教的界限。

宗教間對話背後的推動力是兩重的：追尋真理，以及全世界對抗不公義——宗教也已參與其中。宗教間對話必須追尋真理，不單是為了真理本身，也是為了促進公義、和平及平等。薩馬沙展望，除非公義植根於神聖的真理中，否則我們便沒有持久的公義；沒有本真的神聖真理，是不能結出社會公義的果子的。

・奧祕感・

薩馬沙提出，印度在宗教上的寬容正在增強，但在政治和社會上的不容忍卻也增加了；在這個處境下，基督論所需要的不是清楚界定的教義構想。他補充説，為了令基督論在亞洲土壤生根，我們需要考慮亞洲心態的獨特本質。關於「奧祕」（mystery）的概念正是在這裏進入他的神學論述中。
任何構想基督論的嘗試，都應該至少考慮兩個因素，它們是 281
從亞洲那悠久的多宗教生命（multireligious life）中浮現出來的。其一是對奧祕感（a sense of mystery）的接納，其二是在終極的事物上對排他態度的拒絕。不過，在亞洲思想中，關於奧祕的概念的形成，並不意指那些用來在理性思想中填補空隙的東西。相反，奧祕為寬容提供了存有論上的基礎，否則寬容會變成不加批判的友善。

這奧祕，即真理的真理（Truth of the Truth, *Satyasya*

> *Satyam*），是超越的中心，它總是超越人對它的理解，它也比這些理解更大；它甚至超越那些理解的總和，也比那些理解的總和更大。它超越認知的知識（*tarka*），向視象（vision, *dristi*）和直覺（intuition, *anubhava*）開放。它既近又遠，既可知又不可知，既親密又終極，而且根據某個特定的印度教觀點，它甚至不能被描述為「一」（one）。它是「不二」（not-two, *advaita*），它因此顯示著，多元是內在於存有本身的核心之中，因此可能也是人類本性所固有的。[3]

對奧祕的強調並不表示要逃避理性探究的需要，而是要堅持理性不是從事神學的惟一方法。奧祕的方法和美學對神學也有它們必然的貢獻。薩馬沙相信，奧祕在有神論與無神論的二分法以外。「奧祕是需要被接受的存有論地位；不是需要被解決的認識論困難。沒有奧祕感，神（*Theos*；神這個字的希臘語）不能依然為神，真（Sat；印度教中指神的詞語）也不能依然為真，終極實在也不能依然為終極的。」[4]

例如，印度教的一支流已把這奧祕描述為"*sat-cit-ananda*"，即「真理—意識—幸福」。這是在特定環境中回應奧祕的一個方法，它有別於早期基督教世紀的方法。基督教的三一教義，以耶穌基督為上帝的自我啟示，這是在特定歷史處境下接近奧祕的一種方法。薩馬沙總結出，真（*Sat*）和神（*Theos*）這兩個詞語，可以被視為在兩個文化環境中對同一奧祕的兩種回應。

奧祕的本質不容許任何一個宗教羣體宣稱它有排他或獨

3 Samartha, "The Cross and the Rainbow," in *Asian Faces of Jesus*, 110 ~ 111.

4 Samartha, "The Cross and the Rainbow," in *Asian Faces of Jesus*, 111.

特的知識。薩馬沙強烈相信，排他的態度在奧祕周圍築起籬
笆。排他性也在不同宗教羣體之間產生了二分法，而且沒有
留下多少空間給宗教生命中的非理性元素，例如奧祕的、美
學、默想和儀式。而且，排他的宣稱將信仰羣體從其他信仰 282
的鄰舍中隔離出來，在更大的羣體中製造張力，干擾關係。
但當特定信仰的獨特性以避免公開或隱藏的排他性來被陳述
時，不同羣體之間那有意義的關係便變得可能。結果，基督
教在亞洲便不需要與亞洲的眾多宗教競爭；反倒，它可以促
進它們在一起追尋生命的圓滿上合作。對薩馬沙來說，神學
的中心努力是承認基督的奧祕，並為神學和教會解釋耶穌基
督的位格和工作有甚麼意義。這種委身產生了薩馬沙對基
督那以神為中心的多元觀點（theocentric pluralistic view of
Christ）。

・以神為中心的多元論・

與大部分多元論者相比，薩馬沙是一位比較溫和的神學家。和他很多同事一樣，薩馬沙以思想開明的觀點為開始——它認為所有宗教都承認宇宙的基督（cosmic Christ）。不過，後來在其神學和普世事業中，他沿著潘尼加（Raimundo Panikkar）和其他人的方向走。他對拉納（Karl Rahner）那「匿名基督教」（anonymous Christianity）的觀念感到不滿，他也對其他類似的觀念——顯出基督教被假設為其他宗教的規範——感到不滿。薩馬沙開始質疑基督的絕對決定性和普遍規範性。他思想的轉變是因為他對一般的神學，特別是基督論，採取那種以神為中心的進路：在上帝那全然的奧祕面前，沒有任何宗教人物或單一宗教可以自稱為

最終的和具有圓滿的話語。有趣的是，薩馬沙不願意稱耶穌基督為最終的啟示，這是基於他對上帝的理解，而這令他的多元論(pluralism)變得很獨特：「他者〔上帝作為奧祕的他者〕將其他一切東西相對化。事實上，願意接受這種相對化，這很可能是個人與身為終極真實的他者相遇的惟一保證。」[5] 換句話說，那些承認惟獨上帝是絕對的，他們將會承認所有宗教都是相對的。

很明顯，對成熟的薩馬沙來說，道成肉身是神聖的象徵，而不是具規範的歷史事件。而且，基督的死亡和復活——它們雖然啟示上帝是誰——不會被視為一個普遍有效的範式。薩馬沙易於肯定耶穌基督的人性和神性，但他不願意肯定正統中關於基督是上帝的教導。理由只是「在存有論
283 上將耶穌基督和上帝等同，這很少能夠容許人與其他信仰的鄰舍或與世俗人文主義(secular humanism)進行任何認真的討論。」[6]

薩馬沙也跟隨潘尼加，將歷史中所有特定的宗教表達和形式相對化，包括基督的道成肉身，但他卻不願意否定它們的必要性。奧祕的他者必須透過特定的中介來面對我們。因此，薩馬沙沒有天真地假設所有宗教都相等的。他宣稱的是每個宗教和它的人物都是有限的：「某特定的宗教可以宣稱其對某些人是具決定性的，有些人可以宣稱某特定的宗教對他們而言是具決定性的，但沒有宗教可以合理地宣稱其本身

5 Stanley J. Samartha, *Courage for Dialogue: Ecumenical Issues in Inter-Religious Relationships* (Maryknoll, NY: Orbis, 1982), 151.

6 Stanley J. Samartha, "The Cross and the Rainbow: Christ in a Multireligious Culture," in *The Myth of Christian Uniqueness*, ed. J. Hick and P. Knitter (Maryknoll, NY: Orbis, 1987), 80.

對所有人都是具決定性的。」[7]

對薩馬沙來說，古典神學堅持耶穌基督有絕對決定性，這存在著「基督一元論」（christomonism）的危險。它將耶穌變成一種「膜拜人物」，與所有其他宗教人物形成鮮明對照。薩馬沙對其他宗教不採取基督一元論式的進路，而是提倡一種以神為中心的進路，這進路與拿撒勒人耶穌那以上帝為中心的信息更為一致。他嘗試將基督作為上帝的啟示這具規範性的意義，與對其他信仰持開放態度的需要，保持在張力之中：

> 沒有人可以在拿撒勒人耶穌的生命和死亡中，預先預視到上帝的臨在。它有不能理解的面向。耶穌是上帝的基督，這是基督徒羣體的信仰認信。對各處的基督徒而言，它確實仍然是具規範的，但令它成為「絕對單一」（absolutely singular），並堅持奧祕的意義只在某特定的一點、在某一個特定的人身上被揭示，這就是忽略了其他信仰的鄰舍，他們都有其他的參照點。為我們的特定傳統作出排他的宣稱，這不是愛鄰舍如同自己的最好方法。[8]

薩馬沙認為，這種非規範的基督論（nonnormative Christology）容許基督徒維持具對基督的個人委身，甚至相信祂的普遍意義，但不是以排他的方式。對基督徒來說，基督代表了上帝應許的實現。「但這個宣告會是向他們自己的啟示者所作那熱誠的**見證**，而**不是**一個對其他啟示者作詆毀

7　Samartha, *Courage for Dialogue*, 153.

8　Samartha, "The Cross and the Rainbow," in *Asian Faces of Jesus*, 112.

的**判斷**。」[9] 因此，「無論它是在嘗試重新界定生命的目標，
還是在平原上的灰塵和炎熱中努力滿足人們的需要，每當有
284 兩三個印度教徒和基督徒奉祂的名聚集，人便可以肯定永活
的基督在他們中間臨在」。[10]

・佛陀、羅摩、黑天・

在其中一本主要的神學著作中，薩馬沙研究在印度教文藝復興（Hindu Renaissance）中對基督的詮釋，那研究顯示出，他清楚偏好商羯羅（Shankara）的不二哲學（*advaita* philosophy）。[11] 在一個有趣的分析中，他視奧義書（Upanishads）為印度教中的新教運動——它尋求將宗教的本質從教會的權威和古老的模式及實踐中，解放出來。薩馬沙在初期教會中看到這方面的一個平行：初期教會當時掙扎地面對因以希臘思想形式來表達福音所帶來的挑戰。藉著採納不二這些範疇在印度教文藝復興中所作的古典和現代詮釋，「薩馬沙想在印度多元性中為相信耶穌基督而製造空間，並克服基督教那絕對性的傳統宣稱……基督論和不二要互相糾正」。[12]

9 Paul F. Knitter, *No Other Name? A Critical Survey of Christian Attitude toward the World Religions*（Maryknoll, NY: Orbis, 1986）, 159；強調為原文所有。

10 Stanley J. Samartha, "Unbound Christ: Towards Christology in India Today," in *Asian Christian Theology: Emerging Themes*, ed. Douglas J. Elwood（Philadelphia, PA: Westminster, 1980）, 146.

11 Stanley J. Samartha, *The Hindu Response to the Unbound Christ*（Madras: Christian Literature Society, 1974）。"*Advaita*"的字面意思是「不是二」。根據這哲學，實在（reality）的特點是統一的，非二元的，因此，基督徒生命的目的是沉浸在絕對（Absolute）中。

12 Volker Küster, *The Many Faces of Jesus Christ: Intercultural Christology*（Maryknoll, NY: Orbis, 2001）, 89.

在印度的處境中，薩馬沙看不到有方法可以避免將耶穌基督與印度教和當地其他宗教的救主人物作比較。薩馬沙引述佛陀（Buddha）、羅摩（Rama；編按：或譯「喇嘛」）和黑天（Krishna；編按：或譯「克里希納」）為例子，並提出如果不將基督與這些人物作聯繫，人便不能在亞洲的處境中建構可信的基督論。很多事情將這三位拯救者與基督聯繫起來。在他們每個人的生命和工作中，啟示和解放都有直接聯繫。根據他們的追隨者所作的詮釋，每個拯救者人物都經驗到一個從原本為人性到後來為神性的發展。

羅摩和黑天是印度的家常用語，是有神論的“*bhakti*”（靈修宗教）的中心，它們有時融入不二這更大的視域之中。關於羅摩和黑天的歷史真實性（historicity），總是複雜的問題，但薩馬沙沒有怎樣注意這個問題，因為追尋宗教創立人的歷史基礎，這只是近期的現象。歷史耶穌的追尋（quest of the historical Jesus）在啟蒙運動於十八世紀出現時才興起； 285
在那時之前，拿撒勒人耶穌的歷史真實性被視為理所當然的事情。

薩馬沙相信，將佛陀和基督一起談論是比較容易的，部分是因為兩人的歷史真實性都很強，也部分是因為佛教和基督教都已超越了它們的獨特性，而變成普遍的，這意思是它們都融入了不同的國家和文化。對薩馬沙來說，在佛陀和基督的相似性上，那關鍵在於他們身為解放者的角色。在過去幾個世紀，拿撒勒人耶穌的生命和工作，對那些致力解放亞洲社會中的窮人和受壓迫者的改革者來說，都提供了靈感和榜樣。更在近年，佛陀已為那些向達里得（*dalits*；最低階級的人，「無階級者」〔class-less〕）的宣教，提供了庇護（*saranam*）和能力的動態來源。在印度，數以百萬計的達里得接受了佛教，並反抗那作統治的印度教種姓制度（caste system）。薩馬沙提出，基督可以成為佛陀的追隨者的啟發，但「主宰的基督論」（Christology of domination）對佛教徒並不是好消息。在這個處境下，薩馬沙贊同並引述了皮爾里斯（Aloysius Pieris）的話——皮爾里斯表示，亞洲的解放神學（liberation theology）演化成一種基督論，是不與佛陀論（Buddhology）競爭，而是與它互補的，它要承認：

> 那是一條解放之路，在這路上，基督徒以**諾斯底式的抽離**（Gnostic detachment；或實踐自願貧窮）加入佛教徒之中；佛教徒以**聖愛式的參與**（agapaeic involvement）加入基督徒之中；這條路是對抗強迫的貧窮……只是在路的終結處，在以馬忤斯，人們才會認出那條路的名字（路二十四 31）。[13]

在總結他對這四個救主人物——佛陀、黑天、羅摩和基督——的考慮時，薩馬沙提出，關於多重化身（*avatara*；道成肉身）的理論，在多元的環境下似乎是在神學上最隨和的態度，它容許人們看到上帝的奧祕，並在不同的時間，以不同的方式來回應神聖主動。

13 Samartha, *One Christ – Many Religions*, 126.

基督論的未來

The Future of Christology

十七世紀偉大的基督徒小說家班揚（John Bunyan；編按：或譯「本仁約翰」）與魔鬼搏鬥，魔鬼以痛苦的問題來攻擊他，那些問題是關於宗教間的真理，以及基督相對於其他拯救者人物所具有的角色的：

> 你怎能不說土耳其人有同樣好的聖經，以證明他們的穆罕默德（Mahomet）是救主，正如我們的耶穌是救主一樣？我可以想到在那麼多國家和王國中，數以萬計的人對正確通往天堂之路沒有知識……而只有我們這些居住在地球一角的人，才得到祝福嗎？每個人都認為自己的宗教才是正確的，包括猶太人、摩爾人（Moors）和外邦人；如果我們所有的信仰、基督、聖經，都只是以為如此，那又怎樣呢？[1]

1 John Bunyan, *Grace Abounding to the Chief of Sinners*, ed. Robert Sharrock（New York, NY: Oxford University Press, 1962）, 31.

對於解釋信仰之創立者和中心——拿撒勒人耶穌的位格和工作，基督教神學在這份痛苦但刺激的任務中，面對著很多不同的挑戰。不過，沒有一個挑戰在迫切性和嚴肅性上，可以與關於宗教神學的問題相比，也就是關於基督教與其他宗教的關係的問題。當然，這個問題的焦點是耶穌基督，以及祂相對於一般宗教的角色，特別是祂相對於宗教的具體形式的角色。

在班揚的掙扎以前，基督教神學很早便要面對「相對於其他救主而言，耶穌基督是誰」這個問題。基督教在多神的環境中形成和取得它最初的形式，正如舊約的先輩猶太教信仰一樣。因此，宗教的神學家和研究者對這挑戰所帶來的新奇和新鮮，都感到興奮——這一點在歷史上並非為人認識的。
288 早期的護教者談到，「邏各斯的種子」（seeds of *Logos*）被撒在宗教那豐富的土壤上，而幾位中世紀的英雄，例如寫了《哲學家、猶太人和基督徒的對話》（*Dialogue of a Philosopher and a Jew and a Christian*）的阿伯拉德（Peter Abelard），以及寫了《外邦人與三個智者的書》（*Book of the Gentile and the Three Wise Men*）的魯爾（Ramon Llull），他們都對基督教排他主義（exclusivism）的限制作出挑戰。更近期的例子是上世紀初往印度宣教的蘇格蘭（Scottish）新教宣教士富頓（John Farquhar）；對他來說，基督是《印度教的冠冕》（*The Crown of Hinduism*；1913 年）。

根據這些和很多其他的歷史例子，我們不禁懷疑，一些評語，好像「巨大的轉變」（吉爾奇〔Langdon Gilkey〕）、「基本的修訂」（考夫曼〔Gordon Kaufman〕）、「好像基因般的突變」（潘尼加〔Raimundo Panikkar〕）、「重大的時機」（克尼特〔Paul Knitter〕）、「哥白尼式革命」（Copernican revolution）和「徹底轉化」（希克〔John Hick〕），以及「神學的破釜沈舟」（克拉蒙研究院〔Claremont Graduate School Conference〕於一九八六年三月的會議），對基督教信仰和神學現在和將來的狀況是否言過其實。然而，我們不能否認「基督教神學的將來，在於基督教與其他信仰的相遇」，正如雷斯（Alan Race）在其關於基督教和宗教多元主義那本得到廣泛使用的教科書中所主張的。[2] 不過，雷斯和很多其他人都認為，這個狀況不一定是負面的。事實上，他提出基督教神學「應該因為站在基督教歷史下一個階段的前線而感到高興」。[3]

一些研究基督教神學的人花了很多時間在其他宗教中生活，他們甚至視多元主義為基督教信仰那必不可少的一部分。這就是天主教耶穌會的杜普伊斯（Jacques Dupuis, S. J.）這位溫和的神學人的夢想——他想看到一個轉向宗教多元主義的基督教神學。[4] 他那較早期的著作的書名是《與世界宗教相遇的耶穌基督》（*Jesus Christ at the Encounter of World Religions*），這並非沒有意義的。[5]

事實上，在一般基督教神學中，特別是在基督論研究，「轉向其他宗教」會是所有轉折中最可怕的，但同時又最可能是在基督教會的持續宣教上有豐富成果的。毫無疑問，它會令基督教會和基督教神學更分裂和分割；但我們需要面對這

2 Alan Race, *Christians and Religious Pluralism: Patterns in the Christian Theology of Religions*（Maryknoll, NY: Orbis, 1982）, xi.

3 Race, *Christians and Religious Pluralism*, xi.

4 Jacques Dupuis, S. J., *Toward a Christian Theology of Religious Pluralism*（Maryknoll, NY: Orbis, 1997）.

5 Jacques Dupuis, S. J., *Jesus Christ at the Encounter of World Religions*（Maryknoll, NY: Orbis, 1991）.

挑戰。[6]

對於研究基督論和基督教神學，另一個挑戰是關於處境
化神學的問題。正如這本書所顯示，基督教神學已經開始處
289 理這個問題。對耶穌基督作刺激的、豐富的處境化或全球化
詮釋——有時反諷但合適地被稱為「本地的」詮釋——正在
我們世界的不同處境中浮現。這些詮釋不單補充了基督論傳
統的拼圖，向不同的需要和渴望說話，它們也有潛力糾正那
單一的古典西方觀點。它們也幫助古典神學承認，它本身是
取決於處境的。所有神學都由智性、社會、心理和宗教環境
所模塑和決定的。

處境化和其他宗教的挑戰，重新提出關於基督的工作和祂位格之間關係的這個問題，換句話說，也就是拯救論和基督論之間關係的這個問題。在這裏，正如在任何其他範疇一樣，向特定處境那不同的需要和正在改變的需要說話，其必要性是十分迫切的。要處理這個挑戰，我們需要在聖經和歷史傳統及當代處境之間持續進行對話。這種對話的一個有希望的例子，可在兩位福音派學者近期的一本教科書中找到，那是格林（Joel B. Green）和貝克（Mark D. Baker）的《恢復十字架的羞辱》（*Recovering the Scandal of the Cross*）。[7] 他們的著作小心地再評估聖經的見證和傳統的代贖理論（atonement theories；基督工作的簡稱），並加上對亞洲文化、女性主義、西方青少年文化等處境需要的探究。在方法論上，這是一般基督論可取的方向：向其他宗教或其他處境說話時，沒有忽略（主要是）西方在基督教思想首二千年所建

6 入門的人可參考我的教科書：Veli-Matti Kärkkäinen, *Christian Theology of Religion: An Introduction*（Downers Grove, IL: InterVarsity, 2003）。

7 Joel B. Green and Mark D. Baker, *Recovering the Scandal of the Cross: Atonement in New Testament and Contemporary Contexts*（Downers Grove, IL: InterVarsity, 2000）.

立的傳統。一個**基督教的**宗教神學，不會因為拋棄它獨特的基督教遺產而變得更吸引，有些神學家卻似乎過分熱中於那樣行；處境化基督論也不會因為拒絕現存的西方觀點，毫不批判地採納任何新的框架而變得更處境化。一些處境化基督論一開始便已成了囚犯——雖然是新處境的而不是傳統西方神學的囚犯——而且它們的目光偏狹。

在所有不同顏色和深淺中發展一個獨特的基督教神學（我們不想單因為聖經這個所有基督教神學的基本來源，對基督是誰和祂做了甚麼包含了多種進路，從而壓抑多元性），這要求在聖經文本、歷史發展和現時不同的處境之間努力進行對話。沒有容易的方法，沒有奇迹般的解決辦法。從事基督教的基督論，這是全球的、跨文化的活動，是超越教會和神學界限的。結果不是一種基督論，而是多把豐富的聲音——與福音書相似，但這些聲音都有共同的焦點。

對基督論的研究還有另一個面向。偉大的天主教的美學
神學家巴爾塔薩（Hans Urs von Balthasar）在其對創造主聖 290
靈的屬靈反思中，發出一個警告——它不單與聖靈論有關，它對研究三一的第二個位格也是合適的：上帝，所有生命和美的源頭，永遠都不是供研究的「客體」（object），而是主體（Subject）——祂把我們所需的、儘管是必然有限的鏡片賜給我們，以致我們可看祂。根據巴爾塔薩的視象，如果聖靈是「恩典的觀看眼睛」（seeing eye of grace），即在蒙福的三一中將我們的眼睛轉向子和父的第三位不知者（Third Unknown）；那麼，「同樣，子既不想、也不能夠榮耀自己，而只能夠榮耀父（約五 41，七 18）」。[8] 巴爾塔薩提醒我們，

8 Hans Urs von Balthasar, *Explorations in Theology*, vol. 3, *Creator Spirit*（1967; reprint, San Francisco, CA: Ignatius Press, 1993）, 111；也參頁 106～107。

這是雙重的。第一，關於耶穌基督，我們所說的一切都由三一教義所決定，也是與三一教義有關的；三一教義是基督教對神格（Godhead）的特定理解。因此，雖然為了教學原因，這本導論書單集中在耶穌基督身上，但我們不能將耶穌基督的位格和工作，與基督教對三一上帝的理解分開。第二，巴爾塔薩強調古老——儘管太多時候都被忘記——的信念：研究一般的神學，特別是基督論，總是一件「屬靈事情」的練習。雖然細心、努力的研究得到很多，但仍然有很多事情沒有解釋。那更重要的是，那「核心」在於科學探究的「外殼」背後。對於回到啟蒙運動前那田園詩般的心態，這既是不可行，也是不可取的；即使如此，研究基督論的人也需要記得，基督教神學家總是懷著敬畏和期待，來處理他們探究基督的任務。

最終，拿撒勒人耶穌——基督徒承認祂為主和救主——搜尋我們生命和內心的深處。當信仰和歷史的困境被克服時——基督教會這樣認信——「恩典的觀看眼睛」會容許我們看見救主的美麗。與墨蘭頓（Philipp Melanchthon）和很多其他見證人一起，我們會掌握那格言的深度：「認識基督就是認識祂的好處。」[9]

9 Wilhelm Pauck, *Melanchthon and Bucer*, Library of Christian Classics, vol. 19 (Philadelphia, PA: Westminster, 1969), 21～22.

索引的頁碼為英文原書頁碼，而原書頁碼已標於正文兩旁。

主題及人名索引

五劃

六劃

七劃

八劃

九劃

十劃

十一劃

十二劃

十三劃

十四劃

十五劃

十六劃

十七劃

十八劃

十九劃

二十一劃

二十三劃

二十四劃

索引的頁碼為英文原書頁碼，而原書頁碼已標於正文兩旁 。

經文索引

馬太福音

馬可福音

路加福音

約翰福音

使徒行傳

羅馬書

哥林多前書

哥林多後書

加拉太書

以弗所書

腓立比書

歌羅西書

帖撒羅尼迦前書

提摩太前書

希伯來書

彼得前書

約翰一書